本书围绕以人为本的质量管理方法和实践，运用大量案例，通过顶层设计和领导力提升，强化组织和个体的质量引领理念，从另外一个角度阐明了质量管理的精髓，值得大家学习和探讨！

阳光电源股份有限公司　董事长　曹仁贤

这是郭彬的第二部质量著作。"质量管理的本质是企业管理"，那么质量管理者如何有效地管理团队？如何在企业各个层次推动质量？如何形成重视质量的企业文化？如何解决人的问题？如何在工作中落实质量管理领导力？

本书给大家分享了大量的经验和作者的思考，值得各个层次的质量管理人员阅读，特此推荐。

六西格玛品质网　创始人　龙　天

感谢郭彬能在百忙之中把自己对质量的理解和经验分享出来。此书无论从理论还是实操方面都是一本好书。

汉能薄膜发电集团有限公司　研发总部总裁　安荣邦

创造价值的质量管理

质量管理领导力

人本管理的质量实践

郭彬 著

机械工业出版社

本书主要讲的是质量管理领导力，是基于人本管理的，包括两个方面：从上到下由公司最高管理层推动质量，形成的质量管理领导力；自下而上由基层员工参与、反思、解决流程、制度、质量等问题，养成的质量管理领导力。

本书共三篇、八章：第一篇中国质量 4.0 之道，主要介绍质量管理离不开对质量的认识和质量意识，离不开企业土壤及质量文化，也离不开宏观的环境及政府、企业界对质量管理的治理要求，这些是质量管理领导力的生存土壤；第二篇质量管理之领导力，主要介绍以人为本的质量管理、质量管理领导力之屋及 3P×4P、质量管理的本质是企业管理；第三篇质量领导力之执行，主要阐述从高层到中层和基层如何落实质量管理领导力，也就是全员都应该并可以在各自工作中落实的质量管理领导力。

本书适合生产制造型企业的各级管理人员，以及从事质量工作的各方面人员阅读。

图书在版编目（CIP）数据

创造价值的质量管理：质量管理领导力 / 郭彬著.
——北京：机械工业出版社，2018.6（2023.1 重印）
ISBN 978-7-111-59789-6

Ⅰ. ①创… Ⅱ. ①郭… Ⅲ. ①质量管理学 Ⅳ. ①F273.2

中国版本图书馆 CIP 数据核字（2018）第 087415 号

机械工业出版社（北京市百万庄大街22号　邮政编码100037）
策划编辑：王　欢　　责任编辑：王　欢
责任校对：佟瑞鑫　　封面设计：陈　沛
责任印制：郜　敏
北京盛通商印快线网络科技有限公司印刷
2023 年 1 月第 2 版第 3 次印刷
148mm×210mm・16.125 印张・2 插页・291 千字
标准书号：ISBN 978-7-111-59789-6
定价：59.00 元

电话服务	网络服务
客服电话：010-88361066	机 工 官 网：www.cmpbook.com
010-88379833	机 工 官 博：weibo.com/cmp1952
010-68326294	金 书 网：www.golden-book.com
封底无防伪标均为盗版	机工教育服务网：www.cmpedu.com

推荐序

给学生写序是件颇费周章的事。溢美之词不可不说，又不可多说。说多了，就像"喝多了"一样，笑声一片，忠奸难辨；当然，又不能像李泽厚老师那样不说——他是泰斗级人物，自然可以给学生们写序时说："我拒绝看这本书的任何一个字，也不对这本书负任何责任……出版社一定要我写个序，正好趁此写上几句话说明一下。"

我，打算多说些内容，多说些鼓励的话。

人本管理，其内涵之丰富可上溯夏商周与古希腊，其思想之绚烂可横贯西方世界与东方文明。如果将"人本"与"管理"分开来谈，虽有管中窥豹之嫌，却会简洁直白得多。中文讲人本，顾名思义，乃人为根本、人为本源。追踪溯源，人本是从"民本"演化而来。而"民本"又是与"官本"相对立的。"官本"，则又与"君本"相生相克。所以，张扬人本之力，就是要把人从官统、君制中解放出来，成为"天生万物，唯人为贵"的"国家主人"。

西语之人本，源自希腊语词根 Anthropo（人、人类）。其语境繁杂，有哲学意义上的"人本主义"，历史文化意义上的"人类中心主义"，知识论意义上的"人类学"等，足以乱人耳目，使人莫衷一是。但简言之，"人本"与"神本"相对，"神本"

则与"王权"相对。要经历先把人从"神本"中解放出来（文艺复兴与启蒙运动），进而再把人从"王权"中解放出来。

与中国语境有异，"人本"被西哲们推上了"认识的主体"（用人类理性取代了上帝），甚至"本体"（从人出发并以人为指向，解释并改造世界）的顶天立地位置。正如黑格尔所指，启蒙以降，认识的出发点从中世纪的上帝转移到人身上，从外在权威转移到内在理性。

问题是，从此，被赋予了"参天地，赞化育"的理性的人，便开始了与自身固有的"食色，性也"的生物性、感性的人，不停地冲突、撕扯，剪不断理还乱，痛苦不堪。于是，人们便要找到一个替身，以借其力，舒缓张力、自我麻痹。科技与机器应运而生。由于工业革命彻底改变了世界的格局，两次世界大战、冷战及美苏的太空竞赛，让人们看到了机器所能爆发出的巨大威力，不由得开始膜拜、迷信机器了。"人本"日渐让位给了"物本"。

也正是在人与物的相互纠缠拉扯的过程中，产生了"管理"科学——一个曾经被认为涂脂抹粉、扭捏作态的外来概念。其中文语境同"治理"，词根乃牢头看管囚犯之意。其拉丁词根为Manus（手，权力和权限之意），在意大利文语境乃驯服野马之意，在法文语境则是给马套上嚼子。显然，中西文本意都是用物理手段进行控制的语意。曾几何时，经过早期工厂主们的实践，特别是经过法国人法约尔和美国人泰勒的成功改造，管理便成为了扩大规模、提高效率和降低成本的法器。当然，前提是要在大棒上绑上诱人的胡萝卜，要把人变成"机器人"或物的一部分（所谓人机料法环测云云）。

"管理"蒸蒸日上，如同美国福特公司这头"汽车巨兽"高耸的烟囱里直上云天的滚滚黑烟。但工人却被日渐物化、异化了。

吊诡的是，历史原本就是在这种"二律背反"中演进的。从哥白尼的"世界观革命"，到笛卡儿的"宇宙机器"和牛顿的"物理世界"，世界被证明是一部由精密的数学定律所支配着的完美的机器，动物也是机器，人当然也是机器。于是乎，充满想象力的诗意世界消失了，摆脱了"神权"的科学家们大展手脚，生龙活虎地创造出了灿烂恢弘的科技成果。这样，也就自然形成了机械论的"范式"（Paradigm），机器，自身也就成了人的拜物教。"人本"沦为"物本"。"管理"成了帮凶。

这时，起码有两个人分别在科技和物理的山峰上打响了"革命"的枪炮。智商超人的爱因斯坦以其"狭义相对论"和"原子现象理论"（量子理论特征），摧毁了牛顿力学所支撑的"宇宙机器"，并打破了物质无限可分的决定论定律。怀揣着改造世界梦想的澳大利亚人梅奥，在哈佛赶上了到美国西方电气公司芝加哥霍桑工厂做试验的机会，从有关工人"疲劳""单调"和"士气"方面的观察和访谈资料中，透过工人怠工、罢工及劳资冲突的种种现象，看到了"泰勒制"及其"经济人"的假设，是如何把人抛向物化、奴化深渊的真相，便力求以"社会人""非正式组织"和"工人满意度"等作为解救人们的逃生舱。他写了两部力作——《工业文明的人类问题》（1933）和《工业文明的社会问题》（1945），创立了"人际关系学说"，为管理拉响了向"以人为本"的返航汽笛。

感谢郭彬，应用我提出的"三个层面说"（物理—事理—人理/天理），对过往的质量管理进行了一番上下左右的打量。这是一个简洁实用的诊断模型，不管你把它叫作3P、4P，还是"大质量""小质量"，都可以从中看清质量及管理的来龙去脉。事实也正如此，在科技世界，行至亚微观量子世界时，理性的无限之道便显露出局限，开始掉头向上；行至整体的生态世界（虽然可达意不可言传），却真实可信。正如，美国学者卡普拉（Fritjof Capra）博士在其畅销书《物理学之道（The Tao of Physics）》中指出的，西方的物理学走到了尽头，就接上了东方的思想源头。他还特意在书中使用了充满中国智慧的"道（Tao）"——这原本就是一个"神理流于两间，天地供其一目""俯仰终宇宙，不乐复何如"的有情宇宙，一个"静而与阴同德动，动而与阳同波""大乐与天地同和，大礼与天地同节"的人文世界。

2008年首创了"核心竞争力"而名扬天下的哈默教授，聚集36位著名学者、教授和明星CEO做出考量与洞察，指出现代管理五大硬伤：灵魂缺失，潜能压抑，资源失衡，故步自封，思想残缺。

自然，人们开始直面一个被长久遗忘的内心的伤痛，呼唤"人本管理"，以解决把人从"物"中解放出来的大问题，尤其是在人工智能（Artificial Intelligence，AI）盛行、机器人勃兴、"算法统治一切"的今天！

好消息是，中外的实践证明，品质文化变革是一剂消除"物本"还原"人本"的良药。更好的消息是，习近平主席已发出"质量第一""质量强国"的动员令；李克强总理在2018年《政府工作报告》中提出,来一场中国制造的品质革命!这都将会大大加快中国品质与人本管理的革命进程。

这时,我们再看本书的立意,就会了然于胸了。无论是把我提出的"中国品质3.0"提升到"中国质量4.0之道"、透过"质与量的战争"看清质量的本质,还是继续强化克劳士比大师系统预防的思想及与领导力泰斗本尼斯共创的质量领导力,都是在尽心尽力地推动人本管理的实践。

是的,作者郭彬正是一名聪明好学而且像克劳士比大师那样勤于思考与总结的实践者,他把大量的实践经验与我们分享,而且力求把质量管理与"工业4.0对接",以及与中国传统文化的精神资源对接,实在难能可贵,堪为表率。我曾为同在机械工业出版社出书的一位学生写序。序中写道:"让人人成为克劳士比"。学生们都知道,这是我一贯的主张。我相信,克劳士比先生作为人本管理的导师,一定会激励越来越多的人,勇于实践,勤于思考,共享经验,创新中国品质。

"雄关漫道真如铁,而今迈步从头越。"

愿共勉之!

杨钢 | 中国零缺陷奠基人,克劳士比中国学院创始人兼院长

2018年5月,于北京奥运村

自 序

● 我的上一本书《创造价值的质量管理》出版后的故事

2014年元旦,我的处女作《创造价值的质量管理》出版了。该书总结了我从2008年的质量课长兼六西格玛资深黑带,到质量经理的阅历、经验和思考;围绕质量管理的传统领域进行了探讨,如质量分析、质量改进、质量流程及基本的质量工具应用等。其中有一部分内容跳出了传统的质量管理,如如何管理质量部门、如何搭建组织架构、如何培养质量管理人员。书中有关质量成本部分的内容,也跳出了传统概念,直接论述如何降低质量成本(包括不良质量成本);关于统计过程控制(Statistical Process Control,SPC)的内容也跳出了传统的框架,以KISS实用为主。这个KISS并非大家熟知的"Kiss",而是"Keep It Simple and Stupid"(化繁为简、返璞归真)的缩写。

上一本书主要是围绕质量保证(Quality Assurance,QA)的内容来写的,虽然有两章是塑造质量管理(Quality Management,QM)领导力要关注的内容(一是质量人员本身应该具备的知识、能力和意识等;二是如何在公司层面架构质量部门,以及各种架构的优缺点),但是在质量管理领导力方面讲得还不够完全和透彻。

有些读者问我接下去打算写什么，我说再写书就准备换换话题了。因为质量管理的本质是企业管理。要解决各种质量问题，更需要解决的是管理者、普通员工的能力问题、态度问题、意识问题等；或者，组织架构设置层级太多、分得太细，以及功能分离与合并不合理的问题等；或者，企业文化问题、老板家长式作风的人治问题等。在这样的情形下，我认为再围绕传统的质量管理话题写书，难有更大的突破。

2013年，我得到北京西门子西伯乐斯电子有限公司总经理的信任，在从事质量管理的同时也负责协助他策划和推进卓越运营方面的工作，有了很多实战的机会跳出质量话题来观察和思考质量管理。并且，我还实际参与到企业整体管理运营，如企业文化、关键绩效指标（Key Performance Indicator, KPI）绩效考评和改进、合作与沟通、工作质量、经营管理突围项目、组织效率等。当时，在这样的背景和经历下很想写本书，叫《知识分子的精益管理》。因为我发现几乎所有关于精益管理的书籍都是围绕蓝领来写的。我也认为蓝领的精益管理非常重要，也比较容易通过精益管理的方法和工具进行衡量和改进，但知识分子的精益管理却显得更重要。根据工作实际，想确保精益管理，那么知识分子的思路、方法和工作质量等就非常重要。所以，我很想针对知识分子，围绕管理效率、组织效率、工作方法、沟通合作、主观能动性、"work smart"等，论述一些普遍存在的问题，给出建议和解决方案。

要搞好精益管理，知识分子有一个比较容易实用的技巧是"Go to Gemba"——现场管理。不仅是调查问题、了解实情需要

"三现主义"（现场、现实、现物），沟通也得注意"Gemba"方式，特别是不要只坐到计算机前敲文字沟通。"Go to Gemba"虽然是关于精益方式的，但也影响工作质量和产品质量，所以又回到质量话题来了。为了更深刻地把这个管理方式推荐给大家，我给大家郑重推荐作家梁衡的文章《假如毛泽东去骑马》。文章开头引用资料，提出是毛主席几次提到想"骑马走江河"——"搞一班人，地质学家、生物学家、文学家，只准骑马，不准坐卡车，更不准坐火车，一天走60里㊀，骑马30里，走路30里，骑骑走走"。可惜，因为种种原因没有成行。如果按毛主席的计划真的"Go to Gemba"实现了骑马走长江、黄河的愿望，那么四年左右的时间足以了解当时中国的实际。

当时，我还有另一个想法，打算写本书，叫《走出混沌忙碌的工作》，主要想为知识分子包括员工，特别是公司中高层，指出问题并提出建议，从迷茫和混乱的工作中找出打蛇打七寸的关键点，提供主要思路、系统方法、常用思考和分析工具，提高工作效率和效果。

在处女作出版后一年多的时间里，一些读者给予我较多的鼓励和肯定，也写信交流和咨询，包括大学老师、质量部长、企业总经理及行业协会等。在他们的鼓舞下，我决定再写两三本质量管理方面的书籍，在质量界多留一些印记。在从事质量管理工作的过程中和写作的过程中，我透过质量问题来发现和分析企业管理的系统性问题。质量问题多种多样，有外观的问题、功能的问

㊀ 1里＝0.5千米。

题、安装调试的问题、可靠性问题、说明书问题、包装运输问题等；背后的原因也错综复杂，有的是因为一线工人，有的是因为设备工艺，有的是因为设计缺陷，有的是因为原材料缺陷，有的是因为客户使用不当，等等。但这一切问题的背后都与企业管理有关，与领导力有关。

● 从 QA 转型到 QM 领导力

我在很多场合讲过，质量问题其实是公司管理问题的放大镜！不管是以研发技术和科学创新为核心竞争力的产品领域，如笔记本式计算机、手机、无人机、控制器等；还是以工艺精密加工的零部件领域，如手机、无人机、计算机等配套的塑料和金属加工件等。产品领域难在如何把技术想明白、想透彻；精密加工的零部件领域难在如何准确、精密地把零部件做出来，而且还要美观。这两种不同的挑战，反映的是不同的技术难点和问题，但技术也是人做出来的。而公司招聘和引进什么样的人才，以及人才是否愿意留下来，或者能否招聘进足够的人才，都与管理息息相关，也与一把手的格局有关。

如果只是在传统的质量检验（QC）和质量保证（QA）这两项工作上打转儿的话，质量问题难以得到根本好转。因此，质量管理必须转型到以人为中心的质量管理（QM），重在人的选拔和培养，重在改善团队沟通与合作氛围，重在提高士气及激发潜能，重在提高个人工作能力及团队工作能力。虽然多数公司和质量人员早已成功地从 QC 转型到 QA，但工作主要还是在产品质量的检验及事后问题的处理，注意力都集中在控制上，眼睛只紧紧地盯着细节问题,时间和精力被挤压,还没有把重点放在 QM 上。

要真正转型到 QM,必须把关注焦点从质量管理的多个因变量 Y 转移到多个自变量 X。

质量管理的 Y 就是大家聚焦的产品质量水平,或者说质量问题,这也是多数人关注的焦点。为什么有不好的 Y 需要大家忙于被动地救火呢?也许,可以借用佛学的因果来解释,也可以用计算机或统计学的 GIGO(Garbage In Garbage Out,无用输入、无用输出)来解释。但是,我喜欢用六西格玛 $Y=F(X)$ 方法解释。因为"因"的不好,所以"果"也糟糕;或者说,输入端质量不高,所以输出也没有保障;或者说,关键因子 X 没有得到有效管理,所以因变量 Y 也就不理想。QM 就是要把焦点聚焦到影响产品质量的人、系统和管理等因素来展开工作。虽然,这些人、系统和管理等因素不完全是由质量部门所控制和决定的,但质量部门必须通过各种好的有效的方法、工具来搞清楚质量问题的因果关系,并积极地去影响同仁,影响上下级,更要影响一把手。这种影响,或者叫领导力不是为了谋取私利,也不是为了哗众取宠或虚荣心,而是为了提高大家的工作能力、协作能力和工作质量等,最终提高产品质量和经营质量。因此,质量管理必须从传统的方式真正地转型过来,转型到真正的 QM,而这需要以人为中心的 QM 领导力。

正因为人员的各种问题,出现了管理的系统问题和领导力问题,最终导致工作质量和产品质量问题。这些关于人的话题是 QM 领导力需要重视和聚焦的,即质量 3P 之首的"人"(People)。有关 3P 的"物理层面"(Product)和"事理层面"(Process,也称流程）的传统质量管理的 QC 部门或 QA 部门可以一定程度保证出货的产品质量、过程的生产质量及采购的原材料质量，但难以提高质量管理的整体水平和产品质量水平。因此，工作中有许多返工、返修的情况，不仅是产品质量的，也包括工作质量的，导致的显性的不良质量成本很高，隐形的质量成本更无法估量。

因此，QM 虽然也需要进行 QC 工作，采取一些方法和手段开展 QA 措施，但更需要的是聚焦企业的组织能力和员工能力这个根本。否则，即使引进一些数理统计工具，包括六西格玛，也解决不了管理问题、人的能力和能动性问题。这也与《追求卓越》中多次批驳的"理性主义管理"的情况有些相似。书中这样写道"理性主义过分强调计算、分析……""想要提升生产力时，只知道从投资下手，而不是激励员工的士气"。这也与美国《哈泼斯》杂志的编辑刘易斯·拉帕姆的观点类似"他们老是谈论数字和重量——石油桶数、货币供给量，总是有关材料的，几乎不会谈人力资源。以事物为主，而不是以人为本……"。

我职业生涯的头十来年也是如此，那时候主要关注那些物理现象，如产品、流程、数字、机器等。在西门子初期任质量经理的时候，也是以产品质量和流程质量为主，包括如何利用六西格玛进行质量改进。后来，逐渐感觉到质量管理再难有进一步的突破，因为哪怕自己在质量管理领域懂得再多，解决质量问题的能力再强，但如果全员的质量意识止步不前，全员的质量责任心不提高，全员的工作能力和工作质量不提高，组织架构不优化和调整，质量就不易达到更高水平了。因此，后来被提升为总监的时候我自己就为部门取名为 BEQ（Business Excellence & Quality

Management），意在既能继续在传统的 QC 和 QA 方面发挥作用，同时又为总经理在卓越运营方面提一些建议和政策，协助推动企业文化、沟通协作和管理改进，努力通过组织能力的提升来改进工作质量及管理质量，从而更好地预防问题和改进产品质量。

因此，如果企业想超越传统的质量管理，最好把质量管理部门取名为 QM、TQM 或另外的名字，BEQ 也不错，最好不要再称呼 QA，更不要称 QC。一般而言，QM 部门仍然包括传统的 QC 和 QA 职责。但是，QM 部门其实也可以把 QC 部门划归到生产部门，前提是生产部门有质量意识和质量责任心，并且要协助生产部门提高质量管理能力。但是，传统的 QC 部门和 QA 部门就比较少地关注以人为中心的 QM 领导力了。

● 这会是一本什么样的书

如果借用马斯洛需求理论的话，质量管理方面的书籍大概可以分三个层次：第一个层次，是关于基础质量工具或质量体系方面的理论书籍，如 SPC、QC 七大手法、ISO 9001 体系、IATF 16949 体系、质量管理介绍等，是关于质量管理的基本需求，有很大的群众基层，这方面的书也有很多；第二个层次，是精益六西格玛或 CMMI 等更高层次的质量方法和工具的书籍，这是为了满足公司追求更先进的质量管理方法和工具方面的书籍；第三个层次的书籍更侧重经验分享、思想体会或管理原则等。

每个层次的书籍都有各自的需求，也需要为质量人员提供不同的书籍。我愿意结合较为先进的质量管理方法、实践，以及间接的和直接的经验教训，用图书的形式和读者朋友们分享。随着不断成长，我更喜欢从人和管理的角度来看待质量管理。哪怕讲质量工具，我也要讲质量工具所需要具备的思想，以及如何才能更加灵活地用好。这是因为质量管理，不仅是传统的质量管理那些事儿（如 QC、QA、SQE、PQM 或 PQL 等），不仅是 SPC、DOE、QC 七工具、Minitab 统计等质量工具，也不仅是实物（Product）的质量，还包括流程（Process）的质量，以及更重要的是人（People）的质量。这里需要的不仅是员工个人"单打独斗"的能力，而且更需要全员的团队作战能力。

不管是公司的最高管理层，还是质量人员（包括质量负责人），或是其他部门的人员，大家整天都在谈这个产品的问题是怎样的，原因是什么，有没有解决。大家在解决产品质量问题的时候，也就止步于某个细节，要么是技术问题，要么归结为不易解决的人为问题或某个设备问题。大家在讨论这些技术所引起的产品质量问题的时候，也有高下之分，有些在事实和数据方面有较为充分的分析和挖掘，但有的就是凭经验或嘴巴。即使利用较为专业的 8D 分析或六西格玛分析，但就止步于技术，没有进一步挖掘潜在的冰山下面的管理问题、系统问题或流程问题，也没有评审组织上的战略或文化是不是出了问题，人员能力是否符合公司要求，大家在沟通、合作与理念上有没有问题。各种质量会议也是在讨论某个点或某个具体细节，没有系统地看，也没有上升到流程、组织和人员来解决问题。对于质量人员，所谓质量管理领导力，其实就是需要从公司总体管理上，围绕产品质量的所有 X 进行系统地总结和分析，并提炼和分析出需要整改的关键 X，提出管理改进措施。其中，特别要围绕组织能力、人才结构、产品生命周期整个链条和系统因素等进行"高举高打",帮助最高管理层认识到影响质量关键 X,并提供管理支持。

具备质量管理领导力思维的质量人员,就是要能够把质量管理各个岗位做好、做活;能够把书本上或课堂上学来的质量工具用好、用活;能够通过事实和数据分析把问题讲清、讲透,为客户提供可信的质量报告;能够全面地发现 3P 存在的问题,系统地分析和解决 3P 问题;能够召开好质量会议,透过系统性的管理问题分析,帮助各层经理们真正认清质量问题的本来面目,并获得他们的重视和支持,等等。质量人员,是塑造质量管理领导力的基础。

质量管理领导力第二个非常重要的来源,是高层正确的质量意志,包括大力支持质量管理工作,直接参与重要的质量会议和质量管理决策。高层对质量的导向作用非常重要。下面员工在对待和处理产品质量方面一般都会看领导的意志行事,甚至包括质量人员。上海福喜及河北福喜在 2014 年因生产、销售伪劣产品被上海市嘉定区人民法院在 2016 年 2 月 1 日依法判刑,其中被判处罪行的除了两家工厂的厂长、计划主管、物流经理之外,两家工厂的质量经理也卷入其中。所以,如果高层只是嘴巴说"质量重要",但实际经营中变成了"质量次要",那么研发人员很可能就会牺牲质量加快研发进度,采购人员很可能不顾质量而采购最低价原材料,生产人员不计质量只管数量等,甚至质量人员也有可能迫于无奈忽视产品质量……

如果高层领导真不重视质量,质量负责人非常重要的工作就是要想法给高层管理者带去正确的质量理念,并获得高层的认同和支持，从而让高层发挥和支持质量管理领导力，为高层和公司带来质量的福音。通过耐心游说也好，通过典型质量事件也好，通过改善和推动管理取得"零缺陷质量"成绩也好，总之要让高层从思想意识和具体决策上真正重视质量。

质量管理领导力的第三个重要保障就是引导各部门真正重视质量，把质量当作工作的重要部分。例如，研发人员，把"built in quality"当作天经地义的事情抓，致力于提高员工的质量意识、技术能力，改进流程能力等工作就是在发挥研发人员本职应该具备的质量管理领导力，这是"in Project"质量；采购人员，把"以质取胜"当作供应商选择和份额分配方针，严格进行供应商选择、认证、辅导、培养或淘汰，严格前期原材料质量认证和导入等，那么采购人员就在发挥重要的质量管理领导力，这是"in Procurement"质量；生产管理人员，把生产所需要的4M1E管控好，并积极采取预防措施，发现问题及时分析、解决，并持续改进，通过举一反三进入下一轮预防措施等，那么生产管理人员就发挥了重要的质量管理领导力，这是"in Production"质量。这个"in 3P"质量就是研发、采购和生产最重要的质量责任心，体现的是预防为主的质量管理领导力，而非"after 3P"的被动式的救火型质量管理。

质量管理人员、最高管理层，从研发、采购和生产三个方面立体塑造质量管理领导力，产品质量就很容易得到保障。但是，质量管理领导力还离不开人事部门的大力支持，因为这涉及组织架构的优化和调整、优秀人才特别是关键人才的选育用留；离不开IT部门的大力支持，因为质量管理需要好用的数据支持系统，包括研发的 PLM、PDM 等各种系统,生产的 MES,质量管理的 QMS 等;离不开财务人员的支持,以及关于不良质量成本的科学统计和分类管理等;也离不开市场和营销人员对产品需求的收集和分析,包括对竞争者产品的分析,从而提供准确的产品需求,从而减少研发人员在需求方面的变更,并提高产品竞争力。

总之,不管是质量管理人员、高层管理者,还是其他部门的经理或普通工程师,都要有正确的质量意识,把质量当作工作的重要部分,重视工作质量,以下游客户满意为工作标准,努力建设和提高流程能力、员工和组织能力。那么,产品质量就有保障,让客户满意;经营质量也有保障,让老板和股东满意;员工更有工作成就感,员工自己也满意。我想这就是最理想的贯彻质量管理领导力的愿景。

● 从 QA 转型到 QM 领导力,即人本管理

本书主要讲的是质量管理领导力,但在一些人看来领导力可能只是最高管理层才要具备的,那么究竟质量管理与领导力的关系如何呢?

本书讨论的质量管理领导力,是很具体和实在的,不是悬在空中的那些高大上的理论,是通过了解人性,钻研方法,以客户和价值为导向,实现多赢的以人为本的领导力。我前面讲了保障质量管理领导力的三个方面,本书正文的三篇内容也将围绕质量管理及领导力进行论述和举例。

本书的第一篇中国质量 4.0 之道,主要讲质量管理离不开对质量的认识和质量意识,离不开企业土壤及质量文化,中国企业

的质量水准也脱离不了宏观的环境及政府、企业界对质量管理的治理要求。这些是质量管理领导力的生存土壤。第二篇质量管理之领导力，主要是围绕以人为本的质量管理、质量管理领导力之屋及3P×4P、质量管理的本质是企业管理等展开的。第三篇质量领导力之执行，主要阐述从高层到中基层如何落实质量管理领导力，也就是全员都应该并可以在各自工作中落实的质量管理领导力。

最后，借用一句话"宁可为价格解释一阵子，也不愿意为质量道歉一辈子"，在经济社会转型升级之时，正需要提升产品质量。我也想赠读者朋友们一句话："宁愿让客户因质量满意而忘记你，也不因质量问题而记住你！"

作　者

2018年4月

目 录

推荐序
自 序

第一篇　中国质量4.0之道

第一章　质量（管理）1.0迈向4.0 ················· 1
　一、他生病了我吃药 ································· 3
　二、质量管理1.0迈向4.0时代 ······················· 13
　三、质量的海因里希诅咒 ··························· 20
　四、救火与预防 ··································· 26
　五、差不多先生 ··································· 36
　六、质量部门能正确地说"NO"吗 ····················· 44
　七、质量管理"第七宗罪" ··························· 55
　八、质量管理1.0迈向4.0 ··························· 60

第二章　师夷长技以制夷 ··························· 67
　一、反思德日质量危机 ····························· 70
　二、低调严谨的德式质量标杆 ······················· 74
　三、精细认真的日式质量革命 ······················· 88

四、创新灵活的美式质量大成 …………………… 97
　　五、德日美的质量经验总结 …………………… 114

第三章　中国质量管理之道 …………………… 127
　　一、匠人精神还是商人头脑 …………………… 129
　　二、政府给力质量管理 …………………… 132
　　三、企业一把手给力质量管理 …………………… 152

第二篇　质量管理之领导力

第四章　质量管理的本质是企业管理 …………………… 166
　　一、质量管理就是 QA、QC、SQE 吗 …………………… 167
　　二、质量管理依赖管理质量 …………………… 169
　　三、质量管理如何推动企业管理 …………………… 215

第五章　质量管理领导力 …………………… 222
　　一、首席质量官在发挥领导力吗 …………………… 223
　　二、质量管理领导力 …………………… 229

第六章　以人为本的质量管理领导力 …………………… 278
　　一、管理究竟以什么为本 …………………… 279
　　二、以人为本的含义和意义 …………………… 282
　　三、怎样算以人为本 …………………… 284
　　四、以人为本从何着手 …………………… 294
　　五、以人为本的前提是了解人性 …………………… 329
　　六、以人为本离不开正心修身 …………………… 333

七、以人为本少不了好情商 ·············· 339
八、以人为本绕不开心理学 ·············· 341
九、为什么质量管理要以人为本 ·············· 346

第三篇　质量领导力之执行

第七章　始于领导层的质量管理领导力 ·············· 348
一、质量管理之定位 ·············· 349
二、质量管理之标准 ·············· 360
三、质量管理之本质和顶层设计 ·············· 373
四、质量管理之经理负责制 ·············· 421

第八章　来自中基层的工作质量领导力 ·············· 427
一、做好工作提升影响力和领导力 ·············· 428
二、工作质量大敌 ·············· 445
三、如何挖掘问题当中的"金矿" ·············· 478

后　记 ·············· 485

第一篇
中国质量4.0之道

第一章 质量(管理)1.0迈向4.0

一、他生病了我吃药 ··· 3
   1. 借口总比方法多 ······································ 3
   2. 本乱而末治者否也 ···································· 5
   3. 本末倒置的管理三角形 ································ 7
   4. 质量管理领导力三角形 ······························· 10
二、质量管理1.0迈向4.0时代 ······························· 13
   1. 被人忽略的质量"蓝海" ······························· 13
   2. 质量三角形转向质量四边形 ··························· 17
三、质量的海因里希诅咒 ···································· 20
   1. 海因里希法则的质量映射及解决办法 ··················· 20
   2. 习近平的质量经 ····································· 25
四、救火与预防 ·· 26
   1. 救火之忙、盲、茫 ··································· 26
   2. 忙、盲、茫的原因与心理 ····························· 30

五、差不多先生 ································ 36
   1. "差不多先生"是"遗传"的吗 ············ 36
   2. "差不多先生"的克星 ·················· 41
六、质量部门能正确地说"NO"吗 ············ 44
   1. "Yes or No"的质与量战争 ············ 44
   2. 质量部门虽不是纪委,却似摄像头 ······ 50
七、质量管理"第七宗罪" ···················· 55
   1. 缺少质量意识和态度 ·················· 55
   2. "全球第一CEO"眼里的质量 ·········· 59
八、质量管理1.0迈向4.0 ····················· 60
   1. 质量1.0到4.0 ······················· 60
   2. 质量管理的1.0到4.0 ················· 61
   3. 质量管理4.0的武功之道 ·············· 62
   4. 质量管理4.0的文治之路 ·············· 66

第一篇
中国质量4.0之道

一、他生病了我吃药

1. 借口总比方法多

大致从泰勒的科学管理开始到现在，现代工业文明的质量管理经历了质量检验阶段、质量保证阶段及全面质量管理阶段。质量管理的手段和方法越来越多，经验也越来越丰富，但目前的质量管理依然是围绕着产品质量的检验，通过检验发现问题后救火，甚至连检验也不是完全有效的，导致遗漏的质量问题被客户投诉。

出现了问题，就组织团队和会议分析原因，制定对策。这个时候质量工具登上了舞台，如A3、5Why、鱼骨图、FTA、8D甚至六西格玛等。总之，大家热闹一团，反正找到了问题的罪魁首犯，先灭了火再说。在问题的讨论过程中，业务部门不是先探究问题为什么会出现，而多是质问质量部门为什么没发现问题。生产部门，抱怨质量部门没有提前发现问题或没有检出问题；研发部门、设计部门，抱怨测试部门没有提前发现问题或测试出问题，等等。总之，业务部门都自觉地给质量部门（包括研发的测试部门）分析原因。生产部门认为人都会犯错，所以生产线的工人在产品组装过程中偶尔出现错误是正常的；然后，重点就放在测试设备为什么测试不出来，质量部门为什么检查不出来。而研发部门也认为，设计错误是不可避免的，也认为如果测试部门能够在产品发布到市场之前测试出来，那么自然会改正过来而不会有问题。

　　如果生产部门或设计部门真正帮助质量部门，也还好。但很多时候却是在找借口，不愿意面对为什么不在制造或者设计过程中避免错误，或者至少要降低缺陷率。道理真是在痛苦中产生的，在经历这样的痛苦争辩之后，一位测试经理告诉我"这些人就是'他生病了我吃药'！"多有哲理啊！无论如何，质量部门的很多同志们还是很有担当的，在业务部门抱怨质量部门后并不是一概反驳，而是反思寻找这个"药方"的合理性成分。因为质量部的检验和测试能力也确实有必要提高，以帮助业务部门更早、更有效地发现问题，这不是皆大欢喜的事吗？质量部门能够提高检测能力，能够发现一些业务部门都忽视的质量问题，除了投入适当资源之外，也需要一种更强的能力，这样才可能在业务部门"说三道四"的时候胸脯挺得直一些。

　　"他生病，我吃药"虽然在很多公司是常态，但也有很多公司会花些时间做"保健"。比如，有的公司会去策划质量管理流程，指导大家按流程工作。当然有的公司在质量流程的管理方面主要是为了满足 ISO 9001 外部审核员的要求，甚至只是为了获得证书向客户宣示"我也是 ISO 9001

的获证企业"。下面就让我们聚焦在有质量流程并按流程做事的企业吧。虽然大家几乎都按流程做事，但是质量流程也不可能解决所有的企业管理问题，总有某个事情没有写进流程里。即使把某些细小的事情写进去了，也可能没人记得住，种种原因吧。当出现质量问题时就有人拿此做挡箭牌，抱怨说质量流程不完善，写得不够细，或者说流程没有培训好。总之，只要有人不想干某项工作或者干不好时，总是找借口——理由总比问题多，而不是方法总比问题多。

2. 本乱而末治者否也

无论是围绕产品检验，或者发生质量问题之后的问题解决，很多公司都会投入了大量的人力、物力和财力。有的公司也舍得花钱请外面的培训公司进行培训，如 QC 工具、解决问题的八个步骤（8D）、基本的统计工具、检验和抽样手法等。有的公司甚至在处理质量投诉时，要用六西格玛的 DMAIC 分析和解决。大家认为只要掌握好了这些质量工具和方法，就可以做好质量检验和质量管理工作，信心满满。但是往往事与愿违，质量问题仍然层出不穷。当然这也可能是因为质量工具运用不恰当，但有的管理者认为，既然我花了成本做了这么多培训，质量问题就应该解决。如果不能解决，要么是没有学懂，要么是人的能力不行。当然这都有一定的道理，但这多半不是问题的根本。

如果产品质量"天生"不够好的话，靠抽检产品是无法真正解决产品质量问题的，靠先进的质量工具解决问题也无法避免问题再三发生。当然，产品设计得很优秀，又有严格的供应商管理和生产管理，那么产品缺陷率可能非常低，不良品只是可能被漏检，到客户端的质量问题会比较少。客户端质量缺陷，是"天生"的质量缺陷（与设计过程中的质量缺陷、原材料引入的质量缺陷及制造过程中潜入的质量缺陷有关），是在质量测试及检验过程中没有被质量人员及检验设备检测出来而最后被客户发现的。因此，可以得到如下公式：

客户端质量缺陷 =（设计+原材料+制造）质量缺陷×质量漏检率

注意，这里并未考虑包装、运输、安装及调试等存在的质量问题。

但是，很多公司在面对大多数质量问题的时候都是头疼医头，脚疼医脚，没有从源头断根。就像我们整天喊打苍蝇、打蟑螂，只能是打死一个算一个，能够解决一时的问题，但问题还会层出不穷。质量问题就像是非常讨厌但又灭不尽的苍蝇一样顽固，我们在解决质量问题的时候就不能用苍蝇拍仅仅灭掉几只就完了，要种植花草，打扫卫生环境，营造干净宜人的环境。质量管理的道理也是如此，我们需要关注质量管理的生态环境是怎样的？质量问题喜欢什么样的混乱环境？不喜欢什么样的治理？我们就针对打造怎样的治理结构和方法。

3. 本末倒置的管理三角形

质量管理需要溯本追源，找到问题究竟从何而来。有人说："我们太清楚质量问题是从哪个'妈妈'的肚子里十月怀胎跑出来的，因为我们天天都在接生这些'缺陷婴儿'，已经是'主任医师'了。不外乎就是通过望闻问切查看4M1E（人、机、料、法、环）等几个方面的问题吗？"

没错，但这只是我们看见的表象，需要寻找真正的原因。

常说的人的问题，通常是指一线的生产工人所犯的错误。因为4M1E通常是针对生产过程进行原因分析的。但就像戴明所说，85%的原因跟一线工人的关系不大，主要是系统的原因，包括设计本身有可能不符合可制造性造成难以人工操作，或者工厂赶工，或者培训不够等。

机器出问题是谁导致的呢？是我们没有认识好机器性能和参数，没有维护并保养好机器，甚至没有选择好匹配的机器等各种原因所致。

原材料的问题，可能是我们所选择和管理的供应商失误所致的，或者由于我们没有向供应商提供正确或清晰的要求所致。

方法、工艺方面的问题，可能是因我们的员工没有考虑周到或能力欠缺导致的，从而引起质量问题。

工作环境不恰当、不符合产品需要的环境条件，也会造成质量问题，而原因可能是没有考虑周到或人为疏忽。

总之，这些都是因为人在产品设计、制造和发货等过程中出现失误，包括技术上的失误或管理失误等。其实除了人在看得见的地方有失误之外，在看不见的地方也存在很多问题。看不见的问题通常是受到人们的心理影响，如同事们之间的沟通不畅或误解造成的质量问题，团队合作不好导致的质量问题。这也是现代工业工作者常遇见的问题，生产线的操作人员在这方面要轻一些。造成这个问题的原因很多，如人员能力不到、表达不清或理解能力有限、有偏见、人员的成长背景、教育及经历等各种差异所造成对同一事物的不同看法等。另外，一个非常重要的原因是管理的问题，如部门利益造成的"部门墙"、不恰当的管理者管理不善，以及职责及流程不清晰，还有公司的企业文化等。

不管是看得见的 4M1E 表象存在的问题，还是看不见的人员沟通和团队合作存在的问题，所有质量问题归根结底都是由于个人和团队在工作能力、态度及团队间的沟通与合作等方面存在问题。这就是质量问题所依赖的土壤。但是，大多公司都没有投入足够的精力重视这个症结，而把重点放在质量检验或者救火。这正如下图所示的本末倒置的质量管理三角形，质量管理是由处理质量问题作为基本，并占用大量资源；其次是质量检验，也是主要活动之一；而以预防为主的关于质量流程方面的投入较少；关注以人为本的质量管理领导力几乎被疏忽了。这样的质量管理是没有前途的,这样的管理是从问题开始,并热衷于解决一个又一个问题。即使在解决这些问题的过程中,又多出现扯皮、拖拉、职责不清等现象,但终究是把大部分问题都扼杀在公司大门内。公司最高管理层也会满足,只要客户没有来骂产品质量就行。

其实,不光是在质量管理上存在本末倒置,很多公司的在整个企业管理上也是更多地投入资源在发现问题、分析问题和解决问题的问题循环中,而不是聚焦于顶层设计,聚焦于人才管理、能力管理和系统预防。

本末倒置的质量管理三角形

4. 质量管理领导力三角形

相反，如果从源头抓人的质量，从产品需求到设计，从供应商选择到原材料都追求预防性，那么到生产末端的质量管理应该是风平浪静的。我在几家不同的公司呆过，经历过一家比较风平浪静的公司，几乎没有什么产品质量问题，也没有什么客户投诉，大家还经常有空聊天。而其他几家公司大家都忙忙碌碌，甚至一直神色紧张，有解决不完的质量问题，不管大小。幸亏，这几家公司内部质量管理还控制得比较好，外部客户投诉也还不多。相比竞争对手的质量水平也是高出不少，也基本算是业内一流的企业了。

从源头抓人的质量、个人及团队的工作质量，就必须从公司最高层做起。重视人的能力，以及团队沟通与合作，并从上到下推进质量意识，这样才能真正地提高产品质量，并维持和稳定高质量的水平。这说来容易，但做起来却是千头万绪，也是需要许多方法和实践经验的积累，才知道如何做。但无论如何，知道了方向和目标，并朝这个方向努力，总比迷失在错误的道路上艰难跋涉强。做质量并不一定是比拼谁更努力，更重要的是比拼谁更智慧地从源头抓起，从开始就用正确的方法做正确的事。这样"work smarter"的比"work harder"更有效，也更有效率。当然，最好还是"work smarter and harder"。特别是越复杂的产品、越复杂的工艺、越复杂的技术、越复杂的组织和人员关系，越需要顶层设计、系统预防,考虑人员在工作过程中容易出现的失误,提供必要的培训,以及合适的指导流程或者工作规范,从而预防潜在的工作失误,避免潜在的质量问题。除此之外,还得考虑人与人之间的沟通、协作及衔接方面最容易出现的是什么问题,想法建设优秀的团队,培养勇于担当的精神,制定有利于团队畅通合作的制度和流程等。这就是以人为本(包括考虑以个体和团体为本)的质量管理,也才能够体现质量领导力。否则,质量管理都是事后补救,说得不好听就是质量人员去擦屁股,但积垢难除。这样哪有什么质量管理领导力!最多算得上质量管理垫脚石,还要够坚实才好,才能够解决掉一些质量问题,不然就成了"泥巴"被业务部门踩得稀烂。

质量管理领导力角形

不从源头抓质量管理，把问题留给其他部门：产品设计质量不好，靠测试工程师努力多测试；生产过程中瑕疵多，靠最终检验检出质量问题；供应商质量不好，靠加强来料检验……

但检验也有打盹的时候，检验工作不到位，靠谁来补救呢？当然，实施（Doer）第一次把事情做正确很重要，但即使再神仙，也有打瞌睡的时候，因此检验（Inspector）第一次把问题检测出来也非常重要。质量部门人员的领导力还必须过关，很多跨部门难题就需要质量人员勇担责任。当然，解决问题的能力也必须过硬，拥有一套方法论和缜密的思维，这样质量部门亦可"亡羊补牢"。但其他业务部门不主动提升能力，不解决自身的质量问题，亡羊补牢终究是要付出代价的，并且效率又低。但这比"加高笼子与忘记关门"的故事强。

这个故事是这样的。有一段时间袋鼠常跑出笼子，而动物园管理员认为是笼子高度不够。于是他们决定将高度从10米改为20米，可是没用。于是他们加了几次之后，最终决定直接加到100米。一天长颈鹿和几只袋鼠们在闲聊，"他们会不会再继续加高你们的笼子啊？"长颈鹿问。"很难说"袋鼠说，"如果他们再继续忘记关门的话！"

因此，如果说亡羊补牢式的质量管理是不合格的，那么"忘记关门只加高笼子"式的质量管理那简直就是病急乱投医，甚至最后把公司往死里医。

亡羊补牢式的质量管理属于头疼医头、脚疼医脚，算是纠正；"忘记关门只加高笼子"式的质量管理属于头疼医脚、脚疼医头。这些都背离从源头起的质量管理领导力。

二、质量管理1.0迈向4.0时代

1. 被人忽略的质量"蓝海"

《蓝海战略》一书提到，"现存的市场由两种海洋所组成，即红海和蓝海。红海代表现今存在的所有产业，也就是我们已知的市场空间；蓝海则代表当今还不存在的产业，这就是未知的市场空间。"我在这里也借用一下该定义。质量管理的红海主要是指生产制造及供应商的质量管理，这确实也是质量管理最成熟的领域。近些年，研发领域的质量管理也提上了日程。但这三个领域的质量管理都属于成熟的已知的质量管理领域，我称之为质量管理的红海。

生产制造及供应商的质量管理投入的兵力最多，效果相对说来也是立竿见影的。特别是质量检验及质量问题的解决，要么立即发现质量问题而堵在家里面没有跑到客户那里去，要么立即对不良品进行返修，按住了起火点。研发的质量管理通常主要负责研发流程的管理，而研发过程中的部门,如测试部门,通常不是质量部门的管辖范围。研发测试部门虽然做的是类似生产制造的 QC 工作,但通常都是研发部直接管理,所以侧重研发流程的质量管理,要想在研发过程中见到成效不是那么容易的。无论是研发质量管理,还是供应商及生产过程的质量管理,都是许多公司看得见的质量管理。大家在相互比较、相互学习的时候,也都是从这些方面入手。当然,这几个方面的质量管理非常重要,很多管理优秀的公司在产品质量方面做出了应有贡献。

但是产品的实现过程是从产品需求开始的,也就是说研发部要设计什么产品,所设计的产品有什么要求,是要从明确客户的需求开始的。那么,产品需求是否都是客户所需要的,或者产品需求是否从产品设计一开始就确定不变的呢?这就涉及产品需求的质量管理。但是,哪些公司需求这样的质量管理部门呢?在网上几乎都查不到这样的职位。很多公司根本还没有意识到关于需求的质量管理的必要性和重要性。如此这样,需求方面的质量能高吗?设计出来的产品能够满足刚开始所预想的吗?又能够真正地满足客户的需求吗?

产品需求,在有的公司就是由资深的研发人员负责的,而上规模的公司都是由专职的产品经理负责的。不管是哪种情况,产品需求是没有明确的质量管理要求的,也没有相应的指导文件来说明应该如何获取客户的需求,如何真正获得客户的需求，什么样的客户需求才是客户真正想要的，某个客户嘴巴上所说的需求就一定是正确的客户需求吗，怎样把客户的需求向研发人员表达清楚、明白，不产生歧义。总之，很多公司在客户需求方面没有一套成熟的管理方针和流程，更没有质量管理一说。当然，客户需求的质量管理很虚，也许不一定要设专人负责。但相应的流程和作业指导有必要，因为客户需求质量对产品的研发过程及市场的受欢迎程度是至关重要的。因为客户需求的正确性高并在产品中得到实现的话，那客户无疑对产品非常满意，从而增加了市场竞争力，这是最大的"蓝海"！其次，客户需求质量高，在设计过程中需求变更的次数就少甚至没有，那么会大大降低研发设计的更改次数及测试量，从而降低了研发投入和成本，并加快了产品上市时间。这比降低产品缺陷率等方面效益还大，当然是质量管理的"蓝海"。

关于需求的质量管理，其确实可以起到四两拨千斤的效果，也的确是质量管理界中的"蓝海"。我们可以从苹果的成功和软件行业所统计的结果分别比较。

可以说，苹果手机就是需求质量决定了产品市场占有率！

苹果手机在乔布斯这个世界顶级产品经理的带动下抓准了客户需求。他在产品需求方面是苛刻至极，一丝不苟，没有妥协。所以，最近十几年引领手机市场并培养了许多忠实的果粉（苹果粉丝）。相反，诺基亚虽然手机产品耐用、耐摔、可靠性高，但在智能手机市场没有把握准客户的需求，甚至诺基亚在智能手机的时代里几乎是背离了大多数客户的需求。所以，即使其设计质量、供应商管理质量、制造质量及售后服务质量都有非常成熟的管理体系和流程，其质量管理理念和水平也是世界一流的，其产品质量和耐用性业界领先，但因为其需求质量败给了竞争对手，导致曾经的世界手机霸主诺基亚被消费者无情地抛弃了！

需求质量不仅决定了产品的市场竞争力，也决定研发工作质量及其效率和成本。美国 IBM 公司的一项调查研究表明，有效的需求管理能够节省整体项目成本，当然也可以提高研发质量。这有以下三个主要原因：

一是，需求错误通常比其他错误多花费 10 倍时间来修复。

二是，需求错误通常占软件项目总错误的 40% 以上。

三是，需求错误的减少能显著地降低返工成本和日程延期，并提高软件代码的质量。

另外，更为惊人的是由美国 Standish Group 公司调查 5 万个软件开发项目发现：45% 的软件特性都没有被客户使用过。华为也是在吸取软件业的经验后加强了软件需求的质量管理，由此在某一年的统计中平均减少了 39% 的需求变更量，在研发开发完成的技术评审 TR4 前的设计缺陷降低了 48%！多么惊人的质量改进呀，如果要通过提高流程质量和人员能力来降低设计缺陷，那是多么艰苦的过程！而通过对需求质量的改善就可以比较容易地降低设计缺陷，这难道不是质量改进的蓝海吗！当然，需求质量把握得好，更重要的作用是能提升产品的市场表现！

2. 质量三角形转向质量四边形

传统的质量管理如下图所示的失衡的质量三角形，需求质量管理方面的投入非常少，最多就是产品经理或系统设计工程师在把控需求质量，所以几乎没有成型的需求质量管理的概念，更没有得到重视。而研发质量管理的投入少于供应商质量管理，供应商质量管理又少于制造过程的质量管理。所以，绝大部分公司都投入重兵在制造质量管理。制造质量是公司内部质量好坏的一个集中体现，这个过程有许多大大小小的质量问题需要处理。而制造过程质量如果有闪失，缺陷产品就会跑到客户手里去，所以主要围绕着制造质量管理转，对其重视程度也是研发质量望尘莫及。需求质量更没有人关注，甚至连概念都没有。而正确的做法是，公平地对待从需求管理，到研发设计，再到供应商，直至制造，整个过程的质量管理，只是根据每个公司的不同情况投入不同兵力，但重视程度必须是一样的。甚至在需求质量管理上应该更重视一些，虽然需求质量管理所需要的工作量不一定很大。另外，从需求到研发，再到供应商所提供的原材料，如果各项工作都做到位，那么到制造过程所碰到的质量问题也就会少多了。

```
      需求
      质量                          需求质量
    研发质量                         研发质量
   供应商质量                       供应商质量       →
   制造质量                          制造质量
```

失衡的质量三角形　　　　平衡发展的质量四边形

关于需求的质量管理，虽然在质量管理领域还没有普遍得到认同，但在市场领先的企业及优秀的企业家们其实早就认识到了。比如，任正非不断向 15 万员工灌输这样的观念——"对技术的崇拜不能走到宗教的程度。不能走产品技术发展的道路，而要走客户需求发展的道路"。大众消费市场意识到了需求质量的重要性，如前面举的智能手机市场。在传统的机械市场也都有各种成功的经验或者惨烈的教训。比如，20 世纪 90 年代，广东化工企业每年要通过香港进口 20 亿元人民币机械设备，而这些设备我国东北企业基本都能生产。当时的化工部长成思危带着这个问题去了广东。他了解到我国机械质量分为特级、一级、二级和三级。而广东化工企业经常需要三级设备，但某些质量指标为特级配置。可是东北企业没有这样的配置，满足不了需求。而香港代理的国外设备可根据客户需要做各种配置，这样因为某个特殊需求得不到满足导致东北企业每年损失20亿人民币的销售收入。

产品需求不仅要考虑产品特性能否满足客户的需求，而且在产品设计的时候，还要考虑客户的使用环境。比如，太阳能的逆变器产品安装在沙漠和海边是完全不同的条件，安装在平原和高原的条件也大大不同。如果在设计的时候只是按照某个环境设计，但最终用在不同环境中，虽然产品符合性能要求，但不同客户在使用过程中就可能会遇到一些意想不到的质量问题。这也是我们很多设计人员及产品经理容易忽视或者经验不足的地方。

综上所述，我们可以得到关于质量的下面四个公式：

$$质量_1 = \frac{满足质量特性产品数}{总共生产产品数} = 产品生产质量$$

$$质量_2 = \frac{规定时间内客户满意产品数}{对应时间内客户使用产品总数} = 售后产品质量$$

$$质量_3 = \frac{产品质量标准}{行业标准/客户标准} = 产品定位质量$$

$$质量_4 = \frac{满足需求的质量特性}{客户明示及潜在的质量需求} = 产品需求质量$$

想要在市场上占有一席之地，光靠传统的质量$_1$的公式是不行的，质量$_1$的公式只是泰勒时代的生产质量阶段。只关注质量$_1$和质量$_2$的公式也不行，因为中国也已解决了温饱问题了，消费者需要标准更高、性能更好的产品，所以要迈向质量$_3$的公式。到现在商品丰富的时代,竞争激烈,消费者个性需求很多,不仅产品质量稳定,还需要上一定档次,同时还要体验好或名气大,因此质量管理进入到质量4.0 的时代了,即满足产品需求质量!

这也是为什么各大厂商都争分夺秒研究竞争对手的产品特性,各大厂商也都极力保密自己的产品,这里面除了技术秘密之外,非常重要的就是产品的**质量特性**,其源头对应的就是满足终端客户的需求。

三、质量的海因里希诅咒

海因里希法则,是 1941 年美国著名的安全工程师海因里希从统计许多灾害开始得出的。当时,海因里希统计了 55 万件机械事故。其中,死亡、重伤事故为 1666 件,轻伤为 48334 件,其余则为无伤害事故。从而得出一个重要结论,即在机械事故中,死亡、重伤、轻伤和无伤害事故的比例为 1∶29∶300,国际上把这一法则叫事故法则。这个法则说明,在机械生产过程中,每发生 330 起意外事件,有 300 件未产生人员伤害,29 件造成人员轻伤,1 件导致重伤或死亡。

1. 海因里希法则的质量映射及解决办法

对于不同的生产过程,不同类型的事故,上述比例关系不一定是完全相同的。但这个统计规律说明了在进行同一项活动中，无数次意外事件，必然导致重大伤亡事故的发生。要防止重大事故的发生，必须减少和消除无伤害事故，要重视事故的苗头和未遂事故，否则终会酿成大祸。

海因里希法则不仅适用于安全事件的统计现象，同样也适用于研究质量问题的分布情况。可惜，质量界没有提出这个概念。这个概念其实很重要，可以用于分析、处理许多社会现象。如果重视这个法则，那么日常工作中的诸多小失误或小缺陷都不应该被忽视。因为，诸多小问题如果不加以重视，就会养成不严谨的工作习惯和态度，进而造成后续的诸多麻烦。虽然暂时没有造成大碍，但小问题的积累会从量变到质变，最终造成更严重的质量问题。有些问题在这里没有造成大的麻烦，但在别的地方会造成意想不到的麻烦；或者，在众多小问题当中不一定每个小问题都会造成大麻烦，但某一个小问题可能造成致命威胁。

比如，公司里面存在许多不规范甚至错误的操作，导致的许多小问题被工厂质量人员或者工厂内部的下一道作业人员发现了。而另外还有一些在厂内或市场出现的中等质量问题，当然还会出现少量重大的质量问题。所以，小问题与中问题的比例，中问题与大问题的比例大致与海因里希法则的类似。

大问题有时候是因为小问题的累积，从量变到质变，就像"堤坝溃于蚁穴"。或者，大问题直接就是由某一个小问题直接导致的。举一个小失误导致大问题的例子吧。

某个工程师处理生产线反应测试合格率偏低问题的时候，对测试设备的测试软件某个参数进行了调节，调节完毕后生产线反映的问题倒是解决了，可因此不小心操作捅了个"大马蜂窝"。

该测试软件在被修改的过程中有一个埋伏的"魔鬼"被激活了，而这个"魔鬼"是几年前公司外包的测试工程师遗留的地雷。于是这个"魔鬼"就对被测试的产品上的一颗芯片加上了不需要的电压，芯片还挺稳健，大多数都挺住了不需要的超额电压，但是少数没有挺过就变成了不良品，出厂的不良率比较低。但是，不同批次的产品使用后，不良率达到了3%左右，远超出了正常质量水平，因此停产分析原因。

芯片不良究竟是什么原因，工艺、测试及质量工程师花了几天工夫还是没有找到。于是请研发工程师来支持，同时把芯片寄给供应商分析。最后明白了芯片被超高的电压击坏。但究竟是哪里来的超高电压还是不知道。因为该芯片所属的电路板要经过高压测试、ICT电路测试及FCT功能测试三个步骤，每个测试步骤都可能对该芯片造成不必要的打击。

于是对这三步测试分别做实验排查，最后发现是ICT电路测试产生不良芯片。那究竟为什么ICT测试会造成芯片损伤？于是就重新把ICT的测试程序打开一步一步审查，最后发现因为该测试程序里面所埋藏的"魔鬼"被激发了，而之前该"魔鬼"是一直被"锁在冷宫"的。再通过倒推发现该"魔鬼"已经出现有好一阵子了，前一阵子的产品都被这个"魔鬼"所释放的不正确的高电压电击过，虽然芯片没有被彻底击坏，但受过内伤。本着"诚信经营，质量第一，客户至上"的原则，把被电击过的所有相关产品都召回来。最后，因为该芯片的焊接工艺非常复杂，那些承载着这个芯片的 PCBA 根本无法维修，所以最终把所有涉及的产品都一律报废，损失巨大。

这个大问题就是因为测试工程师小小的失误——不小心点开了一个不该开启的功能——所造成的！

因此，看似小问题也得正确治理，"祸患常积于忽微"。西方有一段民谚关于铁钉没有钉好导致国家灭亡的故事与此类似。其实马匹的铁钉有缺陷的不止国王查理三世的这匹战马，其他马匹出的问题可以算是小问题，但偏偏查理三世的这匹战马用在生死决斗的战场上，是国家领头人的战马，因此酿成的灾难导致了战争失败，国土丢失。

铁钉缺，马蹄裂；

马蹄裂，战马蹶；

战马蹶，骑士跌；

骑士跌，军团削；

军团削，战事折；

战事折，帝国灭。

当意识到了小问题同等重要之后，那究竟如何对待一个一个的小问题呢？首先，得要求每个员工从细节做起，从身边做起，无论事情大小，都得认真对待。比如，有人写文件或写邮件，不注重标点符号，不注重大小写，不注重语法，这些习惯都要不得。其次，从质量管理的角度，从宏观的角度，从系统的角度，要讲究方法，分清轻重缓急，注重二八原理。否则，一个一个地去扑灭这些小问题颇费脑筋和资源。因此，要对这些小问题进行归纳、总结、分类，然后通过质量改善项目进行一个个攻坚克难，或者通过系统管理改进。当然，这需要来自管理层的质量管理委员会的支持和参与。为了形象简单地说明此事，我用下图来加以说明。

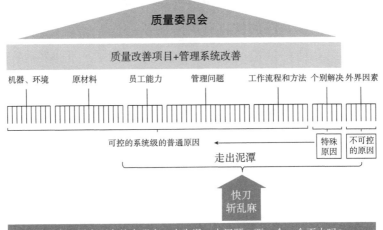

2. 习近平的质量经

从系统管理的角度去提高管理能力，提高预防问题的能力；从根本上铲除这些小火源，而不必拿着灭火器、出动救火车到处救火。解决质量问题如此，解决企业中的任何问题也是如此，解决社会难题同样可以。关于这点，当年习近平总书记在任浙江省委书记期间，在部分市县党政负责人座谈会上就构建和谐社会也做过类似要求和指示，非常深刻到位，同样值得企业界和质量界人士学习，我摘抄如下：

"要善于从大局的高度来看稳定、促和谐，对事关稳定的问题见之于早、抓之于实、求之于解，常研究，常排查，常督促，像进行经济形势分析那样，经常分析社会稳定形势，把过细的工作做到前面，不要整天做救火队员。

在具体工作中不要因小失大，防止因疏忽和麻痹，使一些小事儿酿成大事儿、个案炒成热点。对有些不稳定因素，还要从体制机制等更深层面来分析解决，力求一斑窥豹、一针见血、一抓到底，不能让它成为'慢性病'，三天两头反复发作。"

四、救火与预防

1. 救火之忙、盲、茫

不管是在质量管理领域,还是在整个企业的经营管理过程,还是在整个社会的政府机构,我们大致可以把工作分为三类:一是,日常的例行工作;二是,出了问题之后的被动性的救火工作;三是,为了避免问题而需要做的预防工作。预防工作进一步又可以分为两类:一是,救火之后去想今后如何避免类似的问题;二是,在问题发生之前就主动想到如何避免潜在的问题。不管是机关还是企业,把日常例行工作排除在外,救火工作与预防工作的比例会是多少呢?大概在5:1到10:1,甚至更糟糕。

中国有个成语叫曲突徙薪(直译是,把烟囱改建成弯的,把灶旁的柴草搬走),故事反映人们通常会对还没有发生的危机视而不见,听而不闻,等到危险真的发生了,感谢的只是救火者。曲突徙薪引自汉桓谭《新论》:"淳于髡至邻家,见其灶突之直而积薪在傍,谓曰:'此且有火',使为曲突而徙薪。邻家不听,后果焚其屋,邻家救火,乃灭。烹羊具酒谢救火者,不肯呼髡。智士讥之曰:'曲突徙薪无恩泽,燋头烂额为上客.'盖伤其贱本而贵末也"。文言文的意思我就不多说了,大家可以百度查看。

不仅古代,现代社会同样是每年会牺牲不少年轻消防官兵。可惜的是,火灾之后,容易发生火灾的农贸市场及娱乐场所还是很少从根本上消除消防隐患,如进行员工安全意识及逃生应急能力培训,严格执行易燃物的贮存和堆放规则,检查灭火系统及器材是否处于正常工作状态、各种逃生通道是否通畅等。所有这些预防措施其实不用花太多时间和精力,但都被短视挡住了。比如,物品摆放堵塞了逃生通道,大家忙于做生意而没有抽空做消防演习,没有安全管理人员从事消防安全管理工作,中控室的值班人员在取得纸面的上岗证之后再也没有得到足够的技术指导和培训,等等。所有这些都是预防火灾发生的重要手段,但就因为管理者的麻痹大意或不会直接创造更多收入,所以大家没动力做,总是抱着侥幸心理。让我们来看看下面两起不该发生的火灾,就知道某些大型场所在消防预防方面准备多么不足,而白白牺牲了许多生命,损失了多少财产!质量之"火灾"又何尝不是如此呢!

2013年10月11日深夜,北京喜隆多商场一楼的麦当劳杨庄餐厅甜品操作间起火蔓延至整座大楼,大火扑救八个多小时,致2名消防员牺牲。经调查,起火原因系麦当劳电动车充电时发生电器故障。央视焦点访谈首次披露起火时商场内部的监控录像发现,麦当劳一名女店长发现火情后自行逃离，消防中控室的值班人员在听到自动报警后不是马上启动喷淋系统，而是摁掉报警声继续打游戏。电动自行车充电时起火，这是直接原因，但也是可以预防的。比如采用这样的办法：一是，落实电动车的安全管理，如电动车是否定期维修和检验，查看充电电池是否是具有CCC认证，是否该报废的电动车还在继续使用等。二是，指定充电地点，并对充电地点进行防火改造，并配备必要的灭火设施。同时，制定规范化的管理规定，这样即使起火了也不至于影响其他设施或者导致更大灾难。这次火灾的间接原因有两个：一个是，店长工作失职。如果发现起火后应该立即上报，并第一时间疏散人员及组织救火，火是完全有可能控制的。火灾是可以预防的，对于火灾高发区和危险区的工作人员，可以进行消防安全培训和演习，合格才允许上岗；另一个是，中控室的值班人员工作失误，甚至玩忽职守。这更应该加强管理。这场大火正是因为麦当劳杨庄餐厅及整栋大楼在消防方面的管理存在失职和疏漏才导致的。

再来看另一起火灾事故。2014年12月15日，河南长垣县蒲东街道皇冠KTV发生火灾，11人遇难。现场监控画面记录下，起火从零时26分20秒开始，短短的1分钟之内，最先起火的KTV吧台连续爆炸10余次，监控视频显示吧台的两名男子从着火开始没有采取任何消防措施，赤手空拳用脚踹翻了正在着火的凳子，但随着连续的数次爆炸，火势迅速包围吧台，并不断蔓延。虽然事后县委书记、副县长等负责同志及时到场指挥，组织公安、消防、卫生、安监、电力等部门全力灭火救援，并将伤亡减少到最低程度。虽然事后补救比较得力，但所付出的代价惨重。这起火灾的直接原因是电热器烤爆空气清新剂所致。这个应该是可以预防的，因为KTV场所属于火灾的易发区，所以必须严格禁止使用各种易燃易爆品，而空气清新剂正是一种。间接原因是在起火后的1分钟内，KTV的两个男子居然未及时用身边的灭火器或其他措施进行扑救！而大厅内其他人也没有及时协助或帮助合理地进行灭火。但这也应该是可以预防的，如对员工进行灭火器知识培训和模拟演练。

  对于很多企业单位来说，不光是消防与安全领域存在严重不足的预防措施，质量管理也好不到哪里去，质量管理之外的企业管理甚至更糟。火灾发生后，还可以通过监视回放还原其发生过程。如果也可以记录下质量管理问题整个发生过程，会更富戏剧性，因为质量管理过程涉及了更多环节和细节。

  很多企业的员工对犯错是习以为常的，错了就改，改了再错，一错再错，一改再改，被动地忙于救火，没有时间去考虑如何预防，没有真正做到以预防为主、工作严谨、注重细节。质量人员看到大家困于火中，想伸手相救，于是说咱们一起规划未来美好生活吧。大家会说好呀，然后问如何才能够摘得果实。质量人员说需要系统地从头策划，从新产品开始，从选择供应商开始，还需要加强能力建设和团队建设，需要建设有效的工作流程及奖惩制度……"等等，stop，stop，"大家说，"你没看见我这么忙吗？哪有闲心去管那些不着边际的事情？"于是，质量人员只好悻悻而去，不了了之。

因为大家都忙于救火，所以很忙！忙得大家没有时间去思考，没有时间或者精力去考虑预防性和规划性的工作，所以变得没有方向，迷失在路上！不仅身体在忙，而且眼睛也变"盲"，时间久了就兑现了忙字的真义：心亡！心亡了当然就茫然不知所措了！当然就成了瞎忙！

2. 忙、盲、茫的原因与心理

除了没时间之外，还有这么几种原因：一是，大部分员工没有意识主动去做预防。因为预防工作是针对未来潜在不愉快的事情，所以在某些情况下，不做预防也不一定有问题发生，这样导致员工不愿意去做预防工作；二是，即使做了预防工作，一般不会马上见到成果，这样也减弱了人们做预防工作的积极性，因为人们都比较喜欢能较快见到成果的工作；三是，因为预防工作在很多时候都要比救火更难，需要调动更多资源，需要考验个人的组织协调能力，也花费更多个人的精力和心血，所以一些人知难而退；四是，预防工作是一个系统性的工作，需要具有系统思考的能力和必要的方法论，对不少员工也是个挑战。正因为上述几点原因，很多公司在企业管理及质量管理方面的预防工作都做得不足，特别是很多管理还没有走上正轨的众多民营企业！

为什么在质量管理上，做预防要比"救火"更难呢？因为"救火"是对着看得见、摸得着的问题，直接而简单；而预防是针对可能存在的问题提早构想、采取预防措施，这样的问题只是可能存在的，甚至是预计存在的。其次，"救火"是紧急的，所以很容易得到各级人员的支持；而预防是面向未来的，是面向可能存在的问题采取预防措施，因此更难以得到支持。

头痛医头、脚疼医脚不是预防工作，预防工作需要具备一定的主人翁精神。预防工作主要不是预防自己的问题，优秀的员工能从问题中汲取经验教训避免再犯类似错误，所以预防工作主要是为了团队、公司的利益，使其他人今后遇到类似情况时不会出错。因此，基于工作失误、质量问题做预防工作，是一项任务艰巨而又具有企业家精神的工作！但是，大多数员工其实都没有那么具有主人翁精神，也没那么具有魄力。在这方面GE公司提出的"20∶70∶10"概念，是指20%的员工绩效优秀，70%员工合格，10%员工不合格需要调整甚至辞退。其实，按我的经验，20%的优秀员工里具有开创精神和主人翁精神的也不多。另外，优秀的员工还要求具有较强的影响力和领导力，这样才有能力和意愿采取预防措施。其他70%甚至更高比例的员工，在做自己分内的工作可以说是合格的或一定程度上是优秀的。要领导并推动改进甚至做预防工作，必须去协调资源问题，要说服大家支持如此艰巨的预防"事业"，除非能得到直接领导的大力支持和帮助。因此，这些推动质量预防的员工的领导很重要，领导不仅要有预防的意识和能力，而且能够鼓励和支持下属积极参与预防。

所以，普通工程师一般就是在专业上精益求精，在该领域内成为受人肯定的专家。但是，如果能够在团队领导、与人沟通上下工夫，并愿意承担更多职责的话，那么应该可以发展成为非常优秀的经理人。说实话，很多公司的中层经理们也并没有表现出强烈的企业家精神（即领导力），即使愿意推动部门之外的改进和预防工作，积极性也不算很高。这就是为什么多年来企业界一直强调要推倒的"部门墙"。为什么会存在"部门墙"呢？一是因为不想让其他人来干涉自己部门的事；二是自己也不太想推动其他部门的工作，只要其他人不来犯我，我待在自己部门的围墙里面是多么安全和自由。

不仅普通员工及部门经理们不愿意花太多时间去推动预防工作，即使高层管理者一般也没有太高积极性。高层管理者首先不知道如何具体做预防工作，对有些算是预防的工作没有给予足够的重视，如质量流程和管理制度、员工培训和激励、员工招聘质量，还有团队文化建设及能力提高等。这些说起来都觉得重要，但是做起来却常放在次要位置。而每次在开展质量流程或团队文化及能力建设这些预防工作的时候，也没有达到应有的效果，所以领导就更没有兴趣。要做好这些看起来比较虚的预防工作，如果领导层不下决心的话，不委派骨干能将，不定期地跟踪、评审和支持的话，确实做不好。这不像搞生产，只要领导给一个指令说每年的生产力要提高多少；或者搞销售，给销售部门下达销售指标。只有领导层下了命令并适当追踪，最后的成绩才是比较容易出色的。

　　管理层愿意花较多时间去管生产或销售，甚至愿意动手搞技术，因为这些都是摸得着、看得见而且能比较立竿见影取得成效的。而质量流程、员工培训或管理改进等预防性工作确实比较虚，也不容易衡量，要见成效的周期也很长，所以领导层多是嘴上说说。虚的工作开头更难，如果领导层不重视、不投入，其他人都会看领导的言行举止，左右观望，最后连领导层也可能动摇了，最后的结果多半不了了之。

　　大家都喜欢做看得见、摸得着的工作，所谓的干实事。预防工作的计划和实施确实受人们的惰性影响。举例来说，如果手头有五件不紧不慢的质量问题需要处理，同时也有一份比较重要的质量流程需要讨论和起草。很多人都愿意先去处理具体的质量问题，而会把质量流程的讨论拖后，最后不得已被人催促了才开始。关于实的工作和虚的工作我有很多亲身感受，因为曾经多年从事六西格玛黑带工作，六西格玛比预防工作还实在一点，但也比直接从事研发、销售和生产的人员感觉更虚。很多六西格玛黑带做一两年就待不下去，特别是从外面直接应聘的黑带，有可能待不够半年就走人，因为这些黑带感觉更虚。一是，他们不熟悉这个公司、产品和技术工艺，也不熟悉周围的人员及工作氛围。周围的同事整天都有具体的工作可忙，甚至除了例行工作之外，还有很多意想不到的救火工作找上门来。而外来的"黑带和尚"除了要推进大家认为非常虚的六西格玛工作外，没有具体的事情可以安排，也没有人想起他们，除了极少数对六西格玛感兴趣的同事。而有些对六西格玛持怀疑甚至反感态度的人员，甚至期盼他们早日离开。因此，挑战相当大。我也遇到过做精益生产的称为专职精益大师的案例，这个职位负责的也算是预防性的比较虚的工作，甚至某欧洲公司的生产总监下面安排的这个职位也是七年换了四个人，这在欧洲那种普遍稳定的工作氛围下是不多见的。

最后，预防工作在技术上还有一定难度，因为预防是针对潜在的并且是能够预见的问题进行预防的，需要较强的判断力。但是，总会有预想不到的潜在问题；或者是想到了，但因为概率微乎其微或通过粗略计算预防所花的成本，决定不值得采取预防措施。然而，可能恰恰就是这个低概率问题导致真正损失，因而预防也不是说就是完美的。例如，在"9·11事件"之后，飞机驾驶舱的坚固程度被大大提高，目的是预防潜在的恐怖分子闯进机舱劫机。但是，这没有预测到驾驶员本身可能会进行危险活动，所以出现了2015年3月24日德国之翼坠机事件。德国之翼4U9525客机副驾驶卢比茨趁主驾驶离开机舱之后关上机舱门，当主驾驶回来的时候就打不开门了，因而无法阻止卢比茨的撞机行为，最终导致150人与飞机一起机毁人亡。

其实，在"9·11事件"后，为了预防恐怖分子进入机舱把机舱门的强度加固得牢不可破的时候，美国人还同时做了另外一项预防工作，那就是美国联邦航空管理局规定，当有一名飞行员离开驾驶舱时，必须有一名空乘人员进入驾驶舱顶替，这就考虑了两个驾驶员当中某一个行驶恐怖行动的可能性，采取了预防措施。但是欧洲航空业并没有制定类似规定来预防这样的危险，主要原因还是在于没有想到这个潜在的危险性或认为发生概率微乎其微。

无论如何，预防工作都是非常必要的，即使企业在发展状态良好的时候也得居安思危，正如孟子所说——生于忧患，死于安乐。关于这点，民族企业的骄傲——华为，就做得不错。《华为的冬天》就是在华为发展很好的时候任正非写的名篇。美国微软公司也是经常说离破产还有18个月。GE公司的杰克·韦尔奇在上任两年内就开始调整战略业务，即使那时候GE的市值、销售额及利润等都是行业领先的。他考虑的是GE的长远发展，而不是等到出现危机的时候才开始救火。但是，这些是很多企业做不到的，都是等到出现危机或等到出现质量问题之后才开始救火,等到救火的时候又忙得不可开交,甚至会来不及。很多企业就一直在水深火热之中,但如果能够提前预防和规划或在救火的时候同时预防,那么是能够改善的。不生病最好,生病也可以先治病于腠理,迟点也可治病于肌肤,再迟点也可以治病于肠胃,不至于到了扁鹊也治不好的时候才追悔莫及。

对公司来说,存在的问题有两方面:一方面是预防工作不足,这在许多公司都存在,甚至全世界管理最好的公司也可能有预防不足的地方;另一方面,少数总部集团官僚在某些方面又小题大做,预防过度,因为人员过多,没事找事干,所以弄出很多可有可无的表格、问卷等资料进行访谈、审核及评分,并制定各种改善行动和跟踪计划。通常,这类没事找事的预防工作优先级确实不高,或是锦上添花,或是画蛇添足,而下面的业务人员还有更重要的救火及预防工作都要做。如果下属子公司存在这样的矛盾,多半需要总部采取预防工作——精简总部职能机构!

五、差不多先生

1. "差不多先生"是"遗传"的吗

我之前常常在想,为什么我们聪明的中国人显得比欧美人士勤劳吃苦，长期以来却主要靠血拼价格和成本而非品质和品牌来比拼价值，只能艰难地赚取"生活费"呢？难道这是因为社会整体才解决温饱问题，并逐步迈向中等发达国家，经济状态决定了产品水平和质量水平吗？这样说来，只有当社会发展到比较高水平时，产品水平才会较高么？如果是这样，那么，是否等待了太久呢？难道不可以通过提高产品标准和质量水平，从而提升产品竞争力和利润水平，因此推动经济转型升级并顺便步入发达国家及世界强国吗？

这确实值得思考和探讨。之前美国、德国、日本等国家在经济发达起来之前，产品也给人低档劣质的形象。那时它们的产品要求也不高，充其量是满足一些最基本的顾客需要，产品的缺陷率比较高，客户不信任。日本在发展过程中就得到美国老师的指点。比如，质量界大名鼎鼎的戴明博士去日本讲授统计学，讲授质量管理四日谈。在此基础上日本产品质量水平突飞猛进。但果真因为有戴明这样的美国老师就提高了整个日本企业的产品质量了吗？

不是的。最主要还是因为日本人想要提高产品质量，痛恨其产品被贴上劣质的标签，想要提高产品竞争力，走出日本，出口世界。当然，除了危机意识并下定决心之外，还有那种较真儿的态度及强有力的执行力，以及员工终身制带来的质量所需要的稳定的熟练的管理人员及工人。质量管理需要的上层领导的坚决而强烈的质量决心，以及各级员工严谨认真的工作习惯和态度、稳定熟练的员工队伍，这些在当时的日本都逐步具备了。万事俱备，只欠东风，当戴明博士在美国郁闷之际去到了日本，这东风就加速了日本在质量管理上的进步。

对比之下，我们目前不缺质量方法论，因为改革开放40年，难道学习的质量管理方法论和统计学还少吗！无论是ISO，还是TQM，还是六西格玛、精益生产、QC工具、CMMI等。但是，改革开放之初，产品不讲求质量好也能卖得掉，因为那是商品短缺的年代，主要解决有无的问题。然后再发展到拼价格的时代，也就是产品价格足够低就好卖。这样的惯性不仅影响社会经济，也影响人们的思维，因此这个观点至今还延续并占据着一部分企业管理者的头脑。在这样落后的指导思想下，产品的质量标准就定得不高、不严，认为产品在功能、外观和客户体验上差不多就行，而管理过程中也是工作差不多就行，各项规章制度、作业指导书及作业操作差不多就行，企业能够赚到差不多就行。因此，即使有质量管理的方法论这"东风"，但是质量管理的"柴禾"（管理层的要求及员工的意识和实际行动）都还没有干透，只是"干"得差不多的水平。所以，中国的质量管理这把火难烧得旺，烧火时还很呛人，因为"柴禾"没有干透，甚至夹杂着一些石头和泥土，所以会带很多烟雾。这样的中国质量令很多中国消费者不满意，在欧美市场的竞争力当然更有限。

第一篇
中国质量4.0之道

2015年春节期间由柴静拍摄的纪录片《柴静调查：穹顶之下》播出，也侧面反映了很多方面质量管理水平低下的问题。比如，当时汽油的油品标准相对较低，与汽油相关的很多环节尚不到位；某些企业作业环境差，管理要求不严，马马虎虎，导致随行人员在采访中不小心掉到一个钢铁厂的"陷阱"里。

企业质量管理水平低下，要求不严，不仅有企业管理者的原因，也与我们每个人息息相关。这些也受生活环境影响。比如，很多20世纪70年代及更早出生的人都吃过不少苦甚至饿肚子。那时候在吃、穿、住、行上能够满足最基本的需求就很不错了，哪里还讲究吃的要色香味俱全，穿得要干净、整洁，住得要舒适，出行要舒适快捷。较低的要求也会影响人们在生活及工作上的态度和习惯，容易造成马马虎虎、差不多的习惯。

习惯一旦养成，要改就不容易了，需要有良好的外在环境或强化要求，以下能够反省自己的问题并下定决心。我小时候是在比较差的环境下长大的。毕业后为一家日本公司工作过三年，那时与日本人相处较多，同时也有很多来自我们香港的同事，他们都有严谨和讲究的工作作风，对我影响很大，我也较快地就养成了严谨细致的工作习惯。其中包括很多人不以为然的文档编写工作，我都注重其细节。在后来的工作中，我也养成了这个习惯。只是生活中还是相对随意一些，家庭的5S不是太好，但也不差。所以，我想说的是"差不多先生"并不是"遗传"的，是可以改变的。

如果没有上大学，高中甚至初中毕业之后就去当徒弟做建筑工人，我不知道自己在施工质量上是会追求高质量还是马虎草率交差了事。建筑工人是我很多发小从事最多的一份职业。虽然这份工作也可以提供较高的收入，但他们在施工质量上的态度整体不敢恭维。中国大量的建筑工人都依循师傅带徒弟模式，基本上没有进过教室学习相关理论知识，工作上也没有作业指导书。他们的学习就是凭师傅们嘴巴传授的经验，而师傅们对工作要求就参差不齐，很多都不高。因此，建筑水平就只能将就。

其实，我去洗手间的时候经常会有这方面的感叹。在我看来，洗手间有各种质量问题，如小便池高度可能不合适，有的只适合高个子，有的只适合小孩子；小便池的出水感应器安装可能有问题，如感应器上有英文字母或者符号是倒过来的，虽然功能不受影响，但是感官印象就比较差；小便池的冲水量可能也有问题，如有的冲得很凶会溅出来，而有的水量又不够；有的小便池挨得很近，不便使用；小便池之间为保护隐私设置的隔离板形同虚设，挡不住隐私……

对于洗手间马马虎虎的质量问题，五星级酒店或一些高档的办公场所基本就不存在了。因为洗手间有高标准的设计，然后有高标准的施工，当然还有高标准的监理和验收标准等。

2. "差不多先生"的克星

要想有好的产品，首先得有高标准，至少不能低于客户标准和行业标准。这其实属于公司的顶层设计的范畴，是公司管理层在战略方向和决心上需要明确的。否则，一味走山寨路线，走低价格、低成本路线，那么产品标准肯定会打折。

其次，在人才要求上要高标准、高要求。高的工作标准，是不允许马马虎虎的，这一点很重要。如果在工作要求上差不多就行，其实也埋没了人才的潜力。这一点我有深刻的感受，在几个公司接触过从韩国三星公司和LG公司来的同事，我感觉他们在做报告的时候都有一手，虽然内容取决于他们专业能力和综合能力，但在形式上比较漂亮和严谨。他们说，在这两家韩国公司都要求报告的质量过硬，写不好得重写，甚至脾气不好的上司会把写得不好的下属骂一顿。他们就是在严格要求下才有这样的进步。而我在西门子公司推进"工作质量"项目之后，很多同事在写文件或邮件的时候也从形式上注重标点符号、语言逻辑和语法形式，同时还会检查内容，尽可能让读者客户容易读懂。而在"工作质量"推进之前，很多同事都不太注重这些，导致文件或邮件的交流效果没有达到预期，影响了沟通质量。除了这个改善，我在质量部门还特别狠抓满足客户需求，因此质量部门的同事们在工作上比之前想得更周全、更彻底，从而更好地满足了工作质量。

另外，为了提高工作质量，工作环境也需要干净、整洁，看起来也要好。否则，在零乱、不顺眼甚至不干净的工作场所工作，会影响大家的品位和工作标准。所以，办公场所也需要注意档次，包括洗手间的卫生也很重要，有不少日本公司做供应商审核的时候会把卫生间纳入抽查范围。但是，办公场所除了硬件设施和公共的卫生间、食堂之外，个人的办公环境也很重要。办公环境的5S其实也会影响一个人的习惯，但是办公5S的管理必须由最高层才能够推得动。有些公司很重视5S，但是只是嘴巴上讲，最高领导层不亲自巡查环境，看到脏乱差的环境也不指出来，嘴巴上再重视，即使有5S专员也没有实质性效果的。

总之，虽然我国整体还未达到发达国家标准，但要想做出高标准、高质量的产品，还是完全可能的。试想一下，我们的前辈们在勒紧裤腰带过日子时，在技术一穷二白的背景下，都可以制造出世界级水平的原子弹，难道我们就不能够做出好的产品以避免国人争相海淘、海购么？关键是要产品理念升级，企业管理升级，管理标准和工作标准升级，从体力劳动为主的"制造"升级为智力为主的"智造"。另外，要摒弃差不多就行的产品标准及工作标准，摒弃差不多能工作、客户差不多能接受就勉强出货的产品理念；要创造良好的工作环境，制定高标准的工作质量，注重细节。

我国的国庆阅兵仪式，特别是每十周年的大型阅兵仪式就证明中国人能行，关键是决心。有了决心，中国不缺智力，不缺勤劳，可以做出好产品。比如高铁，无论在国内国际都有极大影响力。在装备制造工程机械领域，"2011年全球工程机械制造商排行榜"前十名中，徐州重工、中联重科与三一重工占据了其中三席。世界上最大吨位的履带式起重机、臂架最长的泵车，就是由这些企业生产的。在海洋工程领域，上海沪东中华造船厂生产的 LNG 船、振华重工的港口机械设备，无一不具有世界先进水平。在生产设备方面，百万千瓦级超临界火电发电机组、百万千瓦级先进压水堆核电站成套设备、1000kV 特高压交流输变电设备、±800kV 直流输变电成套设备、百万吨乙烯装置所需的关键装备、超重型数控卧式镗车床等，都达到了世界一流甚至领先水平。能够算得上世界前列的产品还不止这些，特别在创业环境越来越好的大时代背景下，涌现出了越来越多的优秀企业。大家的创新能力还会越来越高，对产品标准和要求也会越来越高，大家工作也会越来越严谨和认真，以满足客户的高标准。人们生活越来越富，对产品和服务的要求也越来越高，无形中又推动全国人民工作更严谨、标准更严格，最后提升整个国家的产品和服务质量水平和竞争力！

当然，在积极发展的同时，也还会有一些低端制造企业，甚至缺乏良心、缺乏创新的某些企业，但我们应该更乐观、积极地看到中国每一天的进步。这是发展趋势，不可逆转，我们也更应该为民族、国家和世界的振兴贡献自己的力量！

六、质量部门能正确地说"NO"吗

1. "Yes or No"的质与量战争

公司质量管理人员究竟有哪些责任、权力和利益呢？有的质量人会说责任有很多，如原材料或产品检验、写质量文件、做质量记录、负责客户投诉的处理等。另外，最不幸的是当客户抱怨或老板责骂质量问题的时候，质量部门人员还要担责任，甚至背黑锅。至于与之相称的权力，在多数管理不佳的公司是没有的。为什么这么说呢？因为当你行使本职工作的权力，给不合格产品开单子，贴上不良品的红色标签，常常直接受到多方甚至老板施加的压力。即使产品质量勉强合格，你还要看生产部的脸色，会握紧拳头嘀咕，究竟是放行呢还是不可以放行。最终你也屈服了，放行吧，没什么大不了的，反正客户用了也出不了什么大毛病。至于质量部门员工的利益，只要在上班，工资还是有的。但是,公司在涨工资的时候,质量部门的员工经常被当"活雷锋"。

如果贵司的情况不幸被我言中,那纯属巧合。当然,对于这样的企业,有太多工作要做。

下面,我还是围绕管理正常的公司来谈质量管理,这样更有意义和价值。

任何一家公司通过正规而客观的质量管理体系认证,对产品质量又有标准的判断,并诚信经营,那么,当该公司的产品质量不符合客户利益的时候,质量部门都可以理直气壮地说不。当然,个别情况下,产品质量介于合格的边缘状态,究竟是合格还是不合格,这就要对产品进行更仔细客观的分析和判断,而不是凭哪个部门的拳头硬或哪个部门的声音大。

比如外观问题,不同的人员可能有不同的感觉和判断,如何做出正确的符合客户需求的判断非常关键。又比如某些尺寸问题,这涉及尺寸的规格是如何确定的,尺寸超差一点究竟对产品意味着什么,对客户又意味着什么。这样的方法同样适合对某些电子产品性能参数值的判断……

无论如何,只要判断的标准是不能损害客户的利益,那么质量部门就应该公允客观地做出正确的判断。这样的话才会得到总经理、各相关经理及一线工程师、作业员的支持。质量部门能做好这一点其实也并不容易,这要考验质量人员的智慧和沟通能力。判断正确了会得到大家的认可,但判断失误就可能失去大家的信任,今后要再处理类似的问题就比较难了,甚至质量部门的权威和公信力也会受到挑战和影响。这不仅会影响质量标准的确立、更新,而且还影响质量工作的开展。

我所了解的一家浙江制造型企业,是事业部制管理。下属不同的工厂属于不同的事业部,工厂厂长对工厂的效益直接负责。工厂也有独立的质量部门,质量部经理由厂长考评,同时虚线向总部质量管理部汇报。该公司下面的工厂有时候对质量标准的把控存在问题和疑惑。其总部质量管理部经理写邮件向我咨询,其中有个问题是这样的"我们偶尔会遇到产品的尺寸问题,QC人员根据图纸检验,结果在尺寸规格合格范围的边缘,但数字结果不合格。这时候产品究竟是放行还是不放行?"

这非常考验质量部门的能力!具体经过是这样的。质量部门是按照质量标准不放行,但车间经理说可以放行。于是管理品质的"质"部门与关心数量的"量"部门之间发生冲突,难以调和,只有升级让厂长判定,裁判"质与量"的"胜负"。厂长看了也很心痛,要返工或报废,都会影响效益。所以,厂长在犹豫之后说让步放行吧,然后就把产品发了出去。

产品发出去之后,大家都心惊胆战地等待客户那边的消息,但等了很长时间仍没有收到客户反映问题。车间经理于是"赢"了,QC"输"了,厂长对质量人员的产品判断能力也产生了怀疑。

QC人员再次发现产品某项特性不合格，究竟是坚持还是放行，心里犯了嘀咕，特别是上次"输"掉之后。车间经理可能还会拿上次QC判断"失误"的例子去炮轰质量人员。在这种情况下，绝大多数人都顶不住压力，虽然心里知道不算合格，但不敢轻易判断，于是去找车间经理商量，车间经理看了之后说没问题。如果这次车间经理的判断再次侥幸过关，没有导致客户不满意，那么质量人员在产品质量的判断方面也会对自己丧失信心，甚至连正常检验的底气都没有了。总部质量管理部门担心，等到某一天质量问题之"狼"真的来了，并"咬伤"了客户，客户肯定会找上门来投诉甚至索赔，焦点就会集中到质量部门，并质问质量部门是如何把关质量的。

其实，这个问题只是厂长和车间经理的问题吗？质量人员就不应该承担责任吗？

就质量人员本身来说，还真是"书到用时方恨少"，有很多知识和方法是可以用来处理问题的。

当质量人员第一次遇到检验尺寸不合格的时候，应该分析和确认检验系统的准确性和精确性，也就是说所测量的结果是否存在仪器校准问题，是否涉及测量方法及仪器的MSA（一套测量系统分析的方法和工具）的问题。

当确定测量系统没有问题之后，测试结果如果还是不合格。那么应该判断这个尺寸规格设计得是否真的合理，如果不合理，还可以放宽多少？因为有些时候由于各种原因所设定的标准不一定合理，如工程师经验不足或工程师过于保守，甚至可能是工作失误等。这时候如果知道客户使用的条件或场所，可以拿到客户的样机进行试验的话，就很清楚规格是否真的合适。然后与研发人员（如果有产品经理也一起叫上）一起探讨并修订产品规格。这样，之前所判断的"不合格品"可能就是符合客户需求的合格品了。

上述分析和做法是合情合理的，虽然研发人员未必能坦然接受，但大家需要正确而勇敢地面对事实，这也是企业管理及质量管理都需要弘扬的工作作风，大家这样才可以真正地从问题中汲取经验教训，并提高和成长。质量部门在当中也发挥了极大的价值，不仅维护了质量标准的严肃性和科学性，也维护了质量部门的"威严"，而且获得了大家的支持和尊敬。质量部门只要能够以这样的心态和思路来开展工作，至少可以把QC做好。做好QA还需要懂得更多管理技能和流程知识，至于QM则涉及人员关系和工作质量管理，那又是另外一个境界了。

再回到如何设定产品规格，如尺寸规格，是凭理论呢？还是凭生产过程能力决定呢？比如，生产能够在尺寸方面控制得好一些，那规格就严格一些；但在尺寸控制方面能力差一些，尺寸规格就放宽一些。不过，这些都不算全对。尺寸的规格首先是用户决定的，那用户如何决定呢？对于

OEM 客户而言，客户需要把贵司产品装配到客户的产品上，通过尺寸匹配度来决定。当然这个过程也需要模拟、计算。再回到上述案例，如果某个批次的尺寸超标，比如说偏大吧，可能遇到客户的配套产品尺寸也偏大，那是运气好，可能没有问题。如果就因为这个运气贸然把产品规格放宽，下次碰到客户的配套产品尺寸是正常甚至偏小的，那么可能就会遭到客户投诉。所以，产品在一开始设计的时候就需要把这些因素都考虑清楚，制定合理的设计规格。

当质量部门能够做好正确而客观的产品质量分析与判断时，至少在质量判断这项工作应该不会引起什么争议，该说的时候就要说，包括对不合格产品、对质量有风险的产品停产甚至召回。工作做得细致充分，这时候也没人质疑你的判断。当然你在做判断和决定的时候要与大家多沟通，说明原因。即使有质疑，但因为你的判断是正确和公正的，是站在公司和客户利益的角度的，他们也会听。能够做好这一点，质量管理的思路和水平也就不会低。在此基础上，再进一步开展产品质量改进和流程改进，那就更好了。但能够真正做到这些并不容易，不论是民营企业，还是国有企业，或是外资企业，质量管理不到位的例子并不少见。而真的能够做好这些的企业，不止质量部门的人员能力和管理水平，整个企业的管理水平也不可小觑。甚至更进一步来说，质量部门还可以发挥更大的潜力和作用，通过严谨细致的工作，不仅可对产品或流程正确地说

"No"，还可以对某些部门或某些人的做法说"No"。有时候你会发现，优秀的质量部门也可以对人做出恰当的判断，甚至比人事部门或总经理的判断还更准。

2. 质量部门虽不是纪委，却似摄像头

人都是趋利避害的，大多数都报喜不报忧，特别是那些能力不强的或没有自信的都比较喜欢隐藏问题，所以很多管理问题都隐藏在水面下，水上漂浮的"问题冰块"多是按不住才暴露的。而质量人员整天都与问题打交道，而且要推动解决问题，不管是浮出水面的质量问题，如客户投诉、生产停线、生产返工、研发的测试不通过等比较明显的；还是在水面下的问题，如作业员没有按规定操作、作业文件有瑕疵、解决质量问题不及时、在解决问题过程中推三阻四或在面对问题的时候借口总比问题多等。

无论是出现的具体质量问题，还是各部门的潜在的工作作风问题，质量人员都要勇于面对，善于沟通，善于推动，真正解决。某些员工存在能力或态度的问题，质量人员只要客观而大公无私并稍具慧眼，也能一眼洞穿。当质量人员看透了这些管理问题、能力问题或态度问题，是否可以翔实记录并向上反映呢，我认为需要有一定的管理程序。

首先，不要就事论事。什么？有没有搞错，不就事论事，难道还就事论人？是也，非也，问题的根本原因往往

很复杂,藏得很深。这里所说的不就事论事指的是,不要通过某一件具体的问题事件就说某部门工作作风或某个人态度不好,而要通过长期观察,诸多事件来判断,并多与他人做非正式的沟通,交换意见。如果其他人也给出类似的负面评价,那么可以通过质量部门的一把手向对方的一把手反映。当然,很多时候,质量部门一把手本身也可以掌握很多关于某个中层管理者或某些员工的负面问题。当对方一把手虽然知道问题但不采取行动的时候,可以横向沟通或向总经理反馈。当向总经理反映相关团队或者人员的能力、态度问题的时候,要指出这对产品质量已经造成的麻烦及潜在的隐患,以及工作执行力上的影响,最好能给出一些具体的事实和案例。当然,质量部门的负责人首先必须是公正、客观的,能力和态度都经过考验并得到大家的信任才行,这是前提。还要确认的是,总经理也要鼓励和支持这样的行为,并采取相应的调查和措施,否则质量部门不可能有胆量去触及这样的人事问题。无论是内外资企业,也无论是管理先进还是落后的企业,公司从上到下都潜伏着一些不称职的人员,但他们都岿然不动。就连GE 公司的杰克·韦尔奇在上任后也忍受了不称职的 CFO 近两年时间,最后越级提拔了一位 CFO,后来这位 CFO 成了GE 公司的明星 CFO。

公司是否倡导公开透明的管理风格,是否打破只能上不能下的晋升制度,以及是否广开言路,需要最高管理者下决心、下力气并身体力行。杰克·韦尔奇在1981年当上GE总裁后的几年内可以说下了非常大的决心和力气整顿官僚作风,甚至在20世纪80年代被贴上"中子弹"的标签。他根据20∶70∶10比例解雇了相当多的不称职的10%的人员,包括某些GE下属公司的CEO,当然也包括GE的CFO。但即使在杰克·韦尔奇的强力推行下,即使GE的层级不多,但其各级管理人员在处理不称职人员方面仍然不尽如人意。在GE每年的雇员年度调查中,每次得分最低的是这样一个问题,"公司对那些没有圆满完成任务的员工的处理意见很坚决?"。即使"中子弹"杰克·韦尔奇比较好地处理了不称职人员,但在员工调查中都没有得到比较满意的认可。可以想象,在"温文尔雅"甚至"妩媚"的管理者及管理态度下,公司有多少不合格的人员,而这些人员对绩效和质量的影响是多么巨大。

我们也可以借鉴我国反腐的行动和结果,来分析不合格人员的状况和处理方法。自2013年以来,我国"打虎拍蝇"行动成果显著,截至2017年6月底,全国共立案审查县处级干部6.6万人,厅局级干部8600多人,中管干部280多人,十八届中央委员、候补委员40人,中央纪委委员8人。难道这些腐败行为是2013年后才变严重的么?显然是因为国家的最高管理者高调、严厉反腐才有这样的结果。否则,即使下面知道很多问题、怨声载道,也依然解决不了任何问题。因为要么不敢举报,要么只能针对腐败者当中的"弱势群体",要么举报之后也无果而终。只有高层动真格,坚决啃硬骨头,并大力倡导和支持反腐,才能起到示范效应,成效也才更显著,才能真正鼓舞了士气及人员的积极性。

这跟企业管理一样,公司支持大家提意见或建议,也设立了建议箱或电子建议箱,但就是没人举报、没人建议,其问题在于不知道高层管理者是否真正想听取这些意见。如果真想听取意见,那么就得拿出姿态,做出表率。

一般而言,管理正规的企业不会有太多举报,但管理不正规的企业,问题可能就比较多。任何企业管理上都有很多不合理的地方,如某些员工工作态度有问题、某些制度不合理或个别经理能力不行,这些问题基层有很多抱怨,一些中层管理者知道,甚至一些中高层也知道,但表情严肃的总经理可能不知道。总经理不知道的原因:一是过于严肃无人多说;二是没有时间去了解;三是放不下面子与基层接触和交流;四是很多总经理升得过快,在基层的时间短,通常一路上也是比较风光,所以亲身体验"管理垃圾"的机会不多;五是总经理直辖的那些总监们水平都还比较高,即使有个别总监水平有限,但也不会给总经理说这些,因为那样只会导致总经理对他有负面印象。如果是集团公司,从董事长到总裁,从总裁再到下面的高级副总裁或各分公司高管,那一个个更是精英,要么是能力上的精英,要么是"做人"的精英,所以上一级都很难听到下一级关于管理上的问题。

而下面即使有人喊冤,一般也就到他的直接上级。偶尔有个别人员会反映到总经理那里,总经理也会认为是个案,因此就授权给下面的人去处理而没有重视。总经理那里听到的问题虽然是个例,但殊不知,有更多类似的问题因为上述各种原因都没有申述到他这。总经理要想知道真实情况,隔靴搔痒肯定不行,必须去掉中间层,直接与基层人员对话。而我认为也可以让客观公正而又有能力的质量管理一把手来汇报,这样就可以非常快捷又全面地知悉管理的脉搏,比从人事或秘书处得来的消息更直接、全面而具体。可惜的是,很少公司这样做;或者某些公司高层想知道实情,又不知道还有这一招;或者知道这一招,又没有可信赖的质量负责人。话说回来,即使质量一把手不是那么靠谱,但他确实知道管理中的很多问题。因为公司的质量问题最复杂,比物流问题、销售问题、财务问题、人事问题都要复杂。质量是个系统工程,质量的问题也最能够反映管理的综合问题及人员问题。因此,质量管理者确实可以提供很多有关管理漏洞及人事问题等诸多问题的线索,然后总经理可以据此调查、查实,从而做出必要的管理调整和改进,提高管理质量和效率。

七、质量管理"第七宗罪"

七宗罪（Seven deadly sins），是由13世纪道明会神父著名神学家圣·托马斯·阿奎纳列举出的各种恶行的表现。在天主教教义中提出"按若望格西安和教宗格里高利一世的见解，分辨出教徒常遇到的重大恶行"。"重大"的意思在于这些恶行属于原罪，如盗贼的欲望源于原罪贪婪。

这里我不讨论宗教，只是借用"七宗罪"这个词语来表达质量管理面临的七个主要问题。前面六节依次论述了他生病了我吃药、质量1.0迈向4.0（不能停留在传统的质量"红海"阶段）、质量的海因里希诅咒、救火多过预防、差不多先生的工作习惯、质量部门能正确地说出"No"吗六个问题。接下来讲第七个问题，即一些公司对质量的态度存在问题，这个态度是嘴巴上说质量重要，但做起来变成质量次要了。

1. 缺少质量意识和态度

相对财务管理、研发管理、生产管理、人事管理、成本管理或进度管理等，为什么ISO只针对质量制定了ISO 9000质量体系呢？并推荐甚至强制认证呢？我想这是有道理的。其原因是很多公司未必会自动自发地重视质量管理，却潜意识地更重视成本、进度等，但这与现代工业社会大规模标准化社会生产的目标是不符的。

我遇见的一些公司，即使获得了ISO质量管理证书，打着重视质量甚至质量第一的旗号，但在实际工作中是以成本和进度优先的，质量最高排到老三。在这样的管理纲领中，质量是很容易在博弈中被牺牲掉的。每当遇到成本或时间压力的时候，即使公司有质量管理部及质量从业人员、各种检验工具、各种质量管理流程及质量管理方法和工具，可以解决问题，但首先牺牲的往往是质量。如果要想使质量能平起平坐，除非最高管理层重视并坚持质量第一原则。但有多少公司的管理层是这样想的呢？

质量、成本和进度，不管是对项目管理还是生产管理，都是绕不开的话题。项目管理包括产品研发的项目管理，也包括某个工程的项目管理，如建筑施工。成本和进度都是更容易直接衡量和考核的指标。这两个指标很硬，也相对容易保证。但是，很多时候不是靠提高能力、改进设计、优化流程等达到成本和进度目标，而是直接采取相对快捷、容易的措施（很可能有损公司利益的方法）来完成成本和进度指标。比如，原材料选择上差一点，或者通过压缩必要的工作步骤来达成进度要求。而在质量上，可以将就着出货即可，或者通过修修补补出货，对于客户的反馈存在侥幸心理。客户抱怨时，多给客户赔笑脸就是了。当然，不是所有企业都是这么想的，也不是所有企业都做得这么极端，但相当多的企业在面临质量、成本和进度矛盾的时候，都容易牺牲质量，这也是当前质量管理面临的困境和现实。

当公司面临成本和进度的压力时，应该做的是找到根本原因并进行改善，同时吸取经验教训，改善和优化做事的方法，提高正确做事的能力，降低今后管理过程中遇到类似的困难和问题。这个过程可能就离不开质量流程的优化、更新或对流程整合。但很多人、很多公司不是这样做的，因为这是一个痛苦的过程。流程优化不是一个人的事情，需要得到流程相关方和关系人的认可，而且需要经过漫长的讨论和实施才能够取得成绩，而且成绩带来的实惠可能不是回馈到优化流程的人、付出代价的人。相反，把质量这个小兄弟给牺牲一下，挽救了成本和进度，还可以马上获得客户的"芳心"，至于客户以后会否由于质量问题"反目成仇"，等发生再说吧。一些公司对质量管理流程就是这样两张皮。

导致质量流程两张皮的原因：一方面是做事的当事人甚至总经理不太重视质量；另一个是因为质量体系负责人在流程建设方面缺乏业务头脑，缺乏对本质的清晰认识，只知道流程和实际两张皮，知道一些为什么，但不知道全部的为什么，也不知道如何让质量流程落地。当然这也与最高管理层的人才招聘有关，以为招来懂ISO 9001的人甚至是ISO 9001的主任审核员就可以把体系搞好，但事实没有那么简单。可以这么说：

如果没有一个发自顶层的质量体系设计，好好地设计和区分一、二、三、四级与不同部门的文件编号、编写、审批和持续改进，没有清晰的流程责任者；

如果没有把"铁路警察各管一段的流程"有机地打通和联接起来；

如果没有把质量流程宣传下去，也没有定期审查流程的执行力，审核之后没有做好系统分析，推动流程的责任者追踪改进；

如果没有定期主动地评审和优化流程；

如果没有被动地从经验教训中优化和改进流程，或者找不到流程的改进者……

那么，两张皮的质量流程是不可避免的。

是否把质量摆在重要位置，甚至第一的位置，很大程度上体现了公司的产品质量水平。当然，重要的是"说到做到，言行一致"。意识和理念对于质量而言非常重要，我看了电视纪录片《军工记忆》，里面讲到了我国研制东方红一号卫星时的艰辛历程。大家就是凭借对技术和质量的重视，把质量当作生命，"严肃认真，一丝不苟，稳妥可靠，万无一失"，所以才在难以想象的艰苦环境中把第一枚卫星发射上天。拧螺钉的工人都非常严谨和认真，有工人晚上下班后还担心没有拧紧又回到车间去仔细检查。当时中关村的机加工车间条件非常差，没有空调、没有洁净车间，外国专家根本不敢相信能够制造出如此精密的机械零部件。我当时看了之后就感慨理念、意识和责任心的重要性。如果没有把质量当作生命的理念和意识,大家会那么认真地对待每一颗螺钉吗?大家会在艰苦环境中做出超高标准的产品来吗?

2. "全球第一 CEO"眼里的质量

如果不把质量放在重要位置上,管理层的管理经营会议经常会遗忘此话题,特别是董事会管理会议或公司的年度管理会议。把质量作为管理会议中的一项重要议程,GE 的前总裁杰克·韦尔奇在这方面就是一位典范。

在成为 GE 的 CEO 之后,韦尔奇与华尔街的分析家们第一次见面时做的演讲,就与那些光鲜的华尔街精英们所期望的不一致。韦尔奇在演讲当中主要传达了两个信息:一个是想把 GE 打造成数一数二的企业,这是"硬"信息;另一个就是"软"信息,主要包括卓越、质量及"人性因素"等。但分析家们认为韦尔奇只是夸夸其谈,对他的演讲并不感兴趣,因为他们更想听的是公司当前的财务状况及利润业绩。

无论如何,韦尔奇依然坚持质量,坚持重视人的投入。在他任期内历年的公司 C 类会议中,公司都会安排关于企业领导力的话题,也就是关于 GE 的人才培养和发展的话题。另外,他还会安排以客户为中心的质量话题及六西格玛。但正是因为韦尔奇的坚持和他的个人魅力,在他带领

GE 走过的 20 年里，GE 的市值从 130 亿美元上升至 4000 亿美元，公司排名从第十上升到了第二。他个人也被誉为"全球第一 CEO"。

我之前供职的北京西门子西伯乐斯电子有限公司的总经理兼西门子中国楼宇科技集团总裁的邵康文先生也非常重视质量管理，即使公司的产品质量在业内领先，但年会和月度管理层会议上质量都被当作一个重要又特别的话题。

八、质量管理 1.0 迈向 4.0

1. 质量 1.0 到 4.0

以前讲的质量首先是关于"温饱问题"的，讲的是有没有缺陷，后来把可靠性加入质量的概念中，再之后是质量系统管理。但是，有没有缺陷、可不可靠是由针对产品的判断标准决定的，目前国内需要大力提高的就包括标准质量，因为很多标准可能比较低。

在质量 4.0 里，质量的定义是"顾客感知价值"。要满足竞争激烈的现代社会，产品要卖得好，用户体验就很重要，用户拿到产品的感觉很重要，这个就是质量 4.0 的内容。欧美等发达国家在质量 1.0 到 3.0 算走在前面，而目前美国在4.0方面走在了世界的前面。

2. 质量管理的1.0到4.0

质量管理也有不同的阶段和管理内容，这个在很多质量书籍和培训资料都有提及。比较明确的是质量管理三个阶段：质量检验阶段，称之为质量管理1.0；质量统计控制阶段，称之为质量管理2.0；全面质量管理阶段，称之为质量管理3.0。

全面质量管理主要包括了以质量管理体系为主要内容，以及全公司、全员的质量管理。全面质量管理内容广泛，而国内未形成一个统一的标准或做法。所以，在有的公司，全面质量管理内容可能主要就是品管圈（QCC）活动。QCC活动也不错，能够解决一些实际问题，虽然可能不如日本人搞的QCC。有的公司的全面质量管理是全面推行六西格玛（6Sigma或6σ），也是全员参与的。但无论是QCC，还是六西格玛，还是合理化建议等不同形式的全面质量管理，都没有一套用之四海而皆准的质量管理3.0模式，效果也参差不齐。

质量管理3.0这个过程确实充满了各种方法论和工具包，包括ISO 9001、TS 16949、中国质量奖、六西格玛、QCC等。这些方法和工具我都非常熟悉，并亲自参与实践。但总觉得都还不够全面，不够深入人心。即使六西格玛做得再绚丽，即使某些企业拿了省级政府的质量奖或中国质量奖，但还是不够彻底，员工还是觉得质量管理不够理想。

究竟是出了什么问题呢？经过苦苦摸索、思考和探讨，我提出质量管理4.0的概念，也算借鉴一下德国提出的工业4.0的概念。

我认为质量管理4.0的精髓就在质量管理所涉及的"文治、武功"两个方面。武功就是工业4.0方面的内容；文治就在"以人为本的质量管理领导力"上。只要文武双修，质量管理才达到了4.0的水准，可以确保产品质量、工作质量和经营质量。当然，质量管理4.0是一个愿景，很难完全达到，但必须朝这个方向努力。

3. 质量管理4.0的武功之道

说得明白一点就是质量管理的硬件设施。它对质量管理非常重要。不过，许多质量管理方面的书籍都没有从这方面论述。我拿亲身经历来说明一下吧。

我在某外资公司分公司服务的时候，总部每年都有人来做三天的EHS（环境、健康和安全）方面的评审，2015年也不例外。评审过程中会对EHS相关十来个管理要素进行评分，并指出在评审过程中发现的不足。评审结束后，总部专家会召集总结会议，我都会参加。在总结会议时我就在想，我们分公司每年在EHS评审方面的得分都不错，但我认为在EHS方面还存在不足，特别在EHS的硬件设施方面。比如，我发现在分包商的登高作业方面做得不好，分包商的高梯（大于2米）不够结实或拼装得不够标准，有人员高处坠落的风险。但总部的这套评审方法没能够审计出问题来，虽然这套评审方法是基于 ISO 14001 及 OHS 18001 的，还包括了集团在 EHS 管理方面的要求，也包括了我们分公司的经验和要求。

在开完评审总结会议之后，虽然我为公司每年在改善 EHS 方面所取得的成绩感到高兴，但是我也坦诚地指出自身的不足，并且直言不讳地向总部反映，并指出总部在 EHS 方面的评审标准有缺失，即评审标准太"软"了，应该加一些"硬"的指标。这是因为，即使我们在 EHS 管理体系、程序、记录、演练、评审等方面做得再好，但是"硬"的 EHS 技术指标方面不够，也容易导致 EHS 事故。他们听了我的建议后，欣然接受了。

那么质量管理的"硬"问题究竟是什么呢？我提出的是，主要指产品的原材料质量过不过硬，生产设备及工艺技术过不过硬，研发的实验设备和环境过不过硬，生产和质量的测试和检验环境过不过硬。

原材料，当然是影响产品质量的一个重要因素，这个"硬件"不必多说。对于原材料的相关质量管理可以单独写书，范围可以从研发设计选型开始，到原材料的设计和选型，供应商的选择和评价，与供应商的合作及加强供应商的质量管理和改善，原材料的试生产及质量认证，一直到原材料的质量检验及过程控制等。当然还涉及采购、质量、研发及供应商等各部门之间的配合，以及人员资质和能力等各方面内容。原材料的质量管理内容是比较成熟的领域，虽然非常重要，但也不算质量管理4.0的内容。

生产设备和工艺技术、测试设备、生产车间的环境条件、信息化技术和自动化技术，这些都是影响产品质量的"硬"功夫，即质量管理的武功方面。发展趋势就是从研发到生产的全系列自动化、信息化和数据化的工业4.0技术。这个对产品质量和生产效率有着极大的促进作用。下面就去看看西门子工厂的工业4.0的状况。

德国西门子位于安贝格市的EWA工厂具备工业4.0的雏形，其生产设备和计算机可以自主处理75%的价值链，只有剩余1/4的工作需要人工完成。自建成以来，EWA工厂的生产面积没有扩张，员工数量也几乎未变，产能却提升了8倍，平均1秒即可生产一个产品。同时，产品质量合格率高达99.9988%，全球没有任何一家同类工厂可以匹敌。该工厂的姊妹工厂西门子成都工厂也是同行中的佼佼者，成都工厂实现了柔性生产和混线生产，一条生产线可以同时生产4种型号的产品，小批量也能生产，真正实现定制化。如果传统工厂要实现混线生产，极易出错，而西门子全集成自动化解决方案在很大程度上替代了人的大脑、视觉和手臂，大量工作由后台数据库和计算机完成。据悉，成都工厂产品的一次通过率可达到99%以上，产品交货时间比其他在中国工厂缩短了50%。

我们可以从上述两家西门子工厂的情况看出，工厂的硬件对产品质量起着非常重要的作用。像一般工厂的手工焊接、手工半自动测试、手工装配、手动送料、手工记录产品缺陷等各个环节，都需要严格而仔细的管理，稍出差错就容易导致各种产品质量问题。

总体说来，德国制造的口碑是建立在一个非常有意思而且关键的观点上——不相信人。从我个人经历总结来说，德国人有一个根深蒂固的观念，是人都会犯错，都会有误差。我之前的德国总经理也时不时口头蹦出"human behavior"这个词，所指的就是人为的不稳定。所以德国人在制造领域提高品质的思路非常直接，就是要动用一切可能的手段把人的天然影响降低到最小，把每件事情都分解成机器能简单执行的（或人像机器一样执行简单动作）。这就是其保障品质的基础。

中国现在也意识到了机器人的好处，出现了越来越多机器人公司，也有越来越多的企业在用机器换人，连传统的服装行业也都参与到了这个行列。世界领先的高档纯棉衬衫生产商之一的香港溢达集团下属的宁波溢达服装有限公司开展"机器换人"就尝到了甜头。机器更新大幅降低了公司对操作工人技术的依赖。以前公司采用的是传统的缝纫机器，对普通工人的操作技术依赖性很大，每名熟练工要培训6个月左右才能达到标准。如今，由于操作更简便，只需要培训一个月左右就可以上岗了。由于机器升级，领子、袖子、门襟缝制加工等过去技术要求较高的工序，返工率大为减少，优质产品数量比以前提高了8%左右。

总之，在武功方面，工业4.0的发展与技术成熟是质量管理4.0的重要支撑。但是，在这方面我不是专家，虽然在西门子做过多年，但西门子也不是每个工厂都可以达到工业4.0的标准。既然西门子也不可能全面达到工业4.0的标准，那么除了这方面的武功之外，又如何确保公司的整体质量水平呢？我认为还需要依靠文治。

4. 质量管理4.0的文治之路

质量管理是个系统工程，除了武功之外，很大程度上取决于管理水平。其实武功也是管理水平的一个体现。好的文治就会预见武功的重要性，就会把公司管理好，并创造好的经营业绩，可以支撑好的硬件设施甚至工业4.0。传统的管理太倾向于依赖权力进行控制了，甚至通过黑厚学来欺上瞒下，以及钻研孙子兵法来投机取巧。在我看来，这就走了偏门。

质量管理4.0的文治之路是基于以人为本的质量管理领导力！内容不仅是QC和QA，更包括QM，是以质量为课题的企业管理。QM不仅要把质量管理部门的员工管理好，质量部门的工作质量要做好，更需要倡导全员、全公司的质量文化，协助提升全员的质量意识、态度和工作能力，协助提升团队的工作能力！要做好这些，就必须展现领导力！必须放眼整个企业管理！

第二章　师夷长技以制夷

一、反思德日质量危机 …………………………………… 70
二、低调严谨的德式质量标杆 …………………………… 74
   1. "德国制造"从山寨到神话 ………………………… 74
   2. 德国人的质量管理要点 …………………………… 75
   3. 德国人的工业4.0模式 …………………………… 83
三、精细认真的日式质量革命 …………………………… 88
   1. 师从美国人戴明博士 ……………………………… 88
   2. 全面质量管理+QC小组 ………………………… 93
   3. 独特的日本制度和文化 …………………………… 95
四、创新灵活的美式质量大成 …………………………… 97
   1. 三大世界级质量管理大师 ………………………… 97
   2. 麦肯锡质量管理成熟度 …………………………… 98
   3. 克劳士比质量管理成熟度 ………………………… 101
   4. 风靡全球的六西格玛 ……………………………… 105
   5. 质量管理成熟度——CMMI ……………………… 106
   6. 卓越绩效模式 ……………………………………… 108
   7. 美国人最大的质量管理优势 ……………………… 113

五、德日美的质量经验总结 …………………………… 114
 1. 质量意识和质量定位 ………………………… 115
 2. 科学技术和教育是质量的利器 ………………… 116
 3. 抛弃浮躁，拥抱工匠精神 ……………………… 119
 4. 文化因素 ……………………………………… 124

说起产品质量，一直以来普遍认为德国和日本的产品质量是非常不错的，耐用、可靠。美国的产品质量也可以，但主要体现在创新上，近年最典型的例子就是苹果手机了。苹果手机不仅产品质量比较过硬，而且用户体验做得非常好。而中国的产品质量虽然这些年进步不小，但普遍还存在差距，用户体验也有差距。产品质量平均水平虽然合格，但可能因为质量标准比较低，消费者的满意度也较低。要想立足中国，甚至走向世界，确实还有很长的路要走。幸运的是，高铁的质量和市场、航天科技的成就，在世界树立了口碑。另外，走出国门并且在世界行业内颇有知名度和影响力的企业，如华为、福耀玻璃、格力空调等，证明我们是可以做出世界级的产品质量和服务质量的。这些产品和服务不仅在合格率和市场返修率等方面是世界先进水平的，而且在质量标准方面也是世界先进水平的，在满足"客户需求和用户体验"方面也是世界先进水平的。

那么，如何把高铁、航天科技等成功经验转化为全线产品的质量管理经验呢？我认为习近平提出了创新的高瞻远瞩的战略——供给侧改革！并且，中国正在加强和推进产品质量的各种法律（如推动《质量促进法》的立法工作）！

当然，在中国摸索企业质量发展之路的时候，其实也可以向德国、日本和美国等国家学习和借鉴。再结合我们的工作习惯、行为习惯、思维习惯、文化观念及发展水平等诸多因素，因地制宜地发展和提高质量管理水平。"师夷长技以制夷",我们要从其他国家学习优秀的知识,加以消化,建立起符合自身良性发展需求的体系,以过硬的质量赢得世界的信任。不然何来世界水平的民族工业,何以强国!现在,大家不要光羡慕国外产品好,要想想人家为什么好?我们可以做得更好吗?我自己的思路是正确的吗?我自己的工作做到位了吗?我为企业和社会做了什么呢?……

一、反思德日质量危机

2015年9月18日,美国环保署指控大众汽车集团在北美出售的部分柴油车安装了非法软件,以保证在检测时符合环保要求,而日常驾驶时却大量排放污染物。根据指控,涉及违规排放的车包括大众集团2008年以来在美国销售的约48.2万辆柴油车。

什么是质量?根据ISO 9000的定义:质量是一组固有特性满足要求的程度。所以,要想满足客户要求必须取得客户的信任,这是起码要求。大众通过非法软件造假尾气排放数据显然是违背客户信任的,也是不符合质量要求的。

多年来,德国质量都是好质量的代名词,也是值得信任的标杆,为什么会出现大众"排放门"呢?我想原因很复杂,主要原因是经营者的业绩考核压力,与马克思在《资本论》中的那句名言"为了50%的利润,它就铤而走险;为了100%的利润,它就敢践踏一切人间法律"颇为呼应。有些人为了经济利益会不择手段,这种现象不管是在东方的中国还是西方的德国都会存在。另外一个原因,是国家对质量的监控体系。长期以来,德国产品的质量一直得到世界的认可,甚至被奉为圭臬。这种高度信任导致包括德国政府在内的各国政府对德国产品质量疏于监管,间接造成了企业对质量的放任。此次大众"排放门",就是由美国的民间组织和科研机构发现的。如果德国或美国政府能够及早地通过质量监督发现问题,也不至于导致如此严重的问题。排放门的其他原因就不一一列举了。

德国出现质量信任危机还不算太糟糕,在质量上与德国齐名的日本出现了十分严重的质量危机,涉及企业更多、面积更广。丰田质量危机是好几年之前的事情了。而2017年9月份开始,关于日本制造的质量危机不断见诸报端。

9月日本第三大钢企神户制钢所被曝质检数据长期造假;之后还是神户,神户牛肉被曝出用非神户地区的牛肉代替神户牛肉;10月份,世界最大安全气囊厂商高田公司因气囊质量问题导致经营状况恶化,申请破产保护;10月下旬,曝出汽车制造商日产公司和斯巴鲁公司长期使用无资质质检人员;11月29日,曝出日本化工巨头东丽株式会社数据造假丑闻,造假数据主要涉及增强汽车轮胎强度的辅助材料。

为什么日本制造会出现这样塌方式的质量危机呢？

日本制造研究专家、南开大学日本研究院经济产业研究部副教授张玉来认为，既有个体因素，也有整体问题。个体因素是不同企业在经营上出现的不同问题，但最大原因还是来自整体。整个日本制造业质量体系滑坡的根本原因，就是曾经支撑日本制造业不断改善、技术进步的社会根基已经瓦解。对于"日本制造"的整体根源问题，他说出了四个方面：企业家精神的颓靡；日本生产方式遭遇挫折；日本的整体基础研究水平在不断下降；企业经营模式的转变。

我认为最突出的是近年大批日本企业经营模式的转变——更突出强调股东利益而不是长期经营。过去，日本企业经营层的主要精力在于构筑长期经营体制，为此不断强调质量管理，特别是执著于日企普遍盛行的一点一滴式的质量改善活动（QCC）。一次质量培训课堂上一位去过日本交流QCC经验的老师说，日本在20世纪80年代家庭主妇都在积极参与QCC改善比赛大会，可想QCC在那时的日本是多么深入人心。但如今，企业管理者更加关注各种短期财务报表，千方百计地追求利润上升。正如小松原会长坂根正弘所指出，"质量问题已经很少能提交董事会层面讨论，更多交给了基层质量负责人处理"。其次，近年来日本企业用工体制转型，瓦解了质量体系的进步动力和源泉。1995年日本经济团体联合会（简称经团联）提出"新日本式经营"之后,以派遣员工为主的非正式员工人数迅速增加,目前已逼近全部就业者的40%。这些员工不再对企业具有强烈归属感,对于企业技术进步、产品质量体系及改善等更是没什么兴趣。而原来号称"团块"一代的熟练技术人员已大量退休,所以日本企业质量管理水平出现普遍滑坡。最后,经营者傲慢态度也是问题涌现的原因之一。自恃拥有传统的质量优势,日本企业经营者过于自信导致经营战略及应对策略失误。

2017年11月27日我有幸在中国质量协会大楼里参加"中国质量大讲坛",日本科学技术联盟专务理事小大塚一郎做演讲嘉宾。他向与会者介绍了日本的全面质量管理和国际质量权威奖项——日本戴明奖。小大塚一郎在开始演讲前也不好意思地提及了最近的日本质量事件,演讲过程中也说明了日本企业近些年在质量管理过程中的重视和投入都不如之前。比如,日本企业参加并获得戴明奖的企业数量在下降,2000年后戴明奖对全球开放后,到2017年共23家日本企业获奖,获奖积极性比之前几十年下降了不少。这也证明了日本企业最近这些年对待质量的态度不如之前那么热衷了。

德国和日本虽然出现了这些质量插曲,但我们不能因此妄自尊大,也不要否认德国和日本长期探索并实践得出的那些有用的质量管理系统和方法,更不该放弃对德日质量管理系统的研究和学习。

二、低调严谨的德式质量标杆

1. "德国制造"从山寨到神话

廉价、山寨、不正当竞争,这是崛起中的"中国制造"在世界市场上经常遇到的非议。然而,历史总是惊人相似的,如今被誉为世界工业标杆的"德国制造",在一百多年前曾经遭遇了和"中国制造"同样的非议。英国人甚至给德国产品扣上了"厚颜无耻"的帽子。

1871年,德国实现统一后,百废待举,经济需要腾飞,而世界市场不易进入。在夹缝中追求强国梦的德国人开始仿造英法等国的产品,并依靠廉价销售冲击市场。1887年8月23日,英国议会通过了侮辱性的商标法条款,规定所有从德国进口的产品都须注明"Made in Germany"。"德国制造"由此成为一个法律新词,用来区分"英国制造",以此来分辨劣质的德国货与优质的英国产品。

但今天报纸、杂志、电台都在谈论并欣赏德国制造,德国制造早已变成了优质产品的代名词。德国人争气地让销售到世界各国的产品比很多当地货的口碑还要好。整个国家都从中获益,德国制造甚至像"热气腾腾的蛋糕",受到各国的欢迎。

一百多年前,英国人对德国产品的抵制,以及若洛克斯教授对德国产品所做的毁灭性评价,引起了德国人的彻底反省。在后来的10年间,大多数德国公司都铭记了若洛克斯教授的话——"用质量去竞争",对自己的产品严格进行质量把关,设计上勇于创新,加上德国工人的吃苦耐劳,成就了德意志帝国经济史上的伟大转变。这个被称为世界上"最无耻"的伪劣产品生产国展开了一场为质量战斗的战役。

由于德国制造产品质量大幅提高,使英国货物不仅在海外市场受到威胁,连英国国内市场也充斥着大量德国货物。1883~1893年,德国销往英国的货物增加了30%。因其产品在英国如此受到青睐,德国的一些企业纷纷在伦敦开设了自己的分公司,如钢琴制造商贝西斯坦(Bechstein)和缝纫机制造商普法夫(Pfaff)等。质量可靠、经久耐用、供货及时,从那时起,这些优秀品质就成就了"德国制造"这块金字招牌。同时,商业秘密窃贼和产品模仿者的名声也不复存在了。德国人也为此感到骄傲和自豪,"德国制造"就是质量的代名词。

2. 德国人的质量管理要点

(1)德国人的质量意识

学习德国人的质量建设,我认为最主要的是学习德国人强烈的质量意识和严谨的工作作风。德国人整体表现出来的素质比较高，这是德国人的教育体系促成的。

教育强、少年强，则国家强。企业员工素质强，产品会更有竞争力，质量会更有保障。这无疑是一个正确的宏观的概念。在教育方面我国还有非常大的提高空间，通过一步步地改革和提高，达到德国水平只是时间的问题。

德国没有什么著名的质量管理大师，也没有推出什么著名的质量管理方法论或质量工具，也很少听说哪个德国企业在大力推崇精益生产或六西格玛，但德国的产品质量可以说是享誉全球的。原因何在？就是因为德国人有强烈的质量意识，在经历过"山寨货"的耻辱后质量意识更加强烈，并上升到国家层面。若洛克斯教授在企业界倡导"用质量去竞争"，后来德国第一位联邦总统特奥多尔·豪斯（Theodor Heuss）更是明确了质量的地位："Quality is, what honest is"。简单翻译过来，即"质量即诚信"。所以说，质量意识是非常重要的。首先意识到质量是非常重要的，并且把质量放在数一数二的地位。有了这样的意识，即使能力差点，那么也可以通过努力来弥补。但如果心里面认为质量只要差不多即可，认为能够忽悠消费者即可，那么即使再有本事，也做不出让人信服的产品来。

有了强烈的质量意识，再加上德国人做事的严谨风格，就比较容易保证产品质量。严谨的工作作风主要与人员素质和能力有关，但也离不开人的思想意识、行为习惯和工作程序等。季羡林先生《留德十年》一书中有这样一段描述。1944年冬天，盟军对德国铁壁合围，当地的经济崩溃，物资奇缺。为了取暖，政府允许老百姓上山砍树，但是先由林业人员上山，找出病残劣质的树木，做上记号，再让人砍伐。当局告诫民众，要是砍了没做记号的树木，将会受到处罚。当时公务人员都上前线了，后方基本没有警察和法官，然而直到二战结束也没有发生违章砍伐事例，德国民众在近似无政府的状态下忠实地执行了这项没有强制约束的规定。这个故事体现出了德国人遵守规则和制度，确实值得学习。但同时也体现了他们严谨的做事风格。

德国人的严谨体现在方方面面，德国人常说"准时就是帝王的礼貌"。在德国公交车站，站牌上不仅标有首尾班次时间，还写着一天中每一班次的时间，精确到几点几分，如7点13分。钟表王国瑞士也是如此。我在德国西门子也多次亲身经历德国人的守时。比如，开会，即使中国人、法国人、意大利人或其他国家没有守时，但德国人都准时参会。即使德国人是上司，他们也会维护守时的习惯。在很多人看来，守时是严谨的表现，也是守信用的象征。

另外，德国人行事前喜欢做周密计划，很多德国人都有一个记事本，里面记下各种计划，甚至明后年的计划也早有打算。很多德国同事的口头禅就是"让我看看记事本"。很经典的一幕是2006年德国世界杯1/4决赛，德国队与阿根廷队的比赛。在120分钟里，两队1比1战平。在点球大战前,守门员教练科普克将一个写着阿根廷罚点球队员罚点球习惯的纸条塞给了莱曼。在这个纸条的帮助下,莱曼神奇地扑出坎比亚索和阿亚拉的点球,帮助德国队最终晋级。

以我个人的感受来说,有些德国人的计划和记事本确实很细,有的时候甚至烦琐或啰唆。比如,处理某个产品质量问题的时候,我们根据 8D 的原则处理库存,然后分析原因,并采取纠正措施。我们在开会的时候可能是一步一步地进行着,心里也非常明白下一步要做什么。但我有个德国同事一开始就把 8D 的每个步骤所需要的工作都列表出来,然后开会的时候用列好的工作任务清单一一地核对和评审。即使很简单的工作他们也很认真,一步一个脚印,不是想着一口吃个大胖子。让我印象最深的是关于质量工具培训,如简单的 8D 内部培训,大家认为需要多长时间。之前,我认为 2 个小时就足够了,但德国人安排了 7 个小时,要用 1 天时间。培训完毕之后最重要的是讨论和演练。防呆法(Poka-yoke)很简单吧,1 天应该够吧?但德国人安排的是 5 天。半天理论培训,另外 4 天半组成团队从实际工作中找实际问题来解决。德国人在质量工具方面的培训注重应用,而不仅是理论的讲解。这就是为什么很多质量工具在我们这里形似而神不似,但在德国公司相对扎实很多。

在与德国人一起工作过程中感受比较深的另外一点是,

他们几乎不说我们爱说的口头禅"也许""可能""大概""差不多"等词。即使心里有数也习惯用这些词，搞得德国人有时候对我们不信任。因为一旦用了这些词语，德国人就会认为说话者心里没数。所以，我们一再向中国同事强调说话之前要确信，确信之后态度要坚决，在德国人面前表现出专业性和自信心。

（2）德国人的团队精神

前面说的都是德国人个人素质，但仅有个体素质是难以保证团队工作质量的。就像有人调侃，"一个中国人是条龙，一群中国人是条虫"。这当然有点夸张，也不完全对，因为不是每个中国人都很优秀，也不是所有中国人都不团结。这些年个人能力普遍在提升，团队精神也在改善。不然，中国改革开放四十年，能够取得如此辉煌的成就吗！但是，在团结合作方面整体性还是有缺陷的，有时候如果没有领袖人物或大问题、灾难主导的话，就容易变成散沙。但在危机时刻，如在汶川大地震等危机面前，中国人的团结精神可以说是世界一流的，比日本都强。像日本的福岛核电站危机，如果有中国人的这种团结精神、应急机制和能力，如第一时间调动训练有素的人员和消防官兵等提供应急电源，以尽快恢复冷却系统，福岛的情况不会是现在这样。

下面还是说说德国人的团结合作精神。2010年世界杯德国队和英格兰队那场比赛，有一幕印象很深，8号球员带球前进,一直到对方球门附近,当时解说员说完全可以自己射门的了,但是最终 8 号没有自己射门,而是传给了 13 号球员,结果自然是 13 号轻松射球入门,很从容。

8 号放弃射门而传给 13 号,其目的显然是为了更有把握。这样的选择对于球员本身来说并不容易,因为在世界杯上进球,对于一个球员来说殊为难得,也是很难放弃的荣誉。得益于超强的团队精神,团队利益高于个人利益,德国队这帮年轻人在 4 年后的 2014 年世界杯摘得冠军!

其实不仅是足球,德国的音乐也是如此,可能会有人觉得越严谨就越容易出现科学家,而越不容易出现艺术家,其实不然。德国在音乐上的成就非常优秀,甚至很少国家像德国这样拥有这么多世界级的音乐大师,如巴赫、贝多芬、勃拉姆斯等。他们的音乐也和本身特点有关,非常理性,讲求团队的配合。德国的交响乐团同样世界驰名,如柏林爱乐乐团有 125 年的历史,斯图加特歌剧院乐队有 450 年的历史……

可以说,德国人的这种团队精神的根源在于他们注重团队利益,重视规则。规则当然会强调团队合作的秩序和章程,而德国人遵守规章制度,也就表现出团结精神来了。1789 年,拿破仑远征埃及,留下了一段警醒后世的精彩论断:"两个马木留克兵绝对能打赢三个法国兵,一百个法国兵与一百个马木留克兵势均力敌,三百个法国兵大多能战胜三百个马木留克兵,而一千个法国兵则总能打败一千五百个马木留克兵。"这段曾被恩格斯引用，足以说明由纪律和素养培育的团队精神的力量是多么的强大！

除了这些优势之外，德国人也注重引进各种管理方法，但并没有把这些方法奉为神明，而是根据自己的实际情况加以改良应用，如不是全盘地引进美国的六西格玛管理方法——组建六西格玛倡导者、黑带大师、黑带或绿带等，也很少有公司搞全员的六西格玛培训。他们也没有全盘地引进日本人的精益生产，但有自己的精益管理方式，如西门子生产方式SPS，西门子在研发推行的也是与精益生产不完全一样的精益研发。所以，德国人的质量并不是靠质量方法或工具制胜的，这些只是质量管理的术。我认为他们赢在质量管理的道上，即正确的质量意识、严谨的工作作风，再加上整体的知识和技能素养，以及和谐的团队精神。

（3）完善的标准主义

除了优秀品质之外，德国在国家层面还发动了质量革命，除了发起"用质量去竞争"的口号之外，德国还制定了各种各样的产品标准。这为推动质量进步贡献了巨大的力量。

德国人在生活中喜欢贯彻标准的例子比比皆是，如烹饪调料添加量、垃圾分类、什么时间段居民不可发出噪声。在安全标准上，也非常严苛，且不仅是在纸上。比如，路上挖个一米见方的坑要把四周密密实实地围住，还要配上警示灯；不能把椅子叠在桌子上换灯泡，一定要去找梯子；

自行车不能没有灯，否则被警察叔叔拦住会罚钱；小孩子骑车不光戴头盔，还一定要在车尾插个反光小旗子，等等。可以说，这是一个离开标准寸步难行的民族。这种标准化的性格也被带入制造业。从 A4 纸尺寸，到楼梯的阶梯间距，我们今天时常接触的标准很多都来自德国。全球 2/3 的国际机械制造标准来自德国标准化学会（Deutsches Institut für Normung，DIN）。可以说，德国是世界工业标准化的重要发源地之一。DIN 标准涵盖了机械、化工、汽车、服务业等各种产业门类，超过 3 万项，是德国制造的基础。而德国的 DIN 标准也是目前世界上最严苛的工业标准之一，并且仍在不断的强化修订中，这就是为什么德国产品往往具有高质量的根本原因。中国要想整体提高产品质量，标准的制定和提高标准水平是一个重要的因素。

标准主义在德国企业的具体表现首先是"标准为尊"。对于德国制造，标准就是法律。尊重标准、遵守标准，就像乘车戴安全带和遵守红绿灯一样自然。其次是标准为先，即在具体的生产制造之前先立标准。德国奔驰公司通过实施标准为先的质量文化，实现了零缺陷目标。其有效途径就是尽可能详细地完善每个环节和部件的标准。德国制造的标准主义有其深刻的文化渊源。语言是思维的工具，是文化的第一载体。德语语法就是德国的语言标准。德语是世界语言中标准最多的，如名词性数格、动词变位等严格规定。掌握了德语语法，才可以掌握德语句子。中国人学习德语困难，与学习德国制造的困难如出一辙。

有一种说法认为，相对德语，汉语属于慧性文字。汉语语法的多义性与中国人处理问题的变通性有着密切关系。德国人无法面对和处理"不确定性"的性格，必然演变出其对于标准化的依赖。而我们，对于"不确定性"的驾驭能力，似乎降低了标准化的必要性。

标准对制造业的质量保证肯定是有好处的，能够保证产品的最低质量要求，讲秩序、守规则影响着工厂的操作标准，确保了产品一致性。但过多标准及其限制对创新有可能造成某种程度的障碍。

我们在学习德国企业和德国人的优点的时候，也千万要扬长避短，不要照搬他们的缺点。德国人如果严谨过了就变成缺点，特别是德国的大企业，有时候大家甚至不敢担当，不敢做决定，造成决策速度或改变速度非常缓慢。这一点也反应在欧洲的政府办事效率。大家不要以为欧洲人真的就喜欢他们的政府，我与一些欧洲人聊天时，他们也希望政治上有一些改良，但各级政府翻来覆去，很难做出实质性的改变。另外，德国人虽然出了很多诺贝尔奖获得者，但却为什么没有比尔盖茨、乔布斯、马斯克这样的创新天才呢？除了德国国家比较小之外，文化或体制上也是有原因的。

3. 德国人的工业4.0模式

德国的产品质量好，除了强烈的质量意识、个人素质和能力等软性技能之外,硬件设施也多是一流的。即,德国制造业的自动化设备和各种工装、夹具等也为确保产品质量立下了汗马功劳。显然德国政府并未满足于传统的自动化生产,为了提高工业的竞争力,在新一轮工业革命中占领先机,提出"工业4.0"战略,并在2013年4月的汉诺威工业博览会上正式推出。

德国的工业4.0的定义是,以信息物理系统为基础的智能化生产。那么,什么是信息物理系统呢?信息物理系统就是把物理设备连接到互联网上,让物理设备具有计算、通信、精确控制、远程协调和自我管理的功能,实现虚拟网络世界和现实物理世界的融合。

拥有上述五大功能的物理设备,不仅有"思考"能力,还有"社交"能力,并通过"社交"和"思考",实现自我调节和完善,这便是智能化。传统来说,自动化主要是工人通过计算机程序控制机器,完成自动生产,是单向指令的。而智能化是多向交流的,工人、机器、产品、原料、物流、用户等与生产、供应和使用有关的各个环节之间,始终保持着双向的信息互换,使生产和服务实现最优化组合。

被誉为德国制造优等生的西门子,是工业4.0的先行者。西门子旗下的安贝格电子制造工厂,是欧洲乃至全球最先进的数字化工厂,被认为最接近工业4.0概念雏形的工厂。基于信息物理融合系统的工业4.0概念诞生之初,西门子嗅到了新一轮工业革命的气息。瞄准物联网、云计算、大数据、工业以太网等技术，集成了目前全球先进的生产管理系统及生产过程软件和硬件，如西门子制造执行系统（MES）软件 Simatic IT、西门子产品生命周期管理（PLM）软件、工业工程设计软件（Comos）、全集成自动化（TIA）、全集成驱动系统（IDS）等。在工业4.0上，德国到底有何过人之处？让我们看看澎湃新闻记者探访西门子德国东部的安贝格电子制造工厂的见闻即知。

安贝格电子制造工厂（EWA）从外观上看并不酷炫，自1989年投产后的26年里，安贝格电子制造工厂在外观上就定格了。不过，就在这座外观与工人数量基本维持原状、连生产面积都未增加的工厂内，一场向着工业4.0方向进行的自我进化从未停止过。如今，该工厂的产能较26年前提升了8倍，每年可生产约1200万件Simatic系列产品，按每年生产230天计算，即平均每秒就能生产出一件产品。

产品质量更是大幅提高：相比1989年的每百万次电子产品加工过程出错500次，现在只有12次。工厂的负责人Karl-Heinz Büttner教授称："据我所知，世界上还没有哪家同类工厂具备如此之低的缺陷率。"

该工厂令人叹为观止，不仅在产品生产，还有收集并处理大量的信息。厂房内，齐胸高的灰蓝色机柜排成一行，在安置其间的显示器上，数据洪流仿佛瀑布一般倾泻而下。指示灯闪烁着红光和绿光，整个车间沉浸在长长的一排排发出的明亮而又冰冷的灯光中。员工身着蓝色工服，悄然无息地走在一尘不染的蓝白相间大理石花纹的PVC地板上。

为了准确收集数据，安贝格工厂超过3亿个元器件都有自己的"身份证"。这些基础识别信息包括，哪条生产线生产、用什么材质、当时用的扭矩/转矩是多少、用什么样的螺钉等。当一个元器件进入烘箱时，机器会判断该用什么温度及时间长短，并可以判断下一个进入烘箱的元器件是哪一种，适时调节生产参数。在此过程中，Simatic IT生产执行系统每天将生成并储存约5000万条生产过程信息。

通过显示器，工人可以查阅当天的生产过程信息，并挖出生产环节中的短板，比如哪个部件出现问题的概率比较高。经过一系列进一步的相关性分析，又可以让生产者对整个生产过程中的相关变量有更深刻的理解，从而降低产品的缺陷率。

不同于普通工厂，安贝格工厂需要的是懂得用软件控制复杂工艺的合格员工。产业工人不再穿着工装裤制造优质产品，他们现在的工具是触摸屏，乃至平板计算机。

在安贝格电子制造工厂中，真实工厂与虚拟工厂同步运行，真实工厂生产时的数据参数、生产环境等都会通过虚拟工厂反映出来，而人则通过虚拟工厂对真实工厂进行控制。其中，近75%的生产作业已实现自动化。产品可与生产设备通信，IT系统控制和优化所有流程，确保达到99.998 8%的产品合格率。

由人力完成的，只有生产过程的开头部分，即员工将初始组件（裸电路板）放置到生产线上的环节。此后的一切操作都是自动进行的。值得一提的是，正是Simatic单元在控制Simatic单元的生产。从开始生产一直到发运，整个生产过程总共使用了上千个这样的控制装置。

安贝格电子厂是西门子"数字企业平台"的典范。"数字企业平台"是一种生产环境，将在今后10年内成为标准。在这种生产环境中，产品自行控制其本身的生产过程。换句话说，其生产代码告诉生产设备有哪些要求，接下来必须执行哪道生产工序。这个系统是朝着构建"工业4.0"迈出的第一步。

但这距离工业4.0所描绘的"数字和物理世界的无缝衔接"的场景，仍有很大差距。"如果说，工业4.0时代的到来还要20年，那么，西门子目前已经到达了'工业3.X'。"这是西门子股份公司管理委员会成员、首席技术官鲁思沃鲁思沃（Siegfried Russwurm）的自我评价。

安贝格电子厂在中国成都也有姊妹工厂SEWC，并于2013年开始运营。这是中国第一家工业4.0工厂的雏形，现在SEWC每天都接待来自政府、企业和各种机构的客户参观。

总之，工业4.0算是德国制造模式和优势的具体体现，也是确保产品质量的重要基础设施。虽然，工业4.0只是企业的一个愿景，但这确实是德国人的一种思维方式和工作模式。

工业4.0给人的印象是数字化工厂和自动化生产线，以为不需要太多依靠人工操作或人的素质和技能。恰恰相反，

PPT（Process，People and Technique）是构成数字化工厂的关键因素。其中非常重要的因素是第二个 P，即人员的因素。西门子中国研究院曾经调查发现，在许多工厂，各级人员都存在相关素质缺乏的问题。一线员工，缺乏高精设备和自动化系统的熟练操作能力；中层管理人员，对于生产系统自动化和数字化的转变需要更快地适应；而企业高层，对于数字化工厂发展方向的重大决策能力仍有待提高。所以，在西门子帮助企业实施数字化工厂项目时，会有研究院的专家和项目工程师进行为期数月乃至数年的驻厂培训。

三、精细认真的日式质量革命

1. 师从美国人戴明博士

德国人的质量从山寨到神话是靠强烈的"以质量取胜"的质量意识，以及德国人的诸多优点。他们也没有找哪个"外来的和尚"念经。而日本的质量之路表现了好学的特点。当然日本总是跟强者学习，先是学了中国，后来是找欧美当老师。

20 世纪 50 年代，日本产品质量很糟糕，可以查阅到这样的描述："他们出口的玩具玩不了多久就会出现质量问题；他们出口的灯具寿命短得让人无法接受。"此时日本企业界开始意识到在产品质量方面的恶劣口碑是日本产品进军国际市场的最大障碍。为了改变这一现状，企业界的有识之士年复一年、常抓不懈地实施质量变革。在美国人的支援下，日本人找到了质量管理的方法。

为了恢复日本的经济，麦克阿瑟首先批准日本成立日本科学家和工程师联合会（Japanese Union of Scientists and Engineers，JUSE），邀请了戴明博士，介绍了休哈特撰写的《产品生产的质量经济控制》（Economic Control of Quality of Manufactured Product），同时将美国军方1940年制定的战时生产标准Z1.1~3引入。JUSE开始研究休哈特的理论，希望能从中抓到拯救日本经济的"救命稻草"。但休哈特的理论看起来简单，实际上会用到很多数理学及统计学的知识，但要将他提出的质量管理方法真正运用到实际工作中并不是一件简单的事情，必须找个老师指导一下才行。于是邀请了曾与休哈特一起工作过，并在1947年参加了战后日本全国普查准备工作的戴明博士。戴明在日本的影响力如何，走进丰田汽车设在东京的总部大楼就会明白。大厅里最显眼的地方挂着三幅肖像画，其中一幅是公司的创始人，第二幅是公司现任总裁，第三幅就是戴明。事实上，戴明的影响远远不止丰田，他是用质量拯救了日本，在垂暮之年又用"震荡疗法"唤醒了美国的传奇人物。

戴明在为日本进行培训前，内心忐忑不安，这源于他在美国推行统计质量管理时留下的阴影。当时，美军战时生产标准 Z1.1~3 成了质量控制的圣经，但戴明意识到，要想从根本上解决产品质量不好的问题，光是依靠统计方法来进行控制是不行的，必须建立质量管理机制。因此，他后来自己开办了一家顾问公司，将质量管理方法向全国推广，虽然有成千上万的人接受了他的培训，但似乎曲高和寡，培训效果甚微。他事后曾经做过分析，认为问题的关键在于没有找到有决定权的人来听课。如果没有实权在握的企业界人士接受赞同并推广他的理念。就不能从根本上建立起质量管理机制。

基于这样的认识，戴明迫切希望在讲课前能见到日本企业界的实权阶层。JUSE 理事主席石川馨是一个能量很大的人，他所做的甚至超过了戴明的期望。1950 年 6 月 24 日，他邀请到日本最有实力的控制了日本 80% 资本的 21 位企业家出席欢迎戴明的宴会。这足见 JUSE 的影响力。在宴会上，戴明说："你们可以创造质量，这么做是有方法的。你们既然已经知道什么叫做质量，就必须开始研究消费者，弄清楚他们真正需要什么。要放眼未来，生产出能在未来具有市场价值，能占一席之地的产品。"当有人问日本企业应该如何向美国企业学习管理时，戴明直言相告："不要复制美国模式，只要运用统计分析，建立质量管理机制，5 年之后，你们的产品质量将超过美国"。"5 年之后超过美国"，对于当时的日本人来说，这是一个遥远而又美好的梦。要知道，他们最大的愿望只不过是恢复战前的生产水平。战争毁坏了一切，很多企业已病入膏肓。既然戴明为他们开出了一剂药，那就喝下去。

8月初，戴明开始对日本企业进行培训。他不仅教导如何用统计方法来控制质量。而且重点向企业灌输质量管理的理念。他的培训有以下五个核心内容：

第一，质量工作必须由最高管理层负责。劝说员工努力工作并不能提高质量，管理者要对混乱负责。他说："如果管理者不能计划未来和预见问题，就会引起人力、材料和机器时间的浪费，所有这些都增加了制造成本，提高了购买者必须支付的价格。顾客不会总愿意贴补这种浪费。不可避免的结果就是，企业将失去市场。"

第二，"顾客是生产线上最重要的部分"。质量不是由企业来决定的，而是顾客说了算。

第三，休哈特咒语——理解并减少每一个过程中的变动。过程才是需要关注的要点，而不是产品（等到检查员拿到产品，为时已晚）。这类似统计学和计算机领域所吐槽的GIGO（Garbage In Garbage Out，即控制输入质量），如果输入的是垃圾，输出也没有好结果。

第四，必须运用PDCA（Plan Do Check Action，计划、执行、检查、处理）循环持续改变和改善效果，并且必须全方位地让组织中所有人（包括供应商）参与质量管理工作。

第五，人员培训，包括质量控制与统计方法流程。

戴明的培训让日本人折服，JUSE 采用多种方式，将戴明的质量管理理念加以推广。有日本企业管理层的认同和身体力行，加上正确的质量管理方法及日本人认真和勤奋的精神，产品质量提升很快。

在认真学习戴明的管理理论和思想后，日本企业依靠质量获得了新生。大约在 1955 年，日本产品开始打入了美国市场。日本货以价格低廉、质量上乘赢得了美国人的青睐，对北美的工业品产生了很大的压力。到了 20 世纪 60 年代，日本产品的优势已经非常明显，对美国构成了严重的威胁。

在培训中，戴明告诉这些管理者："大多数的质量问题是管理者的责任，不是工人的责任，因为管理者对产生问题的体制和系统全部负责，工人则无能为力。"他用了大量的实验、实例和理论来说明这一论断，其中包括著名的红珠实验。不管老板和管理如何威逼利诱和打骂斥责工人，工人都无法完成任务——从 20% 红珠与 80% 白珠的混合物中只取出一定"生产量"的红珠，因为整个愚蠢的生产程序都是由管理者制定的，工人们被排除在外。戴明在日本的培训内容后来被总结和衍生为"戴明 4 日研讨会"，他每年在欧美举办 20 次这样为期 4 天的研讨会，引导数十万企业界精英改变观念，以全新视野来解决组织及企业的顽症。

日本在质量管理方面不仅学习戴明博士，还把戴明的肖像画放在公司显著位置，以戴明命名质量管理奖，而且还向另外一位质量大师朱兰博士学习工序管理和质量改进。

这对中国企业有何启示呢？是否也需要向美国人学习呢？是不是也需要把产品的竞争力和质量提高以赢得全世界的信赖呢？

2. 全面质量管理 + QC 小组

日本人从美国人戴明那里学习之后，也演化出具有自己特色的质量管理。从 20 世纪 60 年代初。日本开始将质量管理的概念拓展为全公司质量管理（Company Wide Quality Control，CWQC）。它的特征显而易见，一方面覆盖范围从市场调查到售后服务非常广，另一方面全员参与。在管理活动开展的过程中，这种独创的管理体系有三个突出特点：重视教育和培训；进行"方针管理"；注重内部审核或"质量管理诊断"。众所周知，这些方法甚至术语被 1987 年颁布的 ISO 质量管理体系标准吸收后向全世界推广。

伴随着 CWQC 活动的深入，人们日益认识到一线工人的重要性。没有这些工人的日常努力，就不可能实现所制造产品的符合性质量。这促使诞生了具有创造性的质量组织——QC 小组（又称为品管圈）。日本式质量管理的集大成者石川馨（Ishikawa Kaoru）被称为品管圈之父。从 1962 年 5 月第一个 QC 小组在 JUSE 注册到 20 世纪 90 年代中期，共产生了约 40 万个 QC 小组，注册参与者超过 300 万人。QC 小组是自主管理体系的。小组选择的课题不仅包括减少缺陷、提高生产率、降低制造和检验成本，而且还包括设备维修、生产计划和其他方面的改进。在小组活动中常用的统计工具被称为"七种工具"。我国在20世纪70年代也全面引进日本式的全面质量管理及QC小组活动。中国第一个"全面质量管理"讲习班及第一个QC小组，都是由中国质量管理之父刘源张院士，在1976年受清河毛纺厂副总工程师王槐荫的邀请，在清河毛纺厂开展的。

包括我国台湾在内的很多国内企业都在推广QC小组。你只要去了解中国质量协会和各专业质量协会每年举办的QC小组评比大赛，就能见到QC小组的盛况。但有些QC小组是临时的质量改进项目，然后包装成了QC成果。总体状况没有日本的QC小组效果明显。因为企业文化不同，日本的企业文化在各个国家相比之下更能体现员工的归属感。日本企业员工对公司的归属意识很强，不管是管理者还是一般员工，多数人对企业都有很深的"感情和忠诚心"。企业员工忠于职守、勤奋工作，下班后并不是马上回家，除工作加班或学习外，开展QC小组活动也可以是其中一项内容。甚至有时候还要以聚会、下棋等方式交流。而这种无时无刻都存在的员工之间正式和非正式的交流，极易促成QC小组内部的头脑风暴活动，也使得小组团队的合作融洽而有序。更重要的是，这些日本人有时间从事质量分析和改善活动。而中国很多QC小组通常是利用上班有限的时间开展质量改进活动，下班后大家通常不会无偿地待在公司搞QC活动。即使下班后要搞QC小组，一般也涉及加班费，特别是对基层的一线员工。而高层一般会无偿加班，但不是 QC 小组的主力成员。另外，日本人以前是终身雇佣制，所以一个 QC 小组的成员非常稳定，知识和经验积累都非常丰富，这样也非常利于开展 QC 活动。因为 QC 小组的本意，即是一个相对固定的非正式的小组，各成员利用工作或业余时间讨论工作上的问题和改进空间。即使今天的终身制有所动摇，但员工离职率也不像我们这么高。再加上一般比较认真的那股劲儿，所以，他们的 QC 小组确实是有力的基层质量改善小组。

3. 独特的日本制度和文化

日本的质量能够如德国的那样受到人们青睐，除了学习质量管理方法、实施全面的质量管理及 QC 小组活动之外，就没有其他因素了吗？显然不是，这些方法任何国家、任何企业都可以学，但用得如何才是关键。如何运用质量管理方法和工具，与企业管理层的认识和重视程度，与员工的认识和重视程度，密不可分。这最终又受制于文化和制度保障等影响。

不少学者不约而同地指出，日本的质量奇迹缘于广泛的政府规制。政府干预，一方面对市场失灵进行了矫正和改善，另一方面对相关产业进行了保护和扶植。日本的经济发展和质量奇迹也是一种"制度上的创新"，可以说是日本特色。例如，上面提到的 JUSE 在 1950 年能够邀请到日本最有实力的控制了日本 80% 资本的 21 位企业家出席欢迎戴明的关于质量研讨的宴会，就是缘于 JUSE 背靠政府的影响力。可以说，日本从政府层面就重视产品质量、重视质量工作、重视市场准入制度和监控管理制度，企业则依循政府所制定的道路发展经济。日本政府不仅推动企业发展质量、重视质量、培训质量知识和技能，而且制定相当多而且严格的各类法律政策。这些法律和政策，无一例外地强调企业必须依法照章办事，不允许投机取巧，不允许违法。如有违背，轻则失去国家政府的信贷支持；重则面临足以使企业及个人倾家荡产的高额罚金，甚至锒铛入狱。通过支持与惩罚两种手段，日本政府做到了奖优罚劣，维护了产品质量法规的权威性，促进了质量管理的提升和发展。这方面是值得研究、学习和借鉴的。比如，在食品安全问题、环境保护问题上，可以借鉴其政策措施来维护市场和提升整体产品质量。

　　要持续地提供优质的产品和服务，仅靠政府的制度还是不够的，还必须依赖大多数国民持久而强烈的以质量为本的意识。而这又是以某种特定的人生哲学和价值观念来支撑的。所以，对于日本质量问题的讨论就可以延伸到对日本人的质量意识及其背后的生活态度、价值观念的讨论。日本企业的管理特点，如企业终身雇佣制、年功序列制、职工中心主义及全面质量管理体系等也为保障质量提供了坚实基础。虽然，现在日本企业的终身雇佣制有所松动，但离职率还是相对较低的，而离职率对产品质量影响是非常大的。离职率越高，人的知识和经验积累就不容易，对团队的熟悉和配合也有影响，这些都对产品质量有不利影响。总之，日本的质量是受益于政府导向、企业的管理特点及独特文化相互作用的。这三点共同铸就了日本的质量意识及其闻名全球的质量业绩。

日本人这种独特的政府制度和文化特征非常有助于把工作做好，把产品质量搞好；但同时会有损于创新，特别面对日新月异的技术发展，日本人的这种做法就可能落后。

四、创新灵活的美式质量大成

1. 三大世界级质量管理大师

相比德国和日本，美国的质量管理理论可谓高大上，富有创新精神，各种质量管理理论和管理大师层出不穷。目前，世界范围内比较受瞩目的三位质量管理大师是美国的戴明、朱兰和克劳士比。他们三位各有侧重，各有所长。其实美国还不止这三位质量管理大师。科学管理的泰勒就强调分工与质量检查，算半个质量大师。其后，道奇和罗明在1930年提出了统计抽样检验方法，1939年休哈特完成

《质量控制中的统计方法》,使得休哈特成为质量控制之父。1950年费根堡姆提出全面质量控制,他的理论在美国没有得到重视,但在日本生根发芽。另外,还有开启六西格玛的鼻祖史蒂芬·金克拉(Stephen Zinkgraf)。形成现在质量管理模式的有克劳士比的零缺陷文化、费根堡姆的全面质量管理,以及摩托罗拉开创的六西格玛。算来算去,六西格玛有一套相对固定的模式,包括组织架构的搭建、培训和质量工具等。但即使如此,并不是每个企业就可以照搬运用的,关键是看执行力。零缺陷文化和全面质量管理概念很好,但每个不同的企业理解和认知不同、重视不同、投入不同、管理方式方法不同,效果也不同,只是叫法相同。

这些质量管理大师的著作和观念普及很广,在此我就不为之宣传了。大家可以购买书籍或网络搜寻深入了解。

2. 麦肯锡质量管理成熟度

美国不仅出了这些管理大师,而且美国人也善于总结管理模式。以战略咨询见长的美国麦肯锡(McKinsey & Company)公司也为质量管理"指手画脚"。它曾对167家日本、欧洲和美国的企业进行了一项跟踪调查,以考察质量对企业经营成败的影响。调查结果表明,按这些企业的质量管理水平及其对应的质量绩效水平,可将它们分为四个等级。这四个等级对应着明显的管理特征和质量绩效的区别,见表2-1。具体内容请见京特·隆美尔的《质量烁金》。

表 2-1 麦肯锡定义的四级质量管理水平

质量管理水平		麦肯锡的调查结果
第一级	检验级	管理特征： 1. 通过检验保证质量 2. 缺乏质量意识和专业知识 3. 对质量的要求仅限于废品率和返工率 4. 高层管理层不参与质量活动，通常只介入重要顾客意见的处理过程 5. 质量管理职能与其他职能分离，几乎由质保部独立负责产品质量
		质量与可靠性技术的应用： 1. 主要应用检验技术 2. 在生产过程中应用了有限的预防措施，只占质量成本的13% 3. 不了解使生产过程稳定的措施方法
		质量业绩水平： 1. 平均缺陷率≈4800 ppm（即0.48%，ppm为百万分之一） 2. 废品率>5% 3. 返工率>3% 4. 过程能力指数 Cpk，没有测定
第二级	质量保证级	管理特征： 1. 质量保证活动，贯穿企业的整个生产过程，注重生产过程的稳定性，但在产品开发和设计方面较弱 2. 质量保证职能主要集中在与生产活动有关的方面，开发部门很少介入 3. 对采购、生产和最终产品有较明晰的质量目标，但通常设立的质量目标要求不高 4. 存在质量改进活动，如"质量小组"和"问题解决小组"等，用于解决质量问题，但并不是企业文化的永久组成部分；所以就效果来说，不像下面介绍的第三、第四级那样有效 5. 通常出了质量问题才着手解决，绝大部分质量问题由质保方面的专业人员来处理
		质量与可靠性技术的应用： 1. 使用了基于数据的分析技术，如 Pareto 图、因果图、SPC、生产过程的风险分析等，但仅一般性地用于提高生产过程的质量 2. QFD、田口方法、实验设计等"质量设计"方法，没有系统地被采用
		质量业绩水平： 1. 平均缺陷率≈900 ppm 2. 废品率≈3.1% 3. 返工率≈2.7% 4. 过程能力指数 Cpk<1.33

（续）

质量管理水平		麦肯锡的调查结果
第三级	预防级	管理特征： 1. 管理层认识到"设计"对质量的影响是至关重要的，注重开发阶段并投入大量人力物力提高设计质量，采用了"质量设计"和"预防措施"，以保证质量问题在"源头"得到根本解决 2. 不仅生产和采购部门，而且包括开发部门，都制定了高标准的质量目标 3. 将质量职责授权到所有职能领域，中央质量保证部门转化为质量顾问的角色 4. 引入"并行工程"的"跨职能工作组"方法，各个职能部门参与开发过程，使质量问题在源头得以解决
		质量与可靠性技术的应用： 1. 大量地应用了质量设计的方法，如 QFD、田口方法、质量损失函数分析、实验设计、DFMEA、PFMEA、FTA、过程能力分析等 2. 大量应用了预防性质量措施，如防错措施(Poka-Yoke)等
		质量业绩水平： 1. 平均缺陷率≈300 ppm 2. 废品率≈1.5% 3. 返工率≈1.7% 4. 过程能力指数 $C_{pk}>1.67$
第四级	完美级	管理特征： 1. 高层管理者设定了极其严格的质量目标，如"零缺陷"。质量问题不可或缺地被列入高层管理者的议事日程 2. 每一个职能部门和层次都制定了各自具体的质量目标，如果这些目标实现的话，产品即可达到"零缺陷"质量 3. 70%~80%的员工，包括最高管理者，参与"质量改进"活动。质量改进活动成为日常工作的一个组成部分。质量改进不仅针对设计、生产等一线部门，而且扩展到所有部门 4. 创造一种有助于质量提高的企业文化氛围，每一位员工都意识到"质量"对企业的重要性，并为之努力。这种企业文化氛围形成了对每一位员工的无形的激励机制 5. 形成了跨职能的团队协作，以达到质量目标 6. 形成核心流程——零缺陷生产与质量设计
		质量与可靠性技术的应用： 质量与可靠性工程技术及实现高质量的方法最大限度地被应用
		质量业绩水平： 1. 平均缺陷率<100 ppm 2. 废品率<0.8% 3. 返工率<0.8% 4. 过程能力指数 $C_{pk}≈2.0$

麦肯锡的质量管理成熟度理论，总体上是有一定参考价值的，但在每个成熟水平上如何做，讲得不多。另外，质量业绩水平的质量指标还不全，如重要的不良质量成本（Cost of Poor Quality，COPQ）或不良品成本（Non-conformity Cost，NCC）及市场返修率等客户质量的数据都没有。另外，Cpk 的应用范围没有明示，如果所有关键过程能够用 Cpk 来表示，那么当 Cpk≈2.0 时，相当于六西格玛质量水平，这种世界级水平下的废品率或返工率都不应该到 0.8%，甚至不到 0.1%。同理，前三个质量水平所提及的 Cpk 与废品率、返修率指标也不同步。比如，预防级的质量水平指标 Cpk>1.67，则大于五西格玛水平，也应该接近零缺陷而不是 1.7% 的返工率。另外，这个理论中的管理特征与业绩水平不一定对等，因为不同行业的产品制造难度不一样。所以，对于生产非常简单的产品而言，处于质量保证级的管理特征，但产品质量水平可能达到完美级；反之，对于非常复杂的系统级产品，即使有完美级的管理特征，但产品质量水平也许在质量保证级。

3. 克劳士比质量管理成熟度

让人想不到的是，做战略咨询的管理机构麦肯锡，还能够对质量管理做如此深入的研究，包括质量与可靠性技术这些专业性这么强的应用都琢磨得如此深入。美国人克劳士比与戴明、朱兰等明显不同，他几乎从不谈质量工具与可靠性技术,而主要谈管理,谈意识和理念,谈质量改进活动及零缺陷质量文化。除此之外,克劳士比也开发了一套质量管理成熟度模型,分为五个阶段,见表 2-2。每个阶段从管理层、质量管理部门的认识和定位、解决问题方面的方法、不良质量成本、质量改进活动及总体质量印象六方面进行评价。整个过程包括了非常重要的部分,即是否具备预防的方法及持续改进。遗憾的是,他没有专门开辟专栏评价人员的能力、意识、态度,也没有专门评价质量文化,以及质量流程标准化和执行力等方面的问题。幸好评价项目当中的"质量改进活动"囊括了他非常看中的 14 个改进步骤。这 14 个改进步骤非常重要,也部分包括了人员的质量意识、态度及管理层的重视等内容。14 步骤不仅包括产品质量改进步骤,还包括了质量文化改进步骤。但克劳士比却在这个评价体系当中弱化了如此重要的内容。我认为,这 14 个改进步骤是以人为本的改进,是始于管理层的改进,比克劳士比的四项基本准则更加实用,也更加务实。

表 2-2 克劳士比质量管理成熟度模型

评估项目	第一阶段:不确定期	第二阶段:觉醒期	第三阶段:启蒙期	第四阶段:智慧期	第五阶段:确定期
管理层的认识和态度	不理解质量是管理工具,将"质量问题"归咎于质量部门	认识到质量管理或许有价值,但不愿意投入时间和金钱来改进	参加质量改进计划,对质量管理有较多认识,比较支持和协助	参加活动,完全了解质量管理基本原则,并充分认识个人在持续改进中的角色	认为质量管理是公司管理系统中的基本部分

(续)

评估项目	第一阶段：不确定期	第二阶段：觉醒期	第三阶段：启蒙期	第四阶段：智慧期	第五阶段：确定期
质量管理在组织管理中的地位	质量是制造部门或工程部门的事，组织内可能没有检验部门，比较注重产品的评估和分类	任命强有力的质量负责人，但他的基本任务是使生产顺畅，是生产或其他部门的一部分	质量部门向管理层负责，所有评估结果纳入正式报告，质量经理在公司管理层有一定的地位	质量经理成为公司重要的一员，报告有效的工作情况，采取预防措施，参加与顾客有关的及指派的特别的活动	质量经理列席董事会，预防成为基本重点，质量被认为是公司的先导
问题处理	头痛医头、脚痛医脚，无法解决问题，也没有清楚的质量标准，组织内各部门互相攻击	组成工作小组来解决重大问题，但却没有长远的整体处理问题的策略和方法	建立通畅的纠错活动沟通渠道，公开面对问题，并有计划地加以解决	问题在其发展初期就能发现，所有的部门都接受公开的改进建议，并实施改进行动	除了一些极少的例外，问题都已被预先防止
质量成本占营业额的比例	报告：未知 实际：20%	报告：3% 实际：18%	报告：8% 实际：12%	报告：6.5% 实际：8%	报告：2.5% 实际：2.5%
质量改进活动	没有组织质量活动，也不了解这样的活动	"兴趣所致"时会尝试一些短暂的改进活动	完全了解并落实每一个步骤，执行14个改进步骤	继续实施14个步骤行动，并开始"走向确定"	质量改进是日常的持续的活动
公司质量心态总论	"我们不知道为什么我们的质量会有问题"	"总有质量问题是必需的吗？"	"经过管理层的承诺和质量改进活动，我们已能发现并解决我们的问题"	"缺陷预防是我们日常工作的一部分"	"我们知道为什么我们没有质量问题"

克劳士比的质量管理程序包括以下 14 个步骤：

1）管理层对质量的承诺（Make it clear that management is committed to quality）。

2）每个部门对于质量改进的团队行动（Form quality improvement teams with representatives from each department）。

3）设定质量改进范围（Determine where current and potential quality problem lies）。

4）衡量质量成本，并作为管理工具（Evaluate the cost of quality and explain its use as a management）。

5）增强全员质量意识（Raise the quality awareness and personal concern of all employees）。

6）制定纠正措施应对上述各步骤的问题（Take actions to correct problems identified through previous steps）。

7）建立零缺陷文化委员会（Establish a committee for the zero defects program）。

8）开展员工教育，特别是对管理人员的教育（Train supervisors to actively carry out their part of the quality improvement program）。

9）开展"零缺陷日"活动（Hold a 'zero defect day' to let all employees realize that there has been a change）。

10）设定个人及团队的改进目标（Encourage individuals to establish improvement goals for themselves and their group）。

11）鼓励员工就质量改进中遇到的障碍与管理层沟通

(Encourage employees to communicate to management the obstacle they face in attaining their improvement goals)。

12) 肯定成绩,奖励先进(Recognize and appreciate those who participate)。

13) 创建质量委员会,持续地沟通质量意识和质量管理(Establish quality councils to communicate on a regular basis)

14) 设立新的目标,在较高的水平上重新开始(Do it all over again to emphasize that the quality improvement program never ends)。

4. 风靡全球的六西格玛

在质量界,六西格玛可谓是人所共知的。当然,很多职业经理人也听说过,因为太时髦了,也非常普及。它也是美国人对全面质量管理与统计技术等有机地集大成的结果。

六西格玛给出了一套严谨的解决问题的方法和工具。虽然,在预防方面,六西格玛有六西格玛设计(Design for Six Sigma, DFSS),但却并不是独有的。从实践角度来说,六西格玛不是万能的,也并不神秘,但运用六西格玛需要的统计知识却让很多员工缺乏信心和尝试的勇气。这主要是因为一些六西格玛老师或咨询机构太过强调统计工具和方法了,结果反而没能很好地实现。我接触过一些接受过六西格玛黑带培训的同行，甚至有黑带证书的人，都未能完全掌握好统计工具，更不用说速成的绿带了。其实有些黑带或绿带的问题，除了六西格玛培训本身的问题之外，更多是个人的问题。有些黑带或绿带在基本的逻辑思考和常识方面还有些欠缺。就像是同一个大学的本科毕业生，甚至是同一个导师带的硕士生，在实际工作中，有的能力强，有的却差强人意。

无论如何，六西格玛还是非常有用的，关键是要勇于尝试，经常应用，相互切磋，进而熟练掌握。若能把它灵活地融入到工作、生活和思考习惯当中，更是可以显著提高工作质量和生活质量，终身受益了。

介绍六西格玛的培训资料和书籍多如牛毛，因此就不再赘述了。

5. 质量管理成熟度——CMMI

美国不仅善于管理创新，在善于技术创新上更是公认的，特别是计算机和软件业。与软件相关的质量管理模型和理论——CMMI，也诞生在美国。CMMI 是指（软件）能力成熟度集成模型，英文全称是 Capability Maturity Model Integration。1994 年，美国国防部（United States Department of Defense）与卡内基 - 梅隆大学（Carnegie - Mellon University）下的软件工程研究中心（Software Engineering Institute，SEI）及美国国防工业协会（National Defense Industrial Association，NDIA）共同开发和研制了CMMI。它把所有现存实施的与即将被发展出来的各种能力成熟度模型，集成到一个框架中。申请CMMI认证的前提条件是，该企业具有有效的软件企业认定证书。

研发CMMI的目的是帮助软件企业对软件工程过程进行管理和改进，增强开发与改进能力，从而能按时、不超预算地开发出高质量的软件。其所依据的想法是，只要集中精力、持续努力去建立有效的软件工程过程的基础结构，不断进行管理的实践和过程的改进，就可以克服软件开发中的困难。CMMI为改进一个组织的各种过程提供了一个单一的集成化框架，新的集成模型框架消除了各个模型的不一致性，减少了模型间的重复，增加了透明度和可理解性，建立了一个自动的可扩展的框架。因而，它能够从总体上改进组织的质量和效率。CMMI的主要关注点就是成本效益、明确重点、过程集中和灵活性四个方面。

CMMI的管理特点主要是针对软件行业的特点设定过程域，每个过程域有相应的质量管理要求和指引。当然，很多软件都需要与硬件结合应用，所以CMMI也包括了一部分硬件的质量管理内容。CMMI的阶梯形模型的成熟度等级特征见表2-3。

表2-3 CMMI 成熟度等级

级别	名称	特征	过程域
1	初始级	代表了以不可预测结果为特征的过程成熟度。成功主要取决于团队的技能	无
2	已管理级	组织已实现成熟度2级中所有的过程域的所有的特定和通用目标。组织中所有的项目均可确保需求得到了管理,并且项目采用的过程均得到策划、执行、度量和控制。对于2级而言,主要的关注点在于项目级的活动和实践	需求管理 项目计划 项目监督和控制 供应商合同管理 度量和分析 过程和产品质量保证 配置管理
3	已定义级	组织已实现成熟度2级和3级指定的所有的过程域的所有的特定和通用目标。在3级,已很好地表示出过程,并且易于理解。同时,过程通过标准、规程、工具和方法来描述。对于3级而言,主要的关注点在于建立组织统一的过程	需求开发 技术解决方案 产品集成 验证 确认 组织过程焦点 组织过程定义 组织级培训 集成化项目管理 风险管理 集成化培训(IPPD) 决策分析和解决方案 组织级集成环境(IPPD)
4	定量管理级	对组织的过程建立性能基线、定量管理项目	组织级过程性能 定化项目管理
5	优化级	持续改进组织过程	组织级创新和部署 因果分析和解决方案

6. 卓越绩效模式

美国各种质量管理理论和管理大师确实不少,但20世纪中期并没有像德国人和日本人那样重视质量,也不如日本人那样相信美国产的质量大师，如戴明博士。戴明用质量知识拯救了日本经济，最典型的是丰田汽车的创始人丰田喜一郎曾由衷地说："没有一天我不想到戴明博士对于丰田的意义。戴明是我们管理的核心。日本欠他很多！"为了表达对戴明的敬意，日本人设立了戴明奖。戴明在战后日本的经济复苏中扮演了重要角色，获得了空前的成功。然而，在美国本土，戴明几乎寂寂无闻，直到20世纪70年代大量质优价廉的日本产品开始抢占美国市场，直到日本的丰田车开遍美国的大街小巷、索尼的电子产品大赚美元时，美国的企业家们才有点沉不住气了。从产业界到传媒，到处都在起劲地讨论日本经济崛起的秘密。

美国国家广播公司（National Broadcasting Company, NBC）决定制作一档节目探讨美国企业日渐衰落的原因，曾在《华盛顿每日新闻》负责采访警政及白宫消息的NBC资深记者克莱尔·克劳福德·马森被指定为负责人之一。马森希望通过讲故事的方式来展开这个话题。可是，这样的故事并不好找。她采访了美国的经济学家，可采访结果令她失望。这些经济学家既不能深入剖析美国经济现状，又不能找到具体的解决方法。这让她十分苦恼。正在此时，有人建议她去拜访一位年老的纽约大学的学者。当那位八十多岁高龄的学者拿出一沓发黄的日文剪报，向她说起自己在日本做出的成就时，马森目瞪口呆。她事后对朋友说："这里有个人掌握我们所需要的答案，并且距白宫仅五英里之遥,却不为人知。"

这位老人正是戴明。遗憾的是,当美国人发现他时,他已经80岁高龄了。1980年6月,NBC采访了戴明,并制作了《日本行,我们为什么不行?》的纪录片。戴明在片中就质量管理的基础知识给美国商业人士做了一次演讲,并且提醒美国人:"如果不提高生产率,我们的孩子将成为第一代不能期望自己比父辈生活得更好的美国人!"戴明的一番话,惊醒了骄傲的美国人,使他们醒悟,正是他们对日本的漠视,对质量的漠视,才导致日本产品悄然占领了美国的市场。戴明成了美国企业的救星,人们急切地向他请教有关质量管理的问题,寻找一切有关他的资料。戴明的秘书后来回忆说:"电话多得接不完,许多来电的人,都显得十分焦急,好像如果不马上见到戴明博士,整个公司就会垮了似的。"

戴明为美国人奉上的,是代表其成就的"戴明质量管理14条"。这是他将自己原有的理论同指导日本企业时获得的经验进行创造性加工后取得的成果。这14条,不但是质量运动的信条,也是戴明管理哲学的体现:

1)树立坚定不移的改善产品和服务的目标。

2)新的哲学思想,不允许出现交货延迟或差错和有缺陷的产品。

3)停止依靠检查来保证质量的方法。

4)停止仅用价格作为报偿企业的方法,而要以与供应商合作的方法使成本最小化。

5）坚持不懈地改善计划、生产和服务的每一个环节。

6）实行岗位培训。

7）建立领导关系。

8）驱除畏惧心理。

9）消除员工之间的壁垒障碍。

10）废除针对员工的口号、训词和目标。

11）废除针对工人的数字定额和管理人员的数字化目标。

12）清除剥夺员工工资自豪感的障碍，废除年度评比或赏罚体系。

13）实现普及至每一个人的有效教育和自我完善计划。

14）让企业中每一个人都参与到实现公司转型的大业中来。

戴明通过14条，把质量控制"从工厂的地板上移到每位高层管理者的办公桌上"。美国企业纷纷将戴明理论视为迟到的"质量福音书"。戴明所掀起的实际上是一场轰轰烈烈的全面质量管理运动（Total Quality Management，TQM）。虽然他自己并不认同TQM的提法。当然，这14条并不全被大家接受，其中的个别条款我也不完全认同。

在这样的背景下，诞生了全面质量管理，诞生了六西格玛，诞生了克劳士比的零缺陷质量文化等，最后的集大成者即美国的卓越绩效模式。

1983 年 9 月，白宫生产力会议召开，美国总统、副总统、总统顾问、财政部长、商务部部长都在会议上发言。会议呼吁在全国公立和私营部门开展质量意识运动（quality awareness campaign）。在这一背景下，美国政府部门和企业界对于 TQM 呈现出与日俱增的兴趣。许多政府和企业界人士建议，设立一个类似日本戴明质量奖那样的美国国家质量奖，帮助美国企业开展 TQM，提高美国的产品质量、劳动生产率和市场竞争力。美国商务部部长马尔科姆·波多里奇坚持认为，TQM 是美国经济繁荣和国家强大的关键因素，这导致了美国众议院科学技术委员会的一系列听证会。马尔科姆·波多里奇对后来以他名字命名的国家质量改进法案产生了浓厚的兴趣，并帮助起草了该法案的最初草稿。为表彰他的贡献，1987 年 8 月 20 日，美国总统里根签署了国会通过的以其命名的美国公共法 100-107《马尔科姆·波多里奇国家质量改进法》。

美国设立的波多里奇国家质量奖，引导企业通过连续的质量改进和设定业绩的卓越标准而获得顾客满意。"质量"在波多里奇奖中有了更广泛的含义，由于波多里奇奖是针对"管理质量"和"经营质量"的，因此其实质是"卓越绩效模式"。波多里奇奖卓越绩效模式有着坚实的客观基础，它是 TQM 的一种实施细则，是以往美国企业 TQM 多年实践的具体化和标准化。它为企业或其他组织提供了一个沟通、诊断和评价的平台，使得企业或其他组织能够用一种语言来讨论和沟通企业的经营管理。它能够帮助企业驾驭管理复杂的系统，为企业管理提供一个系统工程管理的思路。

7. 美国人最大的质量管理优势

在20世纪80年代之后，经过戴明阶段及卓越绩效模式的发展、六西格玛的推广等各种质量运动，以及切切实实的重视和投入质量管理，又让美国产品质量处于世界较高水平。

不管是产品，还是商业模式，或是管理，美国都是创新的先锋。因此，美国人也为质量管理带来了各种理论和实践。加上美国人的冒险精神、创新精神及个人英雄主义等，其整体表现与德国和日本的还是有很大区别的。一方面，他们在各种质量管理实践中摸索、总结，然后不断发展和创新；另一方面，因为非常开放，所以他们不拘一格地运用各种质量管理方法。但美国人与欧洲人有个共同点是喜欢用数字和事实说话。美国人做事也注重战略，更认同从上而下的管理。因此，美国比其他国家更喜欢推广六西格玛。

虽然美国人的各种质量管理理论被广泛使用，但美国人最大的质量管理优势还不是这些理论，而是产品需求质量管理。这使得美国的产品在全球赚得盆满钵满，如苹果手机。苹果公司的成功之一就是在需求质量方面做到了世界一流。苹果手机好用，界面友好，用起来很酷，功能也优秀，这是其他手机很难比拟的。虽然苹果手机的生产合格率、市场返修率不一定比诺基亚手机好，但诺基亚在智能手机时代输掉了需求质量，没有抓住消费者的心。

所以，在学习美国质量管理时，我们不仅学习其在产品质量的一次通过率、功能稳定性等技术环节的管理方法，以及各个质量大师的管理理论，还要学习质量管理当中被人所忽视的需求质量管理。需求质量管理是质量决胜的秘密武器，可是被很多公司忽略了。很多公司在需求方面做得不好，如需求与客户的期望不完全匹配，需求要么过高，要么过低，要么过多，也有不够的，而且需求还经常变更。关于需求质量管理的内容会在后面章节有更详细的论述。

五、德日美的质量经验总结

从前面的介绍可以看到，德国之前的产品质量不好被英国贴上"Made in Germany"的标签，日本产品一度也是劣质品的代名词，美国的产品质量曾在20世纪中后期被日本的击败。现在，可以说德国、日本和美国的产品仍然代表着世界级质量，而美国的产品需求质量上的创新与管理引领全球。我们可以从中得到哪些借鉴呢？

1. 质量意识和质量定位

一是，从国家层面意识到产品质量的重要性，从国家层面提升全行业和企业的产品质量标准，提升全员的质量意识。不管是德国第一位联邦总统奥多尔·豪斯（Theodor Heuss）说"Quality is, what honest is"，还是日本 JUSE 发起的戴明质量革命，还是美国总统里根 1987 年签署的《马尔科姆·波多里奇国家质量改进法》，都体现出国家层面对质量的重视及其带来的历史意义和现实效果。

二是，从国家层面确保产品质量的标准高。德国、日本和美国都有许多的产品标准，如饮水、汽油、食品、药品、汽车、家电、服装、家装等，各种产品都有特定的产品标准。如果拿我们的产品标准认真对比，可以看出来我们的一些产品标准是低于它们的。这是为什么有些人说同样的企业为什么出口的产品质量比内销的产品质量好。其原因不是什么企业吃里爬外，更不是当了"汉奸"，对老外好过自己的同胞；而是因为出口目的地的产品质量标准更高。当然，一般内销的产品价格肯定也会更低。通过现场比较发达国家和发展中国家的建筑质量、老百姓的衣帽质量、自行车的质量等，也可以看到它们的质量整体水平高。所以，要想提高国家的整体产品质量，各行各业的产品质量标准就要严格要求，这样才能杜绝低标准的产品上市。对于假冒劣质产品更要严厉打击，甚至让屡教不改、情况严重的企业破产,从而规范市场行为。从这个角度来讲,各个地方的质检部门也非常重要,任务非常繁重,特别是在市场还不十分规范的情况下。

以质量求发展,当然也会牺牲一部分低端市场需求。但是,中国市场庞大,高中低需求都有,所以如何制定产品质量标准非常需要智慧。绝不能用低端的产品质量标准来主导整个产品质量需求。除了全国范围的标准之外,企业应该据此制定自己的产品质量标准。如果一家企业致力于长远发展,并想发展成为有竞争力的企业,应该超越国家标准。当然并不是所有指标都要超越,而是有针对性、战略性、选择性地去做。

2. 科学技术和教育是质量的利器

当确定了较高的产品质量标准之后,接下来就是能力问题,即有没有能力达到高标准的质量。从德国、日本和美国的经验来看,确实验证了邓小平的名言"科学技术是第一生产力"。它们不仅有针对质量的高标准,而且有实力能够实现那些高标准,这源于一流的研发能力和技术能力。比如汽车技术,很多自主车企想搞或在搞中高端汽车,但研发和工艺技术还不到。这就是产业链中关键环节的技术研发和工艺水平的问题。比如某些半导体技术,现在很多电子元器件还是日本在做隐形的冠军。比如某些领域的精密测量和精细加工设备,德国仍然占据领导地位。这些都需要长期的技术积累沉淀、钻研提高，也需要教育培训体系不断提供优质人才，培养技术力量。美国现在信息技术、互联网和大数据等方面，也可以说是全面领先的。

为什么德日美等国家有先进的技术能力呢？下面借用国家发改委产业经济与技术经济研究所所长王昌林等人的研究进行说明。

德国能够在短时间快速崛起，很大程度上得益于科技创新和人力资本因素的长期积累。自查理曼大帝时代起，德国就非常重视教育和文化发展。1818年~1846年，普鲁士国民学校学生增加近一倍，适龄儿童入学率达82%，到19世纪60年代提高到97.5%，国民素质空前提高。而我国在20世纪80年代还有相当比例的文盲。当年我在西门子上班时就发现20世纪50~60年代出生的德国人当中有较高比例拥有博士学位。由此可见教育的差距。

对教育和科研的重视与大力投入很快使德国站在了世界科学技术发展的前沿。1864年~1869年，世界生理学100项重大发现中，德国占89项。1855年~1870年，德国取得136项电学、光学、热力学重大发明，英法两国合计才91项。世界第一台大功率直流发电机、第一台电动机、第一台四冲程煤气内燃机、第一台汽车等发明创造也纷纷诞生于德国。同时，德国涌现出一大批科学家和技术发明家，如蔡斯、西门子、科赫、伦琴、雅可比、欧姆、李比希、爱因斯坦、普朗克、玻恩等。从19世纪中后期到20世纪初期的这段时间,德国耀眼的科技创新光芒,让全世界为之瞩目。

日本与德国在教育和技术上的投入类似。日本 1868 年明治政府上台后,在"脱亚入欧"的总方针指导下,不遗余力地引进西方技术。日本中央政府专门设立工部省,大力推行"殖产兴业"计划,主要举措是在各官营产业中广泛引进、采用西方先进技术设备和生产工艺,大量引进、译介西方科技信息情报资料(图书、文献和图片),聘用外国工程师、技术人员,派遣留学生到欧美学习,以及引入外国直接投资等。日本政府经济部门和私营企业还与欧美企业缔结许可证生产合同、技术协作合同等,并通过反求工程(即倒序制造)快速消化吸收西方先进技术,成功实现了技术转移和本土化。同时,着力夯实智力基础,培育人力资本,包括颁布《学制令》。自 1871 年开始实行强制性初等教育,仿照西式教育构建国民基础教育体系;创办日本帝国大学工程系(即现东京大学工学部),并在京都大学、东北大学和九州大学设立工程系,积极培养日本的工程师和技术人员,使其能够接管由西方专家管理的工厂、矿山和铁路,实现技师的"进口替代"。

美国更是沿袭了当年来自欧洲移民的重视教育、鼓励创新的传统。美国研究开发(R&D)支出总量占全球的 30%(2011 年);世界前 1% 引用论文中,美国占 46.4%(2012 年),三方专利占全球的 27.85%(2010 年);知识产权贸易费用占全球的50%（2011年），知识技术密集型产业增加值占全球的32%（2012年）。全球诺贝尔奖得主近一半是美籍，世界大学百强排名中美国大学占到一半以上。再加上美国每年大量高素质人才的移民导致整个国家的人才实力强大。

教育和科学技术是确保达成高标准质量的基础，因为如果技术条件达不到的话，设定再高的质量标准都没有用。高水平的教育和科学技术，同时也是提高生产效率、降低质量损失的有力保障。比如，自动化生产通常比人工劳动更能够保障质量、降低损失，更能够保障产品质量一致性。

目前，我国在现代工业和技术的许多方面仍然落后于西方发达国家，还在追赶的道路上，需要时间和数量的积累才能够缩小差距，并不断摸索出好的行政制度，这样才能够整体上达到甚至赶超世界一流国家。在信息社会和人工智能年代，我国的学习进程和创新速度越来越快，与西方的差距越来越小。我相信不久的将来，中国质量和中国技术与中国速度一样，也会也是一个响当当的名片！

3. 抛弃浮躁，拥抱工匠精神

德国和日本，简直就是近几年热门词汇"工匠精神"的代表。专注、注重于细分领域的精深，愿意在小的行业里成为行业标杆，使得两国的企业员工大多能够沉得住气，多年如一日地用心钻研。我国也在提倡工匠精神。古代中国的瓷器和丝绸可以说是古代工匠精神的体现；现代的高铁及航天工业等也离不开工匠，很多工艺都是经过严苛选拔的能工巧匠才能做好的。但总体而言，社会仍然相对浮躁，很多人急功近利，喜欢炒作、出名、投机取巧、做表面文章、讲排场，对埋头苦干、十年磨一剑的事情没有兴趣，对于小而精的事情不感兴趣，对于长时间重复干一件事情缺乏耐心。企业界如此，学术界也是如此。一些作家、教授、大学生或博士等的著作以炒作概念为主，想一夜成名，甚至抄袭拼凑，搞文字的排列组合，缺乏自己独特的思想和经验就想完成学术任务。在这样浮躁的情况下，如何确保工作质量和产品质量，如何持续地提升和积累工作能力和专业能力。我认为，我国已经到了发展需要以质量取胜的时候了，伴随着持续的改革，人们更专心致力于基础和技术，更加以质量为本而非数量，大家会逐步拥抱工匠精神。我也愿自己是一名质量界的工匠。

在工匠精神方面，我们可以向德国和日本学习很多。

在世界 500 强中，虽然大的德国企业不多，但至少有 1000 个细分市场的隐形冠军是德国企业。这些隐形冠军离不开德国人认真、执著，精益求精的精神。

以保时捷为例。它三条立本哲学：一是品质精神。这里组装一部车只需 9 小时，后序检测调适需要 5 天，出厂则需要数月。保时捷的订单最快也需 3 个月，有些甚至需要提前一年或更久来预订。尽管需求旺盛，但该企业并不急于扩张。保时捷共有7500名组装工人，6500名研发和服务人员，可见研发和服务在该企业的重要性；二是不盲目扩张。由于受厂房限制，又处于市区，保时捷每天只能生产200辆车，年产不过6万辆，仅二三百亿欧元的产值，和其他汽车巨头动辄上千亿产值无法类比；三是精益精神。虽然保时捷在德国其他城市也有一些生产工厂，但是技术含量最高的发动机及整车的组装，都是在德国斯图加特的工厂完成的。其中老技工的技艺（know-how）是核心竞争力。德国制造之所以能成为品质标志，除德国人动手能力强、讲究精益精神外，技工教育更是关键。德国实行双向教育，学生们在初中开始分流，大部分去了职业技术学校。在德国，熟练工人很抢手，由于人员短缺不得不到南欧进口技工，高级蓝领也比普通白领收入高，企业领导人也经常从蓝领中提拔。保时捷这类德国企业的核心竞争力是老带少、传帮带式的师徒制。这样技艺（know-how）被传承下去。而保时捷家族企业管理的长期稳定也让企业哲学、企业文化得以传承。

工匠精神、家族传承和现代科技形成的铁三角帮助德国制造立于不败之地。为什么德国具备工匠精神，除了德国人严谨、认真的品质外，我认为德国的经济制度也是一个有力的保障。如果德国的股市和房地产也利于投机取巧，我想很多德国人也很难沉下心来。德国的企业98%都是中小企业，因为德国的股市不发达，它们很难在把公司尽快拿去上市,因而不得不做更为长远的发展规划。而中型企业中很多都是家族企业。这些企业比较"一根筋",信奉世世代代流传下来的经营哲学——活下去比什么都重要,因此不会纯粹追求利润,也不偏重资本运作,更没以上市为目标。而这也进一步加剧了德国股市的不发达。"不过,也正因为资本市场不发达,许多德国企业,尤其是家族企业,都会老老实实地把产品做好,把管理做好,反而让德国的实体经济变得特别强大。"

另外,经济学者罗多夫表示,德国员工每月要缴纳的医疗保险约占工资的14%,还有19%的养老保险及6%的失业保险。凡此种种,让许多员工没有"闲钱"去炒股。国家主导的社会保险制度保障了德国人的退休生活,所以多数人也没有动力通过投资创造收益。甚至很多德国人比传统的中国人还爱存钱,有着"欧洲存钱冠军"为称号。德国人不喜欢欠债。很多德国人的消费原则是"先存钱,再消费",年轻人也是如此。在德语里,"债务"的单词"Schuld"又有"过错"或"罪过"的意思。这也可以看出德国人对"债务"的警醒态度。

多年来,德国的房地产市场非常平稳,如果中国的房地产市场也能够那样平稳,价格波动不大,我想大家也不会整天议论房地产,为房地产的价格涨跌而感到兴奋或焦虑。

正是基于上述的经济制度和环境,在德国不管是公司或个人都不容易患得患失感到焦虑，或者一夜暴富感到兴奋，或者因为错失良机而羡慕嫉妒恨。这些浮躁的因素都会极大地影响公司是否继续坚持自己辛苦的专业和产业，也会影响公司的职员是否愿意沉下心来钻研自己的专业和技术。德国在这方面受到的影响很小。而我国在经济发展高速增长期充满了机会，充满了诱惑，所以在这方面受到的影响很大，不管是股市，还是房地产，或是其他的投资或投机的机会。等到中国步入慢增长周期，年GDP增速较低的时候，投资和投机机会比较平稳和合理的时候，企业需要靠品质和创新求发展的时候，才更会静下心来专注于创新和品质，员工也更会静下心来提高专业能力。

　　再来简单聊聊日本的情况。日本人与日本社会一向给人以脚踏实地的感觉，少有喧哗，少有浮躁，兢兢业业地干着属于自己的那份本职工作。他们甚至被世人评价为任劳任怨、勤勤恳恳的"工蜂"。是不是日本就完全没有浮躁呢？日本人、日本社会一直都脚踏实地的呢？当然不是。但日本的制造业普遍低调、务实、脚踏实地，制造业的企业家给人的印象似乎对产品本身更感兴趣。特别是一些中小型企业，虽然规模不大，一百来人，但是服务的客户却是丰田、本田、铃木这些大名鼎鼎的公司。这些企业大都一心一意，干一行爱一行，做的是事业。可是目前多数国人更专注赚钱，大部分企业家，尤其是江浙一带的企业家，对赚钱更有天赋。很多企业在主业上小有成就之后，便立马开始布局"多元化"战略,投资房地产、投资股票证券。好大喜功,急功近利的气氛更显浓重。

相比多数浮躁而言,也有少数不浮躁的企业,如华为、格力等,都是以技术取胜。所以,不浮躁、不急功近利、静下心、耐得住寂寞、专心专注地发展,再过五十年,我国肯定会出一批大以质量著称的品牌和产品。

4. 文化因素

德国人和日本人以严谨、认真著称,某些方面在国人看来是斤斤计较、小题大做,其实,这可以看作是工作方面追求精益求精习惯的延伸。待人处事比较注重礼貌、普遍遵守规章制度、循规蹈矩,但同时又注重技术创新,这对质量管理有很大的促进作用。这有助于把工作做好,减少粗心大意所犯的各种错误,增强产品质量的一致性。另外,日本环境优美、舒适、干净、整洁,不管是从自然风景,还是房屋建设,普遍干净、整洁。这一方面得益于天然气候条件,另一方面也得益于早已形成的卫生习惯。因为良好的卫生习惯和真正全民义务教育的相互提醒指正,与环境的整洁美好形成了良性循环。德国人日常生活中遇到不合公共道德的行为,通常都会主动、善意、礼貌地提醒对方注意纠正。我遇到的德国人和德裔美国人,也几乎都有这样的善意提醒陌生人注意遵守公共秩序公共道德的习惯。我想,这是真正的全民义务教育,不仅是学校、老师、父母、家人对孩子的教育,更是全民参与,共同提升社会公共秩序和道德文化水平。

相对来说,我国很多地方的卫生还不尽如人意。特别是北方城市,风沙大又干燥,家里很容易积灰尘,刚擦干净的皮鞋要不了一天就脏了,漫长的冬天更是光秃秃的。这些都会影响人们的生活习惯。中小城市、乡镇和农村的卫生情况相对较差,有的甚至垃圾遍地。这样的环境养成了差不多的习惯。其实,差不多最后会差很多。当年,胡适感到这个问题颇严重,于1919年写了一篇《差不多先生传》,以讽刺当时社会那些处事不认真的人。我在西门子公司2015年年会上组织质量部门的同事对该故事进行了一番演绎,以警示大家做事要认真负责,注重工作质量,不犯低级错误。

正是因为质量问题既可以是"一万"的问题,但很多时候也是"万一"的问题,即产品质量和工艺随着各方面的变化会不稳定,或者因为人为疏忽导致质量问题。另外,当许多马马虎虎的工作结合在一起的时候,必然导致的"一万"的质量问题。

文化因素的第二个层面,是德国人和日本人的整体人文素质也已经比较高。这是因为我国义务教育普及运动开展得太晚,比德国、日本晚了100年左右。并且,教育中偏重知识的学习,使得有些学校和家庭教育出来的孩子显得"有知识,没文化"。或者说,在重视应试教育的同时,有些老师和家长忽视了在道德层面的修养熏陶。从我的经验来说，好的文明修养也是确保产品质量的重要因素，因为这会形成员工心里面"善"的原则，有利于为人处世、改善团队关系，同时更忠于内心，忠于职业和技术专长，而非投机取巧。这对能力提升有很大帮助，也有助于团队合作，以及在处理问题时更加公开透明。这些都是确保工作质量和产品质量的重要因素。在解决质量问题时也更加快速、有效，防止小问题变成大问题，也容易获得和分享经验教训。

文化因素的第三个层面，是知识教育。好的教育可以提升整体国民素质和知识技能，这是国家强大的根基。

在剖析了德国、日本、美国的优点之后，我们也不要妄自菲薄。中国在经历一百多年的屈辱、战争、落后之后，普及义务教育才六十多年，改革开放才不到四十年，能够取得如此成就，已经非常了不起了。并且我们还在不断地开放和学习，我想现在才是中国有史以来最好的时代，可以集大成、厚积薄发。前提是我们知道问题，承认问题，不断地虚心地向先进学习，加以改进和优化。华为不就是融会中西吗，在学习欧美先进的管理理念和方法的同时，也搞中国式的各种管理运动和活动，同时不断创新，充满管理活力。我相信，今后不仅有中低端产品，而且会有更多高质量的中高端产品。最重要的是，我们也会有更多像华为这样的走向国际市场、领先国际市场的企业和产品。

第三章　中国质量管理之道

一、匠人精神还是商人头脑 …………………………… 129
二、政府给力质量管理 ………………………………… 132
　1. 供给侧改革推动质量管理 ……………………… 132
　2. 中国制造2025 …………………………………… 136
　3. 政府首脑及质量部门 …………………………… 138
三、企业一把手给力质量管理 ………………………… 152
　1. 任正非的质量管理思想体系 …………………… 152
　2. 坚持品质改变世界的三一重工 ………………… 159
　3. 走向国际的航天质量制胜战略 ………………… 160

1960年6月14日,毛泽东在上海召开的以讨论"二五"计划后三年补充计划为主题的中央政治局扩大会议上说,"今年和今后两年的基本建设,盘子绝不可以搞得过大,数量不可不讲,但恐怕要提出质量放在第一位。"并进一步强调"讲质量、品种、规格,把这个提到第一位,把数量放到第二位",提出了由"数量本位"转向"质量第一"。

毛主席的话已过去几十年了,后来邓小平、江泽民和胡锦涛等国家领导人也都在不同场合强调产品质量的重要性,但客观来说中国产品普遍的质量水平与发达国家还有不小的差距。中国早已经是制造大国了,在迈向制造强国的道路上,质量是不得不过的一道坎,质量也变成一个越来越迫切的话题。习近平主席这一届领导班子也针对质量建设提出了愿景和具体要求。2014年5月,习近平在河南考察时提出:"推动中国制造向中国创造转变,中国速度向中国质量转变,中国产品向中国品牌转变。"这是习近平主席在新时代对中国的发展提出了更高、更具体的要求,包含了技术创新、追求质量和中国品牌三个重要转变。在十九大报告中更是明确地要为质量强国提供支撑。

那么我们如何接过这一历史使命呢?

一、匠人精神还是商人头脑

要想质量强县、强市、强省以致强国,要从中国速度向中国质量转变,靠投机倒把、偷工减料是不可能的,必须靠作为第一生产力的科学技术,靠聪明才智和勤奋好学,靠过硬的产品质量!但阻碍我们前进的有不少让人眼花的"机会",像股市、楼市和金融的投机空间。其实,实体制造业也有不少投机的行为,为了迎合顾客的低价要求,降低产品标准和产品质量,甚至掺假、制假、以次充好等。这是典型的不负责任的"商人"思维。这样也许能够兴一时,但是难以兴一世,赚的也不是良心钱。

建立好的诚信体系,并健全各种产品质量标准,配合严格的质量法规,加强执法力度,那么制假售假、以次充好、偷工减料、粗制滥造等质量问题将大大减少。随着中国经济发展水平逐步提高,老百姓手头逐步宽裕,百姓也愿意多掏点银子买高质量的产品和服务。而那些靠低价无序竞争的企业,也难以找到生存空间。到那时候,中国将会有越来越多的人把主要精力集中在产品和服务上,用技术和质量拼市场,而非短平快的价格战,更不是偷工减料等各种唯利是图的商人手段。

商有商道，古时商人常会在经营的地方贴一副对联："贸易不欺三尺子，公平义取四方财"。相对"奸商"，还有一种"尖商"，最初的说法其实是"无商不尖"。旧时，买米都是以升斗作量器，卖家在量米时会用戒尺之类来削平升斗内隆起的米，以保证分量准确。完成计量后，卖米的商人会另外再添加一些米，因此，已经抹平的表面便会鼓出"尖头"，这种做法就被叫做"无商不尖"。这是老派生意人的一种诚意，意思是"我多给你，我的福就多加一些"，他们因"舍"而"得"；另一方面，也是为了以厚道博得回头客。后来，社会发展，世事演变，"无商不尖"变成"无商不奸"，意为商人都是奸诈的。完全只以赚钱为目的的商人是很难做好产品的，当然也难以保证产品和服务质量。除了商人，一部分职场人也类似，想出名趁早、一夜暴富、投机取巧、攀龙附凤、唯利是图等。这些都是不利于精进职业素质和能力的，当然所做的工作也难以达到高标准的要求，对产品质量和服务质量也都难有保证。

优秀的商人应该诚信经营，以满足客户需求为中心，为客户着想。只有这样才能够长久，真正做大、做强。除了琢磨顾客心理之外，还要琢磨如何提高产品或服务的质量水平，并精益求精，以产品和服务打动顾客，这是一般商人所不理解的匠人精神。作为职场人同样如此，需要考虑工作的输出是否对下游有用，能否满足下游的需求，并能够静下心来把工作做好，争取精益求精，超过客户的期望，而不是完成任务交差了事，也不是仅把工作当交易。这样成绩会越来越突出，能力越来越高，贡献越来越大，工作质量和产品质量当然有保障。

当下，光是教育企业要诚信经营、狠抓质量还不够，还需要政府的推动和各方面的配合。比如，追求速度就会影响产品质量，为了追求速度，萝卜快了不洗泥，难免导致设计和验证不充分，质量问题就很难避免。在很多方面中国的发展速度快过欧美，但发展也有一个度，有的速度非常不合理就会导致问题。这个速度有的是政府提出来的，是政府工程，企业为了获得订单就忽视事物发展的正常规律硬着头皮上，当然会影响产品质量。政府是否勤政廉政也会影响产品质量，如果地方主管官员腐败，某些商家为了获利就只能压缩工期或原材料成本，必然会影响质量。

因此，中国要想做好产品质量，企业当然是主体，政府也同样起着重要的引导、监督作用。

从企业来说，如果抱着重视短期利益的投机买卖、斤斤计较地商人思维或只以金钱作为衡量标准，质量就难有保障；只有坚持把工作做好、做实、做精、做出信誉的理念，寻求长线发展，诚信工作或经营，拥抱匠人精神，质量才会有保障！君子爱财，取之有道！匠人精神与古人所谓的君子很接近，拥有匠人精神的商人去做诚信的生意，就变成了拥有匠人精神的君子，产品质量一定是可以做好的。

从政府来说，最好从正面引导产品质量走向持续可发展的道路，从宏观层面助力质量管理。

二、政府给力质量管理

1. 供给侧改革推动质量管理

"供给侧改革"横空出世，成为 2015 年年底高层讲话中的高频词。究竟何谓供给侧改革？需求侧有投资、消费、出口三驾马车，供给侧有劳动力、土地、资本、创新四大要素；供给侧结构性改革旨在调整经济结构，使要素实现最优配置，提升经济增长的质量和数量。

为何要进行供给侧改革？2007 年以来我国经济增速下降，而到 2015 年经济进入了一个新阶段，主要经济指标之间联动性出现背离、经济结构性分化趋于明显，在进行需求管理的同时，迫切需要改革供给侧，激发经济活力。同时，中国居民在海外疯狂扫货，国内航空客运增速缓慢下行，但跨境出游却持续高增长。这也意味着，在很多方面，并不是短期需求不足，而在中长期供给质量需要提高。需求不足仅是表象，供需错配才是实质，因为供给的有些是消费者不需要的，有些是消费者看不上的，有些是性价比不高的。这些问题当中一个重要的因素就是产品质量。

(1) 需求结构需要升级

按照国际经验，人均 GDP 在 8000 美元左右时，消费结构将从生存性消费向发展型消费升级。根据国家统计局的数据，2012 年我国消费对经济增长的贡献率首次超过 50%，达到 51.8%，2013 年和 2014 年的贡献率有所下降，到 2017 年（前三季度）达到了 64.6%。但是，发达国家消费对经济增长的贡献率超过 80%，中等收入国家在 70% 左右。我国消费者对国外高质量产品几乎到了如饥似渴的程度。从境外疯狂扫货马桶盖、电饭煲、书包，到通过海淘、跨境电商蜂拥而入的奶粉、尿不湿，再到在苹果手机店、国外奢侈品店大排长队的国人，可谓蔚为壮观。2012 年我国游客境外消费增至 2009 年的三倍，2014 年以来我国出境人数超过 1 亿人次，境外消费总额超过 1 万亿元，继续保持全球第一。这些说明，我国消费者需求结构已经发生了很大变化，人们不再满足消费低端产品，尤其中等以上收入人群对高质量的生活充满期待。而面向低收入群体为主的供应体系，没有及时跟上中上收入群体扩大的消费结构，中上收入群体需要的是中高端质量和品牌的产品。因此，中国迫切需要提高整体产品质量及标准，以满足这些中高端的消费群体。否则，光是责怪这些消费者"崇洋媚外"、不爱国货是没有用的。

(2) 质量供给加大投入

进入 21 世纪，我国质量取得了长足进步，但总体质量环境依然有待改善。一方面，假冒伪劣屡禁不止，人们尚缺乏足够的消费安全感。另一方面，优质产品尤其知名品牌涌现乏力，消费引导力明显不足。2017年我国有115家企业进入《财富》世界500强排行榜，而进入世界品牌实验室2017年度"世界品牌500强"仅有37家。总体上，我国发展依然以量取胜，而非以质取胜。通过政府的推动和企业的努力，最近几年国内消费者对国产品牌的印象有所好转。比如，2015年"3·15"之前环球网发布的"中国消费者对国产品牌的好感度调查报告"中，超过三成（32.0%）的受访者对国产品牌留下偏负面的印象，质量安全成为困扰和制约消费的重要因素；但到2017年，调查结果中偏负面印象的不到一成。人们日益增长的消费能力与质量供给相对不足之间的矛盾依然突出，这制约着我国经济社会的发展，影响着社会和谐稳定。质量仍是提升供给力和理顺供需关系的关键，必须发展质量。

（3）贸易出口的压力

我国已经成为世界数一数二的贸易大国。根据2017年4月世界贸易组织发布的数据，2016年我国出口占全球份额达13.2%。另外，我国也成为世界上遭受反倾销调查最多的国家。并且伴随着劳动力成本不断上升，对环境资源越来越重视，低成本优势已难以为继，低价格竞争陷入赚吆喝不赚钱的困境（还要综合汇率因素影响），必须改善。2008年金融危机之后，国际产业分工悄然变化，产业转移出现高端制造业向欧美回流，低端产业向东南亚和印度迁徙的趋势。只有提质、增效、升级，提供优质的出口供给，才能不断适应世界外贸新形势，再度形成我国外贸新优势，提高我国产业在全球价值链中的地位，才能维护进出口平衡，减少贸易摩擦。

从国内外环境来说，供给侧的质量提升迫在眉睫。除此之外，供给方本身存在许多不合理的问题，这也需要得到改革。如果能够把供给方本身存在的问题解决掉，就可以提升整体产品和服务的技术水准和质量水平。供给方需要进行管理升级的主要对象包括国企和广大的中小型企业。

国企将是去产能的主要承担者。各类企业中，不少国有企业的资产负债率和资产周转率、主营收入利润率都需改善，这意味着国有企业要提升盈利能力，解决产能过剩，是去产能的主要承担者。我四川老家有一座国有煤矿，2016年春节期间我去实地考察了一趟，真是惨不忍睹。煤矿和附属的电厂凋零冷清、设施落后、管理落后，甚至严重影响了周围街道的卫生，离煤矿和电厂500米的马路、街道和楼房布满了灰尘。这些在5S上的问题还是看得见的。看不见的问题是嘴巴问出来的。我咨询在煤矿和电厂上班的亲戚，他们告诉我基本工资都快发不出来了，很多管理人员人浮于事，即使是某些重点岗位的工人平时也不忙，甚至还有个别人员不上班但仍然领工资。这样的企业难道不需要改革吗？不改革的话，管理水平上不去，效益上不去，质量又如何上去呢？

许多有效益能活下来的中小型的民营企业的管理水平和质量水平也并不好，靠低价甚至血本价来赚血汗钱。这些民营企业虽然还可以存活下去，但是不利于未来的经济，也需要转型和改革。我们随便去农批市场转转就知道，一些日常的生活用品的质量并不好，如扫帚、盆子、家具、灯具或刀具等。这些产品虽然价格低廉，但是很不耐用或不好用。而国家目前在这些方面恐怕也没有强制的质量标准，也管不过来。这样的企业还算稍微好的，缺德的是造假冒伪劣产品赚钱。

供给侧改革的关键在于良性的质量发展。不管是淘汰僵尸企业，化解过剩产能，停止生产高耗能、低技术的产品，进行结构性改革，还是习主席直接提及的质量和效率，以及李克强总理提出的迈向中高端等，都与质量相关。只有优质的国内供给才能适应需求，也只有优质的出口供给才能稳定外贸。优质的供给同时也能提高整体管理水平和质量水平。供给侧改革的重点不应是数量的增加，而应是质量的改善。

2. 中国制造 2025

供给侧改革在商人逐利的年代是需要看得见的手来调整方向盘的，否则大家在你争我抢中乱作一团，且可能伤害彼此，同时殃及消费者。比供给侧改革更早提出来的战略是"中国制造2025",这是2015年5月8日,国务院正式颁发了《中国制造2025》。"中国制造2025",是中国政府实施制造强国战略第一个十年的行动纲领。也就是说,这是第一个阶段性战略目标,接下来还有第二步,到2035年中国制造业整体达到世界制造强国阵营中等水平。目前,也初步制定了第三步战略目标,到新中国成立一百年时,综合实力进入世界制造强国前列。

制造业是国民经济的主体,是立国之本、兴国之器、强国之基,2017年制造业占国家GDP的42%。18世纪中叶开启工业文明以来,世界强国的兴衰史和中华民族的奋斗史一再证明,没有强大的制造业,就没有国家和民族的强盛。打造具有国际竞争力的制造业,是我国提升综合国力、保障国家安全、建设世界强国的必由之路。《中国制造2025》提出,坚持"创新驱动、质量为先、绿色发展、结构优化、人才为本"的基本方针,坚持"市场主导、政府引导,立足当前、着眼长远,整体推进、重点突破,自主发展、开放合作"的基本原则,通过"三步走"实现制造强国的战略目标。

因此,"中国制造2025"也可以说是供给侧改革的利器,并与之在提质增效方面有异曲同工之妙。总之,不管是供给侧改革,还是"中国制造2025"都是从中国最高管理层所明确提出的顶层设计,企业在质量管理和产品质量方面都必须顺应大形势,才能够顺应改革和广大消费者的需要,从而立于不败之地,并为社会和消费者带来福音。在未来十几二十年里,如果还在埋头血拼价格、埋头低端、低质的产品制造,这些企业迟早都会葬身于商业大海中。

3. 政府首脑及质量部门

(1) 物勒工名

吕氏春秋上首次提到了"物勒工名",意思是,器物的制造者要把自己的名字刻在上面。对于历史学家来说,这些看似普通的文字透露的是军事工业的管理机密。但作为质量人员,我们看到的是产品质量责任制,任何一个质量问题都可以通过兵器上刻的名字查到责任人。秦国的法律对失职者的惩罚是非常严酷的,这就是物勒工名的用意。在陕西秦始皇陵兵马俑坑中出土的铍、戈、戟、矛等大量兵器,器身都铭刻了制造管理者、工厂和工匠的名字。

物勒工名的主要目的,是为了提醒产品制造者重视产品质量,不得偷工减料,并警告万一发现质量问题就会追溯产品质量责任人,并且这还是终身责任制。所以在这个制度下,效果还是非常明显的。1974 年,考古人员在兵马俑坑中发现几万件兵器的质量几乎都是同样过硬的。是怎样保证每件兵器的质量呢?研究人员发现,在兵器上刻着一些文字,它们大多是人名。物勒工名就是其质量管理非常重要的一项管理举措。

现代社会也可以借鉴古代的这个管理办法,特别对于大家痛恨的豆腐渣工程是可以借鉴的。南京市就在2012年1月20日下发了《南京市市政建设项目管理若干规定》，其中提出工程竣工验收合格后，建设单位应当在建筑物明显部位设置永久性标牌，载明建设、勘察、设计、施工、监理单位的名称和主要负责人姓名，让"豆腐渣工程"的五个项目负责人"无处遁身"。大家都知道这些年来豆腐渣工程一直是人人喊打，却久打不绝。云南省投资3.8亿元修建的云南省昆禄公路，正式通车才18天，就出现路基沉陷、路面开裂；海南东线高速公路十字路出口至东山湖野生动植物园的旅游专线，通车11天就出现破损；在2014年的4月到9月半年塌方15次的郑州三环路总投资24.9亿元，这样一条双向八车道设计时速80公里的高级城市道路却仍然变成了"豆腐脑工程"。这些都是严重的质量问题，也是良心的问题，是诚信问题。政府必须严抓和重点打击。如果能够物勒工名，并且实行质量责任终身制的话，我想这些产品质量和工程质量是应该能够得到有效的控制和好转的。

物勒工名的目的主要是为了提高产品制造者的质量责任心，但当产品万一出现质量问题，还可以起到产品质量责任的追溯性的作用。只有追溯到质量问题的责任者，才可能对责任者进行警示，甚至处罚。在现代社会，只有少数行业可以延续物勒工名，如前面所说的建筑业。另外，制造大型机器、设备也可以。比如，长春客车生产高铁的装配车间，涉及行车安全的79道工序都采用了实名制作业，从而确保制造质量和产品安全。除了少数产品和行业，剩下的很多产品和行业没有必要物勒工名。比如手机制造，有许多工人操作才能够完成，如果每个工位所做的零部件加工或装配都标示出生产者的名字，那么消费者也会为这些额外的工作买单而最终得不到实惠。但物勒工名的意义是好的，方式方法可以变通的。政府质量技术监督部门和质量技术检验检疫部门，对生产者和流通领域的产品进行监督和抽查，严厉打击不合格产品，可以起到物勒工名的作用。因为，如果有产品质量问题至少可以追溯到厂商和销售商，厂商和销售商再往下追究责任。

虽然国家质量管理和监督部门大力查处了不少产品质量案件，但对这些不合格品的处理及其生产厂商的惩罚不太严苛，因此不良商家们总是存有侥幸心理。另外，质检部门本身也存在问题，朱镕基当总理期间就急风骤雨般地给予过批评。2001年3月6日，与全国人大代表谈到《焦点访谈》报道四川医疗废弃纱布、棉花做棉被事件，朱镕基痛斥说，他那天看了以后，就说我们政府都干什么去了？当时《焦点访谈》节目里面那个质量技术监督局局长还说，"我们还没有相应的法律来制裁这个事情"。朱镕基当天晚上就给国家质量技术监督局局长李传卿同志打电话，说那个局长放屁！还没有法律？保护人民生命健康就是一条法律嘛，还要什么法律呀？！赶紧到四川去，跟省有关领导商量，把那些人依法严惩。后来法办了。人民生命健康，政府不保护,谁来保护呀!后来朱镕基再次谈到《焦点访谈》报道的几起质量事件时,也是拍案而起。所以,国家质量管理部门和政府相关部门在"抓质量、保安全、促发展、强质检"等方面任重道远。

同样,李克强总理在2014年的"中国质量(北京)大会"上说,"质量安全问题,关键在防范。要充分运用'大数据'等现代科学技术,建立科学的监督抽查制度和产品伤害监测体系,加强风险分析和监督抽查。市场经济是法治经济。要严厉打击质量违法行为,严肃查办制假售假大案要案,特别是对危害公共安全、人民健康和生命安全的质量违法行为,应在经济上重罚、法律上严惩。市场经济也是讲道德、讲诚信的经济。要紧紧抓住质量诚信这个'牛鼻子',加快建立企业质量信用档案、信用公示制度和质量'黑名单'制度,实施质量信用分类管理,加强企业信用约束,加大企业失信成本,使从业者不想、不敢、不能生产经营劣质产品、提供劣质服务、建设劣质工程、损害生态环境。要坚持标准引领,加快完善国家技术标准体系,加快强制性标准改革,不断提升标准的先进性、有效性和适用性。公开产品和服务标准,确立中国质量对市场的'硬承诺'"。

物勒工名原意是为了警告制造者要重视产品质量,不然会因为工作失误、失职等原因而被追溯和追查责任。但后来物勒工名又衍生出产品商标的一种做法,也就是说产品上带有厂商的名字，只要质量和技术过硬，今后市场上看到这个商标就相信其质量。一个国家或企业真想搞好产品质量，以标榜信用和质量先进为作用的"物勒工名"才是大家所倡导和追求的，为了追查低劣质量者的责任的"物勒工名"只是为了追责不讲信用的企业。

（2）诚信社会

要把质量搞好，光是靠惩戒和检查等办法是不够的，还得从文化方面想法。2016年3月十二届全国人大四次会议闭幕后，国务院总理李克强在人民大会堂三楼金色大厅会见采访的中外记者并回答问题时指出，"现在经济领域有不少大家诟病的问题，像坑蒙拐骗、假冒伪劣、诚信缺失，这些也可以从文化方面去找原因、开药方。市场经济是法治经济，也应该是道德经济。发展文化可以培育道德的力量，我们推动现代化，既要创造丰富的物质财富，也要通过文化向人民提供丰富的精神产品，用文明和道德的力量来赢得世界的尊重。"这确实是中国多年来面临的巨大挑战，一些人为了利益没有诚信，坑蒙拐骗。比如，我们手机经常收到各种骗人的假信息、各种不良信息，以及恶意扣费程序等。这在最近几年的"3·15晚会"上也有报道，相关部门突击抓一段时间，但整体上并没有完全解决。有一次一位外国同事也收到关于开假发票的中文信息，我当时问在场的几位欧洲同事，欧洲有没有像这样的信息，他们表示没有。我在欧洲也被一个人骗过两欧元，但整体上欧洲的诚信度还是很高的。正是因为基于诚信社会，我到过的一些欧洲的火车站才不用检票入站，自己买了票等到火车来了就上车。当然，火车上也会有工作人员不定时地抽查是否有票。他们普遍认为诚信是做人的基本品德。在欧洲的文化传统中，"骗子"是一句很重的骂人话，名著《简·爱》中的主人公上学时因为被老师骂"撒谎"而伤心欲绝。在诚信缺失的社会，质量也是个问题，因为质量的本质在很大的程度上来说就是对客户负责，就是诚信。

诚信在我国传统文化中的内涵，侧重于以自律为特征的道德原则。比如，《论语·学而篇》有"吾日三省吾身，为人谋而不忠乎？"《为政篇》有"人而无信，不知其可也"。另外，在我国几千年的封建历史上，小农经济长期占据主导地位，在自给自足的自然经济条件下，简单的商品交易数量有限、范围狭小，局限于有亲缘、地缘关系的亲朋好友、族人、乡人之间，碍于社会舆论的压力和与乡亲们长期友好相处的愿望，类似"买卖公平、童叟无欺""一言既出、驷马难追""一言为重百金轻"等道德要求来调节人与人之间的经济纠纷。简单说来，就是以儒家思想为主导的中国传统文化，其中的诚信原则在现代商品经济社会里仍然是值得提倡的，符合契约式商品经济社会里诚信的条件。

西方国家的诚信原则，是建立在商品交易基础上的契约诚信，说直白点就是更接近法治思想。早在公元前数百年，古罗马帝国就制定了万民法，不但用诚信契约来规范商品交易当事人双方的权利和义务，还规定了诚信诉讼的具体程序。比如，雅典城邦在公元前621年制定的法规中就规定，允许债权人将欠债不还的债务人卖到国外或变成自己的奴隶。所以，在西方社会，对诚信的理解侧重于作为调节经济和社会生活中人与人之间利益关系的法律规范。

通过比较我们可以得知，中国以前走的是儒家的路线，强调道德。道德似乎主要是君子、老实人、老好人的自主修养和自我约束，对一部分人也可以起到感化的作用，但对真正会作恶的人，道德说教和感化就不管用了。为了建设诚信社会，为了警戒作恶的人，还得两手抓、两手硬，一手抓德育、一手抓法治。改革开放后，颁布了《民法通则》，确立诚实信用为民事活动的基本原则。在随后陆续颁布的《合同法》《产品质量法》《反不正当竞争法》《消费者权益保护法》等法律中，据不完全统计，涉及诚信的法规有四十多条，但这些法规大多是没有处罚细则的原则性的要求，很多人不怕这些处罚。另外，即使对不讲诚信的个人和企业也有具体处罚规定的法律条款，但明显偏轻，起不到有效的吓阻作用。比如，《消费者权益保护法》第四十九条规定，经营者提供商品和服务有欺诈行为的，只赔偿商品价款或服务费用的一倍；《产品质量法》第五十条规定，对生产、销售假冒伪劣产品的企业，只处以商品货值金额50%以上三倍以下的罚款；《产品质量法》第五十七条规定，对出具虚假产品质量检验结果的认证机构，只给单位处以 5 万以上 10 万以下罚款，直接责任人只处以 1 万以上 5 万以下罚款。处罚如此之轻，且留有很大的弹性模糊空间，在人情风、说情风盛行的情况下，最后可能象征性地罚点钱了事。相比而言，欧美等国在遇到质量欺诈事件方面的处罚力度要大得多，至少要让不诚信者付出惨痛的代价，从而起到震慑作用。

诚信在一些发达市场经济国家还有一个重要的基础，就是每个人或每家企业都有一个伴随其终身的社会信用号码，个人和企业的名字可以改变，但社会信用号码是不能改变的，个人和企业的所有信用表现，都会永远记录在这个社会信用号码之下。这些号码都纳入公共信用征信管理数据库，便于企业和社会公众迅速在网上获取信用资信信息。在社会诚信管理运行机制方面，很多发达国家个人和企业的诚信度，对其日常生活和经济活动每时每刻都产生着深刻的影响，建立支票账户，办理保险业务，获取银行贷款，直至申请租房，安装家用电话，使用水、电、煤气等，都需要信用担保。在美国，公民在资信公司的评估中，得分在 700 分以上，几乎可以不用抵押和担保得到银行贷款；如果在 600 分以下，就意味着个人信用破产，不仅贷不到款，而且在社会经济活动中寸步难行。

诚信不仅关乎产品质量，也影响工作质量。诚信缺失的社会不仅增加交易成本，也降低企业的经营效率和竞争力。诚信问题我们已经讲了很多年了，但还没有从根本的法律上、社会信用体系上等全面、完整地建设起来。我国要建设成质量强国，必须建立诚信社会，否则假冒伪劣产品会影响中国质量的形象及社会的质量文化。

（3）标准

产品标准是提升质量的重要支柱，德国的产品质量就离不开德国众多的质量标准。我国要提升整体质量水平，也得靠标准指引。当然实力强的企业可以参与标准的制定，甚至引导标准的走向。实力强的企业通常也是超过基本的国家标准或国际标准的。一般而言，标准是产品所允许的最低规格，只有实力弱的甚至想投机取巧的企业往往在标准的边缘徘徊，甚至达不到最低标准。

无论如何，提高标准会推动整个国家的产品质量和技术水平。反之，则整个国家的产品质量和技术水平都会受拖累。2016年3月7日，人民日报"两会e客厅"邀请了国家质检总局局长、党组书记支树平和格力董事长董明珠就如何看待标准与质量的关系谈了他们的看法。

支树平：习近平总书记指出，标准决定质量，有什么样的标准就会有什么样的质量，只有高标准才有高质量。首先，标准规范了产品质量特性指标，是衡量产品质量的尺度和技术依据，在某种程度上能够反映产品质量的优劣；其次，标准也是质量监督的基础和依据。这些年我们一直强调标准引领，努力追赶国际先进水平。2005年至2015年，我国承担国际标准组织技术机构数量由6个增至78个，提出国际标准提案数量由36个增至340个，主导制定国际标准数量由18个增至189个。这也从一个侧面说明，我国标准与国际标准的一致化水平正在不断提升。今年，我们还将进一步推进标准化工作改革，重点推进国内消费品质量安全标准与国际标准接轨，从而倒逼企业创新技术、改进工艺，逐步消除国内市场与国际市场的产品"质量高差"。

董明珠：标准是控制产品质量非常重要的一个因素。目前格力有1万多项企业标准，格力的企业标准高于国家标准和行业标准。我们主张国家有标准，国际有标准，但是从企业内心来讲，只有真正满足消费者要求的标准，才是最高标准。

支树平局长是从国家层面论及质量标准的意义。2016年4月8日国家标准委主任田世宏也指出，标准是装备制造业质量技术基础的核心要素，是行业管理的重要手段。坚持标准引领，建设质量强国、制造强国，是结构性改革尤其是供给侧结构性改革的重要内容，有利于改善供给、扩大需求，促进产品产业迈向中高端。李克强总理也强调说，要推动中国经济迈向中高端水平，提高产品和服务标准是关键。

而董明珠女士则道出了一个强大的企业是如何看待基本的国家标准和国际标准的，以及如何发展自己的企业标准的。任何一家有实力的企业都不应该只满足于基本的国家标准或国际标准，而应该以消费者的需求为最终目的。

(4)《质量促进法》

质量监督和惩罚是大棒,现行有质量的法律,像《产品质量法》《消费者权益保护法》等相关法律就是如此。但光有大棒还不够,还得有胡萝卜配合在前边引导。我国政府授权中国质量协会从 2001 年开始推动"全国质量奖",已经成为与日本、欧洲的奖项齐名的国家级质量奖励。为了进一步促进质量,国家质检总局于 2013 年开始每两年评选一次"中国质量奖",旨在表彰在质量管理模式、管理方法和管理制度领域取得重大创新成就的组织,以及为推进质量管理理论、方法和措施创新做出突出贡献的组织和个人。华为公司在 2016 年就获得了第二届"中国质量奖"!

除了中央政府重视质量管理建设,很多地方政府也非常重视。很多省都出台了的质量兴省的政策,很多市县也配合出台了质量政策。在该政策之下,各级政府也在评价质量奖,并奖励管理先进的企业。同时,一些地方政府还推动首席质量官制度和进行培训,以加强企业的质量管理水平和管理力度。安徽省更进一步,于 2013 年 8 月还正式建成了"安徽质量文化长廊",供政府、企业、学校等相关人员参观和交流。我在参加"第五届中国质量文化大会"的时候也去参观了一次,受到了强烈的震撼和启发。展览内容很丰富,从我国古代的质量管理和计量管理的技术,到近现代的质量发展历程,都做了深入介绍,让质量人也感觉到了中国质量管理的历史底蕴和现代的进步。另外,其也旁征博引了美日欧等发达国家的先进质量管理的历史和最佳实践,让质量人可以找到学习和借鉴的对象。

质量奖只是少数优秀组织和个人才可能获得的奖项。为了推动更多组织和个人追求优秀质量,2015年03月08日全国人大代表、甘肃省副省长夏红民首先建议提出适时制定出台《质量促进法》。2016、2017年两会期间有更多代表接力推进《质量促进法》。《质量促进法》能起到什么作用呢?我们不妨看看其他国家在这方面的历史经验。美国1987年颁布了促进质量的法案——公共法100-107《马尔科姆·波多里奇国家质量改进法》。德国、日本、韩国等也在发展到一定程度或一定时期时适时推出了"质量革命""质量救国"等政策措施,切实促进了经济实力和综合国力的增强。

我国近几年质量建设的步伐越来越快,动作也越来越实,以前常是只闻其声,现在有更注重切实的行动。比如,在2016年两会结束后不久,国家质检总局就召开了《质量促进法》立法研究工作启动会。国务院办公厅在2016年4月印发〔2016〕18号文件《贯彻实施质量发展纲要2016年行动计划》,并下发各省、自治区、直辖市人民政府,国务院各部委、各直属机构。这改变了之前只有纲要等宏观性文件的局面,出台了具体的行动计划,并责成各相关部门落实,包含五大方向、十八个要点。我节选其中部分内容享给大家,从中可以看出中国政府在质量管理提升方面的决心以及支持。

（一）深入开展质量提升行动。以空气净化器、电饭煲、智能马桶盖、智能手机、玩具、儿童及婴幼儿服装、厨具、家具等消费者普遍关注的消费品为重点，开展改善消费品供给专项行动，组织实施消费品质量提升工程，增品种、提品质、创品牌。突出抓好输非商品、输中东商品、跨境电商产品质量提升。

（二）大力提高劳动者职业技能和质量素养。

（三）积极推动质量技术创新。

（四）鼓励采用先进的管理制度和先进标准。

（五）大力推动品牌建设。

（六）加强质量整治淘汰落后产能和化解过剩产能。

（七）加强重点领域质量安全监管。

（八）加快质量诚信体系建设。

（九）加快构建质量和品牌社会共治机制。

（十）加强质量工作考核。深入开展省级人民政府质量工作考核，完善考核指标体系，进一步强调质量、品牌考核内容，科学制定考核方案，推动用好考核结果，抓好整改落实。指导地方政府将质量工作纳入市县绩效考核范围。开展消费者保护考核评价工作，督促银行业金融机构切实履行主体责任。组织做好2015—2016年度水利建设质量工作考核。

（十一）发挥新闻媒体的宣传监督作用。

（十二）推动外贸优进优出。

（十三）促进电子商务产业提质升级。

（十四）完善法律法规体系。

（十五）充分发挥质量技术基础的支撑作用。

（十六）加强质量和品牌教育及文化建设。

（十七）实施质量和品牌重点工程。

（十八）实施质量和品牌标杆对比提升工程。

地方各级人民政府要加强对质量、品牌工作的组织领导和统筹协调，结合本地实际，参照以上工作安排和部门分工，制定本地区的具体工作方案，细化任务，明确时限和要求，逐级落实责任，确保完成各项任务。

当然，在推进过程中也存在这样那样的问题。比如，地方的质量奖只是走形式，发给当地缴税大户，而这些缴税大户在管理上可能是大而不强，根本不符合质量奖的要求；或者，质量奖评委不具有足够高的质量素质和经验。

另外，存在其他一些问题，某些地方政府一方面在强调发展要从速度转向质量，但另一方面考核成果时还是追求进度、追求数量。比如，近几年在新能源汽车及光伏发电领域，政府大力补贴企业，但没有考虑某些企业急功近利的可能，许多企业在政府补贴截止日之前追赶数量和进度，这个过程无疑导致了诸多质量问题。即使某个企业想慢下来夯实质量，但是有可能被市场的快车甩下来。所以，政府在制定政策的时候一定要系统地考虑，充分考虑企业的逐利性，尽可能让"坏企业"淘汰，"好企业"更好，形成良性循环。

三、企业一把手给力质量管理

政府可以创造重视质量管理的大环境，但企业才是质量管理的主体。企业要想搞好质量管理和抓好产品质量，不仅需要全员参与质量管理，更关键的是一把手。正如大家戏称TQC为"头QC"一样，质量管理和质量改变必须从管理层抓起，特别是从企业的一把手开始。即使这个主意是质量部门提出来的，但最重要的是一把手会认为质量管理重要，意识到质量管理需要全员、全面、全过程用心地参与和支持，这也只有一把手才能够推动。一把手至少要经常强调质量管理，定期参与质量管理战略制定及评审，并授权给质量部门应有的权力。

下面我们就来看看具有先进质量管理的世界领先的企业是如何做的，更重要的是这些企业的一把手及领导层是如何支持质量管理的。

1. 任正非的质量管理思想体系

在众多企业中，华为公司绝对算得上是重视质量管理的一家企业。在华为公司制定《华为基本法》时，提出了四个目标,排在第一的就是质量,第二是人力资本,第三是核心技术,第四才是利润。其实,这四个目标是一个有机的整体,通过人力资本抓产品的质量和技术创新最终获得客户,获得利润!把质量放在第一,体现了华为公司以质量为保障的决心。《华为基本法》第八条提出了关于质量的目标:"我们的目标是以优异的产品、可靠的质量、优越的终生效能费用比和有效的服务,满足顾客日益增长的需要。质量是我们的自尊心。"任正非也曾指出:"我们决不能为了降低成本,忽略质量,否则那是自杀或杀人。搞死自己是自杀,把大家都搞死了,是杀人。"企业一把手对质量的态度决定了公司做事的方式方法,任正非对待质量比"质量就是诚信"的层次还更进了一步,因为他认为质量做不好还丢了自尊心,甚至把差质量比作杀人害命。而有些企业在质量方面认为能够蒙混过关就可以了,这是短视的做法,当然企业的格局也就受限。

华为公司质量管理体系的运作方式,在其基本法中有明确表述:"优越的性能和可靠的质量是产品竞争力的关键。我们认为质量形成于产品寿命周期的全过程,包括研究设计、中试、制造、分销、服务和使用的全过程。因此,必须使在产品寿命周期全过程中影响产品质量的各种因素,始终处于受控状态;必须实行全流程、全员参加的全面质量管理,使公司有能力持续提供符合质量标准和顾客满意的产品。"另外,其基本法中把质量管理方针、目标等作为

制度给固定下来,从而使其质量管理"法治"化。《华为基本法》中的相关质量规定如下:

第七十八条　我们的质量方针是:

1. 树立品质超群的企业形象,全心全意地为顾客服务。
2. 在产品设计中构建质量。
3. 依合同规格生产。
4. 使用合格供应商。
5. 提供安全的工作环境。
6. 质量系统符合 ISO 9001 的要求。

第七十九条　我们的质量目标是:

1. 技术上保持与世界潮流同步。
2. 创造性地设计、生产具有最佳性能价格比的产品。
3. 产品运行实现平均 2000 天无故障。
4. 从最细微的地方做起,充分保证顾客各方面的要求得到满足。
5. 准确无误地交货;完善的售后服务;细致的用户培训;真诚热情的订货与退货。

《华为基本法》,是华为公司在管理者、技术骨干、业务骨干、基层干部中推选出 10% 的员工,进行修改论证,拟出清晰提案;然后从这 10% 的员工中,再推选 20% 的员工,与董事会、执行委员会一同审议修改部分提案;之后将提案公布,征求广大员工意见;最后由董事会、执行委员会、顶级优秀员工代表进行最终审批。因此,其基本法

第一篇
中国质量4.0之道

中所确立的质量管理原则、方针和目标有管理层和优秀员工的参与、认可和支持，质量管理的方针和政策在执行的时候也容易落到实处。

华为公司除了拟定顶层的质量策划和战略之外，在实践中也引入了诸多手段。最出名、投入最大、功劳最大的当属华为公司于1998年开始花数亿人民币从美国IBM公司引入的集成产品开发（Integrated Product Development，IPD）体系。IBM在华为做项目咨询时，参与人数最多达到270人，最少也有20～30人。任正非非常重视IBM的咨询顾问，并真的想把IPD学到家，不仅没有对IBM提出的高额咨询费讨价还价，而且亲自批准为顾问们准备单独的海景办公室，新购置办公家具，连办公室如何布置都是按IBM顾问发过来的传真布置的。实施IPD也带来了严峻的挑战，特别是2002年进入了IPD的攻坚阶段，可是在此期间也遇到了全球互联网泡沫，华为首次出现了业绩滑坡，成本急剧上升，利润大幅度下降。屋漏偏逢连阴雨，众多不适应IPD管理的核心研发团队也相继离职，任正非也一度患上了抑郁症。但在任正非坚定的决心和毅力下，华为硬是消化、理解和细化IPD。2005年后，华为对IPD已驾轻就熟，开始结合自己的产品战略、产品开发特点进行了大量的IPD优化。比如，华为将IPD与营销管理（Marketing Management，MM）和需求评审（Offering Requirements，OR）对接，实现了IPD端到端的衔接流程。解决了IBM-IPD"规划→开发"所面临的需求驱动不够、客户需求响应不够的问题，让华为几万人的开发团队如同小型开发团队一样轻盈，可以快速、低成本地满足客户需求。另外，根据软件研发业务工作量大且相对独立的特点，华为针对 IPD 流程进行软件开发适配，推出集成 IPD – CMMI 流程。2007～2010 年，华为吸收了敏捷方法在软件开发上的优点，考虑了电信嵌入式系统庞大而又复杂的差异，形成了适合华为的 IPD + 敏捷开发流程，将软件从重型过程管理转向轻量过程管理。2008 年后，华为开始降低 IPD 的厚重性要求，IPD 流程运作与项目管理（Project Management，PM）更高效、实用与灵活。针对客户开发、小产品开发，推出 IPD 小项目流程。总之，外界还以为华为一直在用 IBM – IPD，其实那只是华为前 5 年的僵化 IPD。当华为掌握了 IPD 精髓之后，开始优化 IPD 流程，让流程运行得更具现实意义，且更有效率，成为华为不断发展的助推器。

关于华为 IPD 的僵化、优化和固化三部曲，我通过在西门子公司的经历可以深刻地理解。西门子的研发流程也不仅是关于研发技术工作的质量流程，同样要考虑整个产品的生命周期。从市场调研，产品组合策划，需求调研、评审和确认后，再讨论设计的可行性分析和验证，供应链和生产可行性，最后综合评审市场、技术、原材料价格和生产价格等各种要素后，决定是否真的投入人力和资金开始研发。研发过程也是跨部门的沟通、协调和项目管理。研发流程也是类似 IPD 的过程，但同时融入了 CMMI 的管理模式，精益思想和敏捷技术。后来公司开展零缺陷质量文化项目之后，也融入和更新了研发过程的质量管理工具和流程要求。西门子的研发流程也是定期更新，之前大概每半年更新一次，后来大概每年更新一次，以保证流程与业务需要匹配，并让流程服务于业务需要。

再回到华为的质量管理，除了研发领域的大力投入之外，华为于 1997 年在制造部门引入了德国弗劳恩霍夫协会（Fraunhofer – Gesellschaft，FhG）做质量管理顾问。在其帮助下，华为完成了 21 条生产线的工艺和质量控制的重整。经过重整，华为产品的质量水平得到了大大提高。质量体系 ISO 9000 和 TL 9000 系列更是华为早期的质量管理标准，并贯彻始终。这两个体系的质量手册在开始运行的前几年都是任正非亲自评审并签字确认的。在质量方法和工具引入方面，研发部门和供应链包括生产部门也引入了六西格玛。因为第一期六西格玛只有黑带培训但没有项目辅导，所以华为第一期的六西格玛黑带培训不成功。2003 年，我还通过了其生产系统总经理的六西格玛黑带面试，但因为六西格玛最终被暂停，所以我也与华为公司擦肩而过。后来，华为再次从六西格玛工具开始培训和应用，有了一些效果，并逐步增加培训及项目实践。2014 年华为给我打电话邀请我做六西格玛资深黑带，我婉言拒绝了。

华为的供应商质量管理也非常优秀，在培训和能力资格认证方面也非常优秀，在日常管理方面的严苛要求等，这些都与产品质量密切相关。总之，从任正非对质量的看法和高度的重视，《华为基本法》所正式确定的质量基调，到引进质量管理的各种流程、方法和工具，以及各个环节的严苛管理，还有以奋斗者为本的优秀敬业的华为人，华为的质量没有理由不过硬，工作效率和效益没有理由不成为业界标杆。华为，可以说是中国企业的一面旗帜，也是质量管理的一面镜子！

毫不意外，华为于2016年凭借"以客户为中心的华为公司质量管理模式"荣获了第二届"中国质量奖"制造业奖项。华为首席质量官李刚表示："这是对华为长期坚持以'质量为生命'的肯定和褒奖。"华为在获奖的过程中其实经历了以规范化的流程和制度建设的一个长期的过程，后来再强化了客户的高标准产品标准和质量要求，在保证了产品的具体技术和质量之后，华为意识到质量文化对全员质量意识的重要性，因此引入了零缺陷质量管理文化。所有的质量管理方法和实践都是为了客户的满意，华为获奖就是因为以客户为中心的闭环质量管理体系。具体做法是，在每年的客户大会上，华为邀请全球100多个重要客户的CXO用三天时间研讨。其中，重要的一个议题就是请客户提意见，然后华为梳理出需要改进的TOP10清单，并组建内部改进团队。第二年开客户会议时，再向客户汇报改进情况。华为就是这样倒逼自己运用各种方法不断地进步，以此满足客户需求。可以说,华为获得"中国质量奖"也是客户给的!

2. 坚持品质改变世界的三一重工

我对于三一重工的直接认识,主要来源于千百次路过其位于北京北清路的工厂。这座工厂最引人注目的标示语就是"品质改变世界";路过时还可以看见的是"三一重工"这四个字,外面再看不见其他广告语了。所以,作为质量人,我深受感动。打开三一重工的网页也会惊奇地发现,"品质改变世界"紧挨着"三一集团"这几字。

我们来看看三一重工创始人心里是如何想的。2014年11月11日,十八大代表、三一集团有限公司董事长、三一重工股份有限公司董事长梁稳根接受了几十家中外媒体的采访,他表示:"三一要用品质改变世界,以极高的品质改变中国产品的世界形象。我希望国家继续改革开放,深化改革,开放更多的市场给民营企业,给民营企业更大的发展空间。"在另外一次采访中,董事长梁稳根是这么说的:"质量是价值和尊严的起点,是惟一不可妥协的事情。三一重工把质量工程作为'尊严工程',在产品中赋予人的尊严,是形象、信誉、信心、力量的结合体。"可以说,三一重工把"品质改变世界"作为公司的使命!

据中国路面机械网报道,三一重工于2015年1月发布了2014年度《质量白皮书》。这本500多页的大部头,没有任何修饰,客观记录着三一重工在 2014 年质量方面的成绩与不足,它不是功劳簿,却更像是时刻为三一重工敲响警钟的大棒。面对出现的问题,三一重工董事长梁稳根严令整改。他也再次强调,品质是价值与尊严的起点,只有持续不断地努力改善,才能真正实现"品质改变世界"的目标。

正是由于三一重工一把手对质量的重视,才使得三一重工质量水平不断提升,市场地位得到巩固,产品性能与可靠性趋于成熟,整体质量水平在国内行业处于高水准,产品的性能、可靠性接近甚至达到标杆,部分产品已经达到国际一流水平。过硬的产品质量也受到了市场的认可,三一重工产品的市场占有率多年第一。

3. 走向国际的航天质量制胜战略

中国航天科工集团,可以说是我国乃至世界质量管理方面最严格、最系统的单位之一。2010 年之前就取得了诸多成就,但中国航天科工集团并不满足现状,于 2010 年 3 月 22 日,第 17 个航天质量日,发布了《质量制胜战略报告》。其目的是为了打造国际一流航天防务公司,以及实现经营发展模式转变、完善质量工作的长效机制。下面我就把该报告中的干货整理一下,节选如下:

(1) 持续改进,积极构建运行有效的质量管理体系

集团公司坚持"体系为基、预防为主、追求卓越、用户满意"的质量方针,建立了一系列行之有效的质量规章

制度和标准,深化了质量管理体系建设。集团公司总部开展了涵盖所有管理和服务职能范围的质量管理体系建设工作;集团公司高度重视质量管理体系运行,不断完善组织机构,加强体制机制建设,努力提高质量管理体系的成熟度,体系运行保持了较好的适应性、有效性。

(2)继承创新,强化实施具有航天特色的产品实现过程控制。

集团公司大力推进并有效实施"零缺陷"系统工程管理,建立了型号产品保证、一次成功技术保障分析、质量问题技术归零和管理归零标准、质量隐患技术防范和管理防范准则、科研生产关键人员质量审核机制、元器件装机许可证等一整套科学、先进和具有中国航天特色的质量管理理念、理论和方法。在研制生产航天产品过程中,建立了型号质量责任制,完善了型号质量保证组织系统、型号质量师系统、型号质量监督系统。系统地开展了型号产品保证策划,强调吃透技术、吃透状态、吃透规律,关注并处理好继承与创新、成功与成熟、成熟与可靠的关系。大力推进元器件"五统一"管理、软件工程化、技术状态控制、产品测试充分性和天地一致性分析与验证、质量风险管理、质量检查确认,强化质量预防。推进质量精细化管理,对设计、生产、试验和售后服务全过程实施系统的、严格的过程质量控制,与用户建立一体化的服务保障体系,做到质量管理有依据、有记录、有对比、有检查、有结论、有改进。

(3) 全员参与，深入开展航天先进质量文化建设

集团公司继承航天的优良文化传统，以"严肃认真、周到细致、稳妥可靠、万无一失"为宝贵财富和精神动力，并不断结合新的形势和质量实践，赋予其新的内涵，逐渐形成以质量价值观为核心，以"重心前移、系统预防"为特征的航天先进质量文化。在"十五"和"十一五"期间发布了《中国航天科工集团公司质量文化建设纲要》，并通过航天质量日和全国质量月活动以及设立"中国航天质量奖"等多种形式在全系统广泛开展群众性的宣传、教育、交流、研讨等主题活动，开展"质量精细管理""产品质量对标管理""生产操作五自管理""质量放心岗"和"质量预防奖"等实践活动，大力弘扬航天先进质量文化。集团公司于2009年3月，发布了新版《质量文化手册》，积极倡导"零缺陷"理念，丰富"零缺陷"系统工程管理内涵。集团公司广泛开展了质量创新、产品创优等实践活动，取得了一批重要成果，获得关于质量管理方面的多项奖励。

(4) 统筹安排，不断提升质量基础保证能力

集团公司不断加强质量基础保证能力建设，大力开展技术改造，完善了技术支撑体系。为满足当前和长远需求，集团公司积极开展了质量与可靠性保障条件建设和航天产品全寿命期可靠性保障工程建设，通过争取国家支持和加大自主投入，使计量、元器件软件评测、可靠性试验验证手段等技术基础条件得到改善，形成了较为完整的系统、

整机、元器件、原材料等试验检测能力。积极开展了质量技术基础研究工作,完成了近700项技术基础研究项目;完成了1万多项设计、试验、工艺规范的编制工作,并得到有效实施;建立了16家质量技术支撑机构,并获得了国家和国防实验室认可;质量管理信息化建设得到加强。注重质量管理和质量技术队伍的培养,有100余人取得国家注册质量工程师资质,有一批人员获得国家注册一级计量师资质。

(5)质量管理"五化"目标

即使航天人取得了如此卓越的质量管理成绩,仍旧不满足当前,继续制定质量制胜战略的新目标和新任务。实施质量制胜战略的发展目标是:到2020年末,集团公司在航天防务、信息技术、装备制造三大主业的产品质量保持国内领先水平,达到国际同行业先进水平。努力实现型号飞行试验"一次成功"、产品交付"一次合格"、质量损失成本显著降低、顾客满意度大幅提升。

到2020年末,质量管理能力和水平保持国内领先、达到国际先进水平,实现"五化"目标。

质量工作系统化。以系统科学的理论和方法为指导,整体、综合、动态、开放、分层次地开展质量工作。

质量经营绩效化。以卓越绩效模式不断推进基于全面质量管理的企业经营。

质量控制工程化。以先进的工程技术在产品实现全过程中进行定量和定性的控制。

质量改进人本化。以全体员工的积极性和创造力持续改进质量，并享受质量改进的成果。

质量管理信息化。以信息化方式全面提升质量管理水平和能力，达到管理规范、流程清晰、信息畅通、动态控制。

集团公司实施质量制胜战略的主要任务概括为"一、二、三、四"。即，突出"零缺陷"系统工程管理主线；深化航天先进质量文化建设和航天一流品牌建设；健全质量管理体系、质量诚信体系、质量技术支撑体系；推进标准化战略实施工程、可靠性保障工程、质量成本管理工程、质量信息化工程。

如此高的质量制胜目标和战略任务，如果没有集团最高层的领导和支持是难以完成的。举例来说，2015年5月29日，中国航天科技集团公司召开传达落实装备质量工作会议精神专题会，传达学习会议精神，部署下一阶段集团公司装备质量重点工作。集团公司董事长、党组书记雷凡培，总经理、党组成员吴燕生，副总经理、党组成员徐强、杨保华出席会议。会议由吴燕生主持。会上，雷凡培带领参会者通过再一次学习习近平总书记关于装备质量工作的指示精神，进一步明确集团公司装备制造工作的使命责任，并结合集团公司实际，进一步阐明装备质量工作的严峻性。

2014年12月3日和4日，在全军装备工作会议中，中共中央总书记、国家主席、中央军委主席习近平就在会上发表重要讲话："要坚持质量至上，把质量问题摆在关系官兵生命、关系战争胜负的高度来认识，贯彻质量就是生命、质量就是胜算的理念，建立质量责任终身追究制度，着力构建先进实用的试验鉴定体系，确保装备实战适用性。

现在，中国航天的质量管理不仅得到国内同行的尊重和重视，而且也得到国际社会的认可和支持。2015 年 11 月，由中国航天科技集团主导制定的国际标准 ISO 18238《Space systems – Closed Loop Problem Solving Management》（航天质量问题归零管理），并由国际标准化组织正式发布。该标准深入总结了航天质量问题归零管理的成功经验和实践成果，是中国航天在实现产品走出去的同时，探索标准走出去的重要成果。该标准规定了航天产品承制单位对发生的产品质量问题进行机理分析、复现试验、采取纠正措施和举一反三等活动的基本程序与要求，得到了各国的积极认可。经过与法国、德国、美国、日本等国专家多轮沟通与协商，期间通过参加 7 次国际会议及近百次邮件沟通，收集并处理了来自德国、日本、俄罗斯、乌克兰、美国、巴西、英国等国家提出的 90 余项意见及建议，最终达成高度共识。

国际标准 ISO 18238 的发布是我国首次将具有中国特色的航天管理最佳实践推向国际，是我国向国际输出质量管理成功经验的重要成果，同时表明了我国也可以引领质量管理理论和实践。适合自己，同时又管用的质量管理理论和实践，就是好的质量管理方法，没必要崇洋媚外，没必要全部照搬，关键是活学活用。

第二篇
质量管理之领导力

第四章 质量管理的本质是企业管理

一、质量管理就是 QA、QC、SQE 吗 ································ 167
二、质量管理依赖管理质量 ·· 169
   1. 质量管理的本质是企业管理 ···································· 170
   2. 高层支持为纲 ·· 184
   3. 以人为本 ·· 187
   4. 文化为魂 ·· 193
   5. 以方法和工具为器 ·· 204
   6. 细节执行为基 ·· 208
   7. 质量为果 ·· 214
三、质量管理如何推动企业管理 ·· 215
   1. 质量管理"双五归零" ·· 215
   2. 质量管理的使命和"双重"任务 ···························· 219

一、质量管理就是 QA、QC、SQE 吗

最传统的质量管理主要是产品质量检验工作，常直接简称为 QC，到现在为止还有公司称质量经理为质量控制经理（QC manager）或质量检验经理，包括少数外资企业。当 1987 年 ISO 9000 出来之后，开始出现了 QA，所以为了体现管理的与时俱进就称质量经理为质量保证经理（QA manager）。这比 QC 的称呼进步很多，前提是 QA 还是做得不错。美国人费根堡姆开创了全面质量控制（"费"博士后来也意识到控制这个词的局限性，所以当某些演讲活动中主持人称他为 TQC 的创始人时，他总会打断并纠正说"那是过去的概念"），并在全球特别是日本开花结果。之后，日本更进一步将之拓展为全面质量管理，并传播到了中国。所以，目前有一部分企业的质量部门的总负责人就称质量经理或质量部长，不再称 QC 或 QA 了，少数也称为"TQM manager"。

虽然质量负责人的称呼有所变化，管理内容也有所变化，但主要还是围绕 QC 和 QA 在开展工作，即使后来有供应商质量工程师（Supplier Quality Engineer, SQE）或研发质量经理（Project Quality Manager, PQM）或项目质保

（Project QA，PQA）。SQE 主要作为供应商的 QA 及解决原材料问题的推动者，PQM 或 PQA 是研发质量的 QA。总之，这些职位都没怎么涉足企业管理的领域。QC 和 QA 工作主要围绕物理层面和事理层面的管理内容，是看得着、摸得到的产品、数据和流程等。虽然离不开与人的沟通、合作，但都属于日常例行工作或解决问题所需，并不涉及人员意识的改变，理念的提升，方法、工具和能力的引导等这些工作。传统的质量管理如此，传统的企业管理也是这样。《追求卓越》这本书里多次批驳和引述"理性主义管理""理性主义过分强调计算、分析……想要提升生产力时，只知道从投资下手，而不是激励员工的士气"。比如，《哈泼斯杂志》的编辑刘易斯·拉帕姆在一篇文章中说："他们老是谈论数字和重量——石油桶数、货币供给量，总是有关材料的，几乎不会谈到人力资源；以事物为主，而不是以人为本……"。这些也正是我职业生涯初期的情景，那时也是更关注物理现象、产品、技术、流程、数字、标准、机器等。这些也是"个人英雄们"关注的焦点，并且以解决了一个个棘手问题引以为豪。

显然，QC、QA 管理得再好，即使再算上 SQE、PQM、PQA 或客户质量人员等专业人员的贡献，也仅够满足公司运作的基本要求。比如，能够把不合格问题检验出来，能够在出了质量问题之后尽快处理掉，或者能够满足 ISO 9001 的证书要求，更好一点也就是公司有一套比较顺畅的质量流程让大家做事更顺畅一些。

不少公司的质量经理们或质量总监们也许习惯整天忙于应付质量问题，习惯听 QC、SQE 汇报质量问题，没有质量问题反而不适应，遇到质量问题的时候就好像大英雄。但这样真能把产品质量做到更好了么？

二、质量管理依赖管理质量

要想做好质量管理，必须依赖管理质量，不仅是管理好质量部门的那一摊事情和那一帮人，更要从管理好全公司的事情和全公司的人员的角度来思考和行动。当然，这首先是"一把手"工程。总之，质量管理的本质是企业管理！质量部门的工作只是质量管理的一部分工作，质量部门的工作除了 QC 工作之外，其他工作都要贯穿到整个公司的业务流程中！

如果没有优质的企业管理，即使质量管理方法再先进，也很难有好的结果。有人认为那些采用六西格玛管理的公司在质量管理方面会非常优秀，其实不一定。如果公司的管理基础很扎实，六西格玛是锦上添花，那么质量管理应该不错；但如果是通过六西格玛解决问题，则不管六西格玛为公司贡献了多少，都不要沾沾自喜地以为质量管理走在了世界前列。因为质量管理优秀的公司有一套优秀而成熟的新产品研发流程和体制,新产品开发就把功能和可靠性设计得比较稳健,并且通过了充分的早期测试和验证,确保产品质量稳定和可靠。其次,在设计过程中充分评估和验证了原材料质量,考虑和验证了可制造性、可安装性和可维护性。另外,还会进一步通过新产品原型机、工程样机、小批量试生产及客户现场测试,来发现和解决了新品开发中的各种问题。当产品批量上市的时候一切比较顺利,不需要动用六西格玛工具去发现一大堆问题加以改进。当然,产品研发过程也需要运用六西格玛方法,DFSS(Design for Six Sigma)中的某些质量工具还是比较有用的,但那毕竟只是产品开发中的某种工具而已。

除了优秀而成熟的新产品研发流程和体制之外,还需要优秀的供应链管理(Supply Chain Management,SCM)质量流程,以及整个公司的支撑流程。优秀的流程是质量管理的一个重要支柱。另外一个重要支柱是优秀的人才,并带来优秀的团队士气与合作精神。这一切都与管理有关,只有优秀的企业管理才有好的管理质量,好的管理质量才可以招聘到优秀人才,好的管理质量才能够把优秀人才的优势和潜力都发挥出来,质量管理及其所需要的产品质量就是水到渠成的事情。

1. 质量管理的本质是企业管理

质量管理的本质是企业管理,是基于以人为本的全部门、全员的企业管理,而不仅是质量部门的管理,不仅是质量检验员对原材料和产品的质量管理,也不仅是质量体系人员对质量流程的管理。企业的产品质量或服务质量不好,质量部门负有不可推卸的责任,但也有可能是最高管理者管理不善,可能是某个部门工作质量一直不高,可能是整个公司的工作氛围不好、工作理念和方法落后,可能是公司缺乏完善而有效的质量管理运营体系,也可能是执行力不好的问题等。

当然,如果以管理模块划分,那么企业管理包括战略管理、财务管理、人事管理、研发管理、生产管理、采购管理、IT管理、质量管理、行政管理、营销管理和销售管理等。从这个角度而言,质量管理只是分属于某一项具体的专业管理。但如果从质量管理和企业管理都涉及的技能和活动来看,质量管理和企业管理是很一致的。比如,质量管理需要组织、策划、沟通和协调;质量管理需要团队沟通与合作;质量管理离不开尽职尽责的员工;质量管理需要强调优秀的企业文化,又特别强调优秀的质量文化;质量管理也需要质量管理委员会,与经营管理委员会"异曲同工";质量管理也需要设立愿景、使命和战略,不然质量管理就变成了质量检验或例行工作;质量管理涉及产品和技术管理,但离不开流程管理和人事管理;质量管理是全员参与的管理活动,而不仅是质量部门员工的工作;质量管理离不开领导的参与和支持;质量管理也需要财务数据支持用金钱衡量不良质量成本……

从这些方面来看，质量管理的本质就是企业管理。

员工闹情绪了，产品质量难以保障；大家沟通不好、合作不畅，产品质量难以保证；经理管理不善、优秀的人才不服气或都离职了，产品质量也难以做好；如果没有比较先进的研发工具、实验设备、生产设备和比较舒适的工作环境，产品质量也受影响；供应商选择不当，会影响原材料及产品质量；人员招聘不当，也会影响工作质量和产品质量；员工工作能力不足或缺乏有效的质量方法和工具，质量策划和质量改进会受影响；某个方案考虑不周或某项工作失误，就可能直接导致产品质量问题；开会效果不好、开会次数增加、开会做出不良决策等，会导致员工压力倍增；沟通方式不当，如像踢皮球或用软件聊天的方式来多方沟通复杂问题，可能导致无果而终……

这些现象都可以说明一个道理，即企业管理不好，质量管理就不好，产品质量就没有保障。所以，质量管理离不开企业管理，如果公司的企业管理整体不善，质量管理难以独善其身。因此，要说清楚质量管理的困局，得先说清楚企业管理的问题。

（1）PPT 导致诺基亚公司兵败需求质量

美国 IBM 公司在进入危机的时候，引入了职业经理人郭士纳（Louis Gerstner）；芬兰诺基亚公司在危机的时候，找到新的 CEO 埃洛普（Stephen Elop）。郭士纳在进入 IBM

之后卖掉了IBM的大厦，而埃洛普也卖掉了位于芬兰的诺基亚公司总部大楼。郭士纳大幅裁员，埃洛普也裁员5000。郭士纳重新调整了IBM的战略方向，而埃洛普也重新对诺基亚的战略方向进行了定位。而且更有意思的一个细节是，他们都是公司所在领域的外行。IBM的郭士纳更是外行，他原先供职于食品公司。埃洛普相对好一些，之前是在美国微软公司工作，至少是技术公司。但是结果却是天上地下，一个成功、一个失败。郭士纳带领IBM重振雄风，而埃洛普和诺基亚却潸然泪下。

原因究竟何在呢？有人归结为战略失误、用人错误及被时代遗弃。但我认为根本原因是，PPT管理（也可以叫原则管理）害死了诺基亚！郭士纳是在做具体的业务管理，而埃洛普只做PPT管理，这就是差距所在。

管理的实践就是上行下效，老板做具体业务管理，大家的目标都聚焦于业务，业务当然发展得好；老板只做原则管理，大家都制作精美PPT，不真正关注产品，不真正关注客户，与质量管理的原则背道而驰，结果当然糟糕。

郭士纳，不仅制定战略目标，而且身体力行；不光布置任务，而且推动执行；不是坐在总部大楼的会议室里看胶片演示（他非常反感高层播放胶片，甚至规定胶片不能多于10页），而是飞到各地和基层员工交流、听取他们的意见。他不是光说要以客户为中心，而且亲自去拜访客户，聆听建议和批评。他甚至在欧洲总部访谈的时候发现员工都是安排好的,将欧洲总部的老板开除了。这与质量管理所要求的现实现物一脉相承。

领导如果玩真的,中高层必然不敢欺上,更不敢瞒下。其实何止郭士纳,优秀的 CEO 都是这样,譬如美国通用电气(GE)公司的杰克·韦尔奇,譬如美国苹果公司的乔布斯,我国华为公司的任正非。任正非在公司干部会议上屡次强调:"我们要让那些只做原则管理、宏观管理,不深入实际,不对监管负责任的干部下岗。"

而埃洛普是做 PPT 管理,高层经理经常都是作主持人,而不是行动者。他们把工作组织安排下去,听取精美的 PPT 汇报,根据汇报给予评价下达"指示"。他们制定自己想要的目标,但很少考虑这些目标的可行性和合理性,听取汇报,然后如不满意就痛骂一顿或炒鱿鱼。这样的典型代表还有第一次鸦片战争时候的道光皇帝。他习惯高高地坐在庙堂上发一道道旨意,要求前线将士英勇击敌,以助国威,然后进行"奖罚";结果敌国快打到北京了,道光听到的还是节节胜利的捷报,还在不断嘉奖。这背离了以事实和数据为依据的质量管理原则。

一位前诺基亚的销售代表曾说:"把雷赛和 GF 的调查报告的市场占有率作为第一考核放进了各级经理的 KPI 中,我们只好天天找他们作假。气球都吹到 39% 多(2008 年第 1 季度),纯属扯淡,根本没有。"一位中层经理说:"信息未能上达。高管都被蒙在鼓里……我记得这样的例子,当我做一个图表时,我的上司告诉我把小数点向右移动,这样才不会被骂。然后,我的上司去向高层展示。"这种吹气球和移小数点的做法,却恰恰就是很多公司存在的现象。

诺基亚的失败不是因为制度的失败,也不是因为诺基亚不以人为本。相反,诺基亚的口号就是以人为本,而且比许多公司都人性化。但空降的埃洛普在管理上却没有做到以人为本,以至于把手下能征善战的猛将都变成了最后的败将!因此,诺基亚最后败在高层管理上。

诺基亚的失败看起来与产品质量不相关,但是那只是狭义的产品质量。诺基亚是因为广义的质量问题,即它的需求质量不能很好地满足消费者的需求。诺基亚手机选择微软操作系统(Windows Phone)就存在严重的决策质量问题。质量管理难道只管理产品合格率吗?只管理市场返修率吗?不对,质量管理最重要的但也被忽视的是产品的方向和客户的需求正确性,以及客户的呼声是否被正确地转化成了产品的需求和质量特性。而诺基亚因为管理的问题导致错误的客户需求没有得到纠正。

(2)秦之失,在于政,不在制

唐代柳宗元在《封建论》中提到:"周之失,在于制;秦之失,在于政,不在制。"主要的意思是周朝失败主要在于分封制导致下面的封侯专政而灭亡周朝;秦朝的失败不在于郡县制,而在于上层的专政和集权的种种弊端。所以,高层管理非常重要,中国自实施郡县制以来的改朝换代,原因虽然繁多，但多数根本在于皇朝的无能。

　　国家和公司是不可能靠几个高层就管好的，中基层的管理也很重要。平庸的管理者要么导致优秀的员工离开，要么是带着员工一起平庸，最终组织进入"集体平庸化"和"集体无意识化"。一位优秀的管理者就像催化剂，是一股重要的推动力量。

　　对一个人和一个团队影响最大的，往往是其直接领导，他才是一个组织环境、文化核心决策的决定因素；他才是决定一个团队的状态和员工敬业水平的最核心的要素。一个部门换了领导，结果可能完全不一样；同样一批员工，但是所做出的成绩却可能截然相反。团队合作当中人与人之间也会有各种摩擦，谁能第一时间化解矛盾呢？员工有情绪和抱怨时，谁能疏导呢？员工有意见时，应该向谁提出来呢？员工有好的改善建议时，应该告诉谁呢？员工出现错误时，谁应该给出建议及处理意见呢？员工违规时，谁应该发现并制止呢？显然部门经理是解决部门日常问题的第一负责人，同时也是公司战略和政策执行的关键。如果部门经理不能够解决好日常的琐事，不能够充分发挥部门人员工作的积极性和聪明才智，那么就会影响部门的工作质量和绩效，当然这个部门做出来的产品质量也好不到哪里去。

　　这样的例子太多了，我自己就做过这样的对比。我曾经也遇到过不同部门经理的轮换，看到过很多前后的对比。有的部门经过部门经理的更换，部门业绩变得更好，工作关系变得更顺畅，更容易与团队沟通合作，员工更愿意承担责任而不是遇到问题找借口，更容易接受其他部门的意见或建议，更愿意多做工作，产品质量变得更稳定，工作效率更高，工作氛围更好，反之则更糟。管理水平高的经理，在员工犯错误的时候进行批评教育，员工还心服口服；管理水平不好的部门经理，在员工犯错时不仅不敢指出来，还要去哄员工。管理有方的部门员工是越干越有劲，即使工资增长幅度有限；管理欠缺的部门员工经常肚子里一堆气，抱怨多多。管理有方的部门虽然繁忙，但有条不紊，即使痛但也是快乐的；管理糟糕的部门即使懒散，但员工并不满意。总之，管理决定团队的沟通与合作质量，也决定了个人的工作质量，也决定了产品质量，也决定了个人和团队的成长速度及公司的长远发展。

（3）六西格玛项目 Vs. 系统管理

我曾经专职、兼职从事过近 10 年的六西格玛管理，自认为有些成就和心得。几年前也完成了一本书稿《六西格玛应用》，主要涉及六西格玛工具应用，有些难度，比较晦涩，所以没有出版。最近几年我也在跟踪全国六西格玛的状态，看到很多企业在积极参与，有一些每年都积极参与。我认为这是好事，这些用六西格玛的企业还是解决了不少问题。但是，六西格玛只是管理的一个工具而已，我看到很多六西格玛项目说合格率从 95% 提升到 99%，质量成本节约了几十万、几百万，生产效率提高了许多等。但是，这些多是救火式的质量项目。

每个公司需要扁鹊，但我认为更需要能治未病的扁鹊的哥哥，最终的目的是让黑带、绿带们找不到需要救火改善的项目。但是我看了大部分黑带项目、绿带项目都在救火，把一个山头攻克下来了，又去攻克另一个山头，很少看到攻克难关之后做举一反三的系统的管理升级。一个个六西格玛项目没有连成片，没有形成系统的管理，不过培养了不少消防员、大英雄。如果公司没有系统的管理举措，如果公司只是把解决一个一个难题当作管理，这样的六西格玛管理或六西格玛项目是有缺陷的。

一个朋友为一家北京的公司做了三年的精益六西格玛项目，公司把"地上的苹果"都吃光了，管理上也有一些改变。但该公司的总经理对产品质量还是不满意。后来这位朋友邀请我一同与该公司的总经理聊天，我就说六西格玛只是做了一个点，但公司还需要完整的以新产品研发为主导的 PLM（Product Life-cycle Management，产品生命周期管理）质量管理系统，供应链采购、生产、物流为主线的 SCM 质量管理系统，以及以客户关系和售后服务为主的 CRM 质量管理系统。除此之外，该公司某些关键管理人员还不能完全胜任岗位要求，也令总经理不满意。而这个硬伤难以通过六西格玛弥补。在公司没有完整的质量管理系统（不是一些教科书所谓的 ISO 9001）、没有优秀的人才的情况下，六西格玛项目很难从本质上对企业有太多帮助。

六西格玛并不是没有用,但也并不是那么神。我鼓励大家去学习和应用六西格玛,但千万不能把六西格玛当作万能的救火质量工具或者质量改进项目。大家都把 GE 的六西格玛当作标杆来学习,但大家知不知道今天的 GE 也不再那么迷恋六西格玛了,而仅把六西格玛当作一项质量工具或质量方法而已。同样的,美国另外一家六西格玛做得非常不错的霍尼韦尔公司也大力推进过六西格玛,但后来也淡化了,只是把六西格玛的工具和方法融入到研发流程和制造过程,并形成了霍尼韦尔运营系统(Honeywell Operating System, HOS)。该系统结合丰田生产系统(Toyota Production System, TPS)和六西格玛工具,迅速持续地消除变异并完善工作流程。当然六西格玛是持续改善的重要工具,但还需要预防系统作为补充,结合精益敏捷等先进理念和工具,来改善企业管理和组织能力。

(4)理念和思路很重要

管理很重要,如果公司的战略没有问题,公司的绩效就几乎等于管理的绩效。管理的理念和思路很重要,只有好的理念和思路,管理才有效率和效果。管理的理念和思路容易在以下几个方面取得成绩或者遇到阻力。

1)组织架构的设计

公司的组织架构决定了功能,这里面学问很多。研发机构的组织架构设计,是采取项目式的组织架构还是采取矩阵式的组织架构,这个决定了研发的效率和质量。纯粹的项目式组织架构效率高,但也有可能造成资源浪费,并且不利于专业部门的知识积累。比如,将所有硬件工程师、软件工程师、结构工程师、测试工程师等都分配到研发项目里,那么这些硬件部门、软件部门等就难以形成核心知识和经验积累。另外,这还会造成项目之间难以共享公共平台,因为每个项目都希望所有工程师为自己项目服务,就不太会考虑研发的模块化设计和知识库的搭建。所以,许多公司采用矩阵式的研发团队(矩阵式又可以分为强矩阵和弱矩阵),可以在实践中调整和优化。总之,研发的组织架构非常重要。

另外,我当然还得说一下质量管理部门的设置。一般而言,如果质量部门设置在供应链管理部门里面,质量部门一方面可能受制于供应链管理者的局限而难以选拔出合适的人才,另一方面定位太低很容易影响质量部门的功效。这样的质量部门要想推动研发部门和其他部门就比较难,推动供应商的采购和生产等部门也会受影响,质量部门的负责人也受制于较低的地位。

2)人才架构的建设

在搭建好了组织架构的情况下,人才的招聘、选拔和薪酬定位等也很大程度地决定了公司的发展。如果公司舍不得钱就难以招聘到优秀人才,因此公司的发展受阻。要招聘优秀人才通常又不得不花银子,但又担心花了银子也拿不回收益。所以很多民营企业就在这样的两难之间徘徊,最终是没有招聘到优秀人才而将就着活着。另外一种情况是，如果公司重视研发，就花了很多钱投入新产品开发，并花了不少钱招聘优秀人才，而其他财务部门（如人事部门、生产部门或质量部门等）可能不怎么重视，因此就形成了研发一家独大，但其他部门因为人才的原因在专业方面比较薄弱，最后导致公司的发展受阻，质量管理也受阻。

3）一言堂、民主集中还是完全民主

管理上，如果是一言堂模式的，行动快、效率高，但是弊端也很多。完全民主也有问题，就像英国脱欧一样，吵吵闹闹很难集中力量办成好事。我觉得，民主集中其实是最好的形式，先民主广泛收集意见，然后再小范围集中讨论，集中决策，最后由核心层拍板。最后的核心层决策步骤，可以根据事情的复杂程度和重要程度由不同人来担当和决定，也可能一个人最后决策，也可能 3~5 个人来定夺。开始的广泛收集意见步骤，可以设置不同范围，可以是全员的意见收集，也可以是某个职务或职位员工的意见收集，可以通过邮件或匿名调查收集，也可以通过某种形式的集中讨论。

具体到企业来说，比较好的方式就是至少每年要召开一次管理研讨会，总结和回顾公司当年的成败与问题，再针对某些突出的问题研讨接下来一年或几年的策略和行动计划。上了规模的企业一般都有管理研讨会，听格力公司的朋友说他们的经理人每年都要回珠海总部参加管理发布会和研讨会，并且期间还要参加军训。而一般的民营企业，特别是中小型企业，就缺乏这方面的管理活动。

4）凭经验管理还是专业化管理

很多公司都是凭经验管理，员工大部分也是公司自己培养起来的，与外界接触很少，也不怎么花钱从其他知名的企业聘请高手过来；另外，也不请外面的咨询机构，或者请了咨询机构而自己不够努力，或者没有找对咨询机构或咨询师，没有达到想要的结果，所以就再也不相信外面的咨询机构了。这样的结果造成两个问题：一是，第一次做对事情的能力比较弱；二是，持续改进的能力很弱。这当然对管理质量和质量管理都有很大的影响。

5）理念和思路的问题

每个公司的管理都不是一成不变的，需要不断探索新的思路，哪怕管理再成熟的公司也要与时俱进。就拿德国西门子公司来说，它170年的历史了，可谓相当成功，全世界能够找到寿命如此长的世界500强不多。但西门子公司在发展中也曾经存在理念和思路的问题。比如，公司从2008年开始搞了几年的以产品为中心的事业群（Sector）组织架构，以及以市场销售为中心的市场区域（Cluster）组织架构，增加了一层组织。发展了几年后效果不好，然后又撤销并重新调整和优化。这是在公司发展理念和思路上用了试错法。刚开始搞"Sector"和"Cluster"的初衷肯定是好的，但结果却造成组织臃肿、成本上升、反应缓慢等诸多弊端，益处也有但少于坏处。

有的公司的管理很完善，但因为总部机构或职能机构的人太多，所以这些"智囊团"就经常搞一些锦上添花的事情来折腾下属单位或业务部门，填各种表格或报告各种事情。下属单位或业务部门不得不花时间和精力去应付这些"钦差大臣"的要求。这样的公司就出现了管理过度的问题。

而有的公司管理粗放、不重视管理，凭经验或凭上级指令干管理上的活。出了问题之后，也没有通过群策群力及一定的流程和方法充分讨论，找出问题的根本原因，从技术和流程等各方面去举一反三进行改进。更糟糕的是，有时候最高管理层直接干涉技术问题，搞得下面乱了方寸和思路，忙得团团转。这样就是管理不足的问题。

我们都在学精益管理，精益管理倡导可视化管理，倡导现场、现实和现物的管理、沟通和解决问题，精益管理是延伸出"作战室"的管理方法。

但是，有些企业却被内部QQ这样的聊天软件沟通工具"绑架"，大家很多时间坐在工位用键盘沟通和处理问题，很少组织一些会议，并且通过会议解决的问题不多。并且，会议室通常是空着的。大家用内部QQ沟通后没有解决问题，或者偶尔召开的会议没有解决的问题，就认为这个问题没有解，久而久之就认为很多事情解决不了，大家就习以为常了。这样导致一部分员工总是认为某个问题需要其他部门解决，而其他部门通常不给力，所以遇到一些问题的时候就退缩不去碰。长期以来，问题一直堆积解决不了。

但是，有的公司在会议室里的时间太多了，会开得太多了，虽然解决了不少问题，但是效率比较低下。

总之，每个公司在管理上都存在或多或少的问题，这些问题既影响管理质量，也影响质量管理，作为企业的高层管理者一定要定期地梳理这些问题，用发展的眼光正确地面对这些问题，并抓住主要矛盾分优先级进行解决。

2. 高层支持为纲

为什么要高层支持质量管理呢？我们也许可以从朱镕基的讲话和行动得到一点启示。20世纪90年代先后召开过两次全国质量工作会议，在1992年4月28日召开的首次全国质量工作会议上，时任国务院副总理朱镕基提出："要实行'质量否决权'。""厂长不重视质量不能当厂长，市长不重视质量不能当市长，经委主任不重视质量根本不能当经委主任。""我们必须树立全民的质量意识。"1999年第二次全国质量工作会议朱镕基虽未出席，但认真审阅时任国务院副总理吴邦国的讲话稿，并作出重要批示。

从某种程度上讲，追求质量管理与逐利（尤其是急功近利）是冲突的。严格的质量管理需要投入必要的人力和物力进行质量问题的预防，包括必要的员工培训、制定必要的质量管理流程、开会花时间进行设计评审等；需要对不合格品进行必要的返工甚至报废，对市场有缺陷的产品进行召回；需要合理地投入人员进行产品的质量测试和检验，定期地审核质量流程的执行情况等。为了追求质量，有时候又不得不推迟产品的上市时间，而牺牲了一定的市场份额，非常痛苦。这一切看起来似乎并不增值，似乎与追求利润背道而驰。因此，一部分短视的企业在这些环节上进行了大量的精简，把质量上的投入压缩至最低，或者冒着质量风险出货。当然这样的企业大多发展并不理想，很少能够发展壮大。而相对可以发展壮大的企业，如华为、方太和联想等公司，在质量管理方面是"正规军"，甚至是优秀的质量管理标杆。

质量管理要想得到应有的重视，除了给质量部门粮食和子弹之外，更重要的是最高管理者要重视质量。只有最高管理者把质量放在心里面，各个部门才会把质量放到心里面，而不仅是质量部门重视产品质量。只有最高管理层营造质量文化、重视产品质量，全体员工才会把质量放在重要的位置。否则，公司就可能出现这样的局面：研发部门为了追赶时间，而牺牲设计质量；生产部门为了准时交货，而牺牲制造质量；采购部门为了降低原材料价格，而牺牲材料质量；销售部门为了争取更多的订单，而不顾质量缺陷，忽视需求质量；财务部门为了控制成本，而舍不得必要的投资……当客户忍无可忍投诉到总经理头上时，大家甚至一致指责这都是质量部门没有策划好质量管理体系，没有做好质量监控，没有做好质量改进所造成的。这也许有一定道理，因为如果总经理不重视质量，也就不重视质量部门的投入，当然也可能就把一位不太称职的质量管理人员放到质量部门负责人的位置上。这样，质量部门的一把手也可能确实不懂得如何应付公司质量管理的混乱场面，在束手无策的情况下也许就得过且过，最后要么甩手离开公司，要么灰溜溜地背黑锅。其实，这不能全怪质量负责人，因为这个不称职的质量负责人也是公司的总经理招聘和任命的，或者是总经理委托下面的副总招聘的，甚至管理层也不想更换合格的质量负责人，因为那需要更高的工资作为"代价"。总之质量不好，质量负责人需要承担一部分责任，但更多的责任在总经理身上，最后的结果其实也是总经理兜着！

质量管理，要以人为本，要重视企业管理，要弘扬优秀的企业文化和质量文化，要利用好质量方法和工具，要落实到每一天每一刻的工作细节当中，这一切都离不开高层的大力支持！高层的大力支持也不仅局限在对质量部门的支持，更重要的是高层管理者要以客户为中心，把产品质量视为公司发展的重要支柱！要有张瑞敏砸冰箱的勇气，树立质量的崇高地位！要向郭台铭学习，在质量意识生根发芽之前，年年讲、月月讲甚至天天讲！要树立质量管理的先进模范和先进事例，对违反质量原则和做事流程的同事给予必要的批评甚至惩处！同时，授予质量部门必要的权力，充分发挥质量部门监督和"执法"的功能！而质量部门也需要提高自身的业务素质和思想素质，提高工作沟通能力和协调能力，提高工作影响力，协助总经理营造先进的质量文化和氛围，提高公司整体的工作能力，畅通沟通与合作能力，减少工作失误，提高工作质量和经营质量！

当然，高层管理者如果重视质量的话，那么在选择质量部门的负责人方面也会选择优秀的人才，而不是安排一位不称职的质量负责人。高层管理者同时支持质量部门选择优秀的质量工作人员，以此督促整个公司的质量管理，提高质量管理能力和水平。这离不开高层的支持及质量部门的努力贡献！

关于高层领导如何支持质量管理，本书的前后章节将分别介绍华为、三一、格力、富士康、西门子等公司的实例和经验，这里就不再赘述。当然，高层既然支持质量管理，也必定重视企业管理！

3. 以人为本

要想把企业管理和质量管理做好，就得以人为中心，以人为本。以人为本，不是狭隘地理解为企业最高管理层为下属提供以人为本的管理手段、制度和流程，而是企业的整体管理需要以人为本。也就是说，不仅要充分考虑发挥基层员工的活力和潜力，还要充分发挥高层管理者的活力和潜力；不仅要避免基层员工的惰性和弱点，还要避免高层员工的惰性和弱点。比如，有的企业一把手很聪明，技术上很牛，但缺乏系统的管理思维和管理经验，整天忙于日常事务。如果董事会无动于衷的话，那么是不符合以人为本的。擅长技术但不擅长管理的高层，在管理下属的时候也不太可能以人为本。即使公司给员工优厚待遇，但员工的能力和潜力没有得到充分发挥，对员工的发展和公司的发展也是不利的。

　　目前，不少国企的管理虽然显得"宽厚"，但有不以人为本的问题。很多国企负责人是委派的，经营上不完全是市场经济角度的，有的还身兼数职，受官员职级等各种影响因素。并且，负责人常是各种决策权力集于一身，其决策是否科学、是否符合公司经济利益等，少有有效的评价和反馈机制，会出现难以适应市场经济发展的情况。第二，企业里面有些重要职位的责任人并不一定能干，甚至信不过。所以，即使企业一把手想推行改革，却可能执行无力。第三，多数国企经营者与职工一样，实行基本工资加奖金的分配办法，没有与其承担的责任、风险和企业资产增值、利润实现某种程度的挂钩，工资收入水平偏低，没有对经营者起到有效的激励作用。第四，国企内一些工作人员人浮于事，甚至有的人无所事事。并且，企业不仅忙于业务，可能还要负担一些任务。第五，一些国企的管理岗位与行政级别挂钩，容易导致业务骨干分心或官僚作风。第六，国企的考评机制相对单一、死板，优秀人才可能没有得到应有激励和重视，所以造成优秀人才流失严重。还有许多问题就不一一列举了。外资企业、民营企业等也一样有种种不以人为本的问题。

如果违背了以人为本的原则，轻则浪费了人的潜力和能力，重则把好人变成了坏人。就拿被誉为"中国烟草大王"的褚时健老人的经历来说。1994年，他被评为全国"十大改革风云人物"。但他对企业的巨大贡献并没有在个人所得上体现，再加上缺乏有效的监督机制，他辉煌的人生之路偏离了航向。1999年1月9日，褚时健因巨额贪污和巨额财产来源不明被处无期徒刑、剥夺政治权利终身，后经减刑于2011年刑满释放。不过，褚老在人生低谷后又重新站立了起来，在70多岁投身农业种橙子，再次创造了一片天地！

我也曾经供职于由国企深圳华强集团和日本三洋公司合作设立的合资企业，亲身感受过一部分国企风格。但因为那是在改革开放前沿的深圳，并且是合资企业，所以还不一样。后来工作中遇到过一些在国企工作的朋友和同学，感觉国企是有人才的，但有些优秀人才的能力和激情被埋没了。我曾接触过一家规模在200人左右的小国企，有一位董事长、一位总经理、三位副总经理，每人一间独立的大房间，还有一间专门的秘书室，下面还有数位拥有独立办公室的部门领导。这么一个小国企就有这么多管理层，是不是太臃肿了！另外，这些管理层的大门平时是关闭的，外面的职员会感到好威严，我很难想象这样的公司上下层如何能够保持顺畅的沟通。有一次我和这家企业的总经理在质量管理方面交流了一个多小时，他很认可我建议的质量管理方法和系统，也非常欣赏我的激情。他非常想改变公司，但是却很无奈，有心无力。他非常有想法和冲劲，想把研发和质量做好，但是苦于没法解决人才的问题。我觉得，他的青春、激情和才智就被制约了。这样是难以发挥个人和集体的聪明才智的，违背以人为本的原则，既没有以普通员工为本，也没有以高层为本。以人为本，不是说一味地对员工好，而是考虑如何充分发挥员工的能动性和聪明才智，如何把合适的人才放到合适的位置上。这样才能保证工作质量和产品质量。

我参观过另外一个新能源汽车的电池制造商。北京某知名大学的知名教授注入的技术，技术实力非常不错。公司的投资方是一家央企。但是因为各种制约，这位教授后来离开了公司。我在该企业的网站上看到，其组织架构非常臃肿。当时，该公司所在行业属于"风口上的猪"，所以业务还算不错。但是，其管理极度糟糕，导致产品卖了很多，但不赚钱，甚至在 2016 年还赔了不少钱；之后，接二连三地发生了好几起质量事故，导致产品召回，还要面对客户的巨额索赔。据说总经理一年只去过几趟公司，其他时间根本不见人。这样的公司管理不是以人为本的，所以不管是企业管理，还是质量管理，都一塌糊涂。公司后来引进的自动化生产线按理说应该可以促进产品质量，结果大家却躺在生产线吹空调,因为根本干不了活。这样的管理不仅浪费了自动化生产线的投资,其他员工看到眼里也不是滋味。大家的工作氛围可想而知,当然也影响了产品质量。

我亲戚在老家的一座国有煤矿上班。他们煤矿甚至有不上班的人员常年拿工资。在这样氛围下,大家心里面会怎么想?在这样的企业,何谈以人为本?如果说有以人为本的话,那也是少数既得利益者的"以人为本"。在这样的企业,质量如何能够得到保证呢?

当然,也有一些国企改制比较早,取得了很大成就。2016年,我在由中国质量协会组织的质量文化研讨会上,与安徽一家国企的总经理简单交流了一下。按他的说法,从2008年改制后企业开始迅速发展壮大,在2012年销售规模就过了1000亿元。他们公司也获得了省级和中国质量协会的质量奖。

中央政府不断提出改革意见,如2015年8月发布了《中共中央、国务院就提出了关于深化国有企业改革的指导意见》。2016年2月,国务院国有企业改革领导小组研究决定开展国有企业"十项改革试点"。其中就包括了以人为本相关的重要制度,如"落实董事会职权试点""市场化选聘经营管理者试点""推行职业经理人制度试点""企业薪酬分配差异化改革试点"等关键的管理举措。

在人本管理改革上,更要提的是民营企业,因为大多问题严重。民营企业规模小的时候，不管是家庭作坊还是家族经营，都还无可厚非。但当企业变大了，即使家庭成员不能胜任关键岗位的要求，但依然任用，还是家人控制；有的企业请了外来的职业经理人，但并不信任或互不信任，或者选聘制度不科学而没有请到称职的。总之，这样的民企管理混乱，老板整天都盯着钱在转，大部分精力放在有没有人吃回扣、贪便宜、偷懒耍滑或算计各种利益等。这样的管理如何能够做到以人为本。这样的情况下，员工也只会算计个人的小九九，大家在工作任务上或利益分配上都斤斤计较，又如何能够确保工作质量和产品质量呢！

民企也有做得好的，甚至做到世界级，华为公司就是其中之一。任正非虽然是华为的创立者，但根据报道华为98.6%的股权都分给了公司骨干。华为15万人，8万人拥有这98.6%的股份。所以无论是工程师、管理人员和领导层，都全心投入工作，效率非常高。因为这不仅是为华为干，也是在为他们自己干。任正非的胸怀、气魄和志向，是真的基于人性、以人为本的，更是以奋斗者为本的。即使华为加班很多，有很多项目在艰苦地区，但大家还是热情饱满，因为大家都有一个明朗的奔头。华为这样是以人为本，以奋斗者为本。有关上市的问题，根据媒体报道，任正非曾表示，一旦上市，华为的创业元老们很快就变成富豪，很可能坐享其成；并且上市之后，华为的利润也要很大程度分给投资者，那会是以资本为本，大量奋斗的员工不再容易享受到华为快速成长的利益了；而不上市的好处是，华为通过内部股票可以把成长利润分给内部员工而非外部投资者了，可以极大地激发了员工的士气和斗志！

　　大到企业体制、公司规章和制度，小到质量程序文件、作业手法、工作邮件等，都离不开以人为本的考虑。下面举两个简单的例子加以说明。一家企业有三十几名研发人员，而研发质量是最头痛的问题。我问其研发经理是如何开展新研发项目的。他说研发工程师，既是项目经理，又是产品经理；既是研发工程师，又是测试工程师；既是研发质量人员，又是工艺工程师。那么就是说，一个人基本包干了。研发过程也没有像样的技术评审，这样的安排和程序就不是以人为本的，因为研发人员能力有其局限，靠一个人设计出的产品如何保证产品质量无忧无患呢？再举一个以人为本的小的例子，大家经常用 USB，USB 需要"金手指"（各种板卡在插入插槽中的那些金黄色的条状金属）才能接通。为了确保用户能够每次正确使用，USB 就通过一种不对称的形状，使得用户只有在正确插入的方向才能够把 USB 插进去。这是一种防呆法。防呆法的本质就是以人为本的做法。

　　关于以人为本的企业管理和质量管理，后面还有专门章节加以论述和举例。

4. 文化为魂

　　管理有具体的规章、制度和流程，以及各种具体的管理办法、管理措施。这些都是比较具体、看得见、摸得着的管理因素,是管理的"硬件"。但在具体管理员工的时候,员工是不是真的认同,是不是真的接受,是不是心甘情愿,光靠管理的"硬件"是不能完全发挥管理的魔力的,还得借助企业文化这个"软件"。就像孔子说的"道之以政,齐之以刑,民免而无耻;道之以德,齐之以礼,有耻且格。"简单说来就是,政治管理需要行政管理,需要刑罚,但也需要道德和礼节。企业文化就类似这个道德和礼节。

(1) 先进的企业文化需要引导和强化

你也许会说孔子是文化人,当然要提文化了。那让我们来看看大家熟知的商人董明珠,她也经常讲企业文化。董明珠是从销售员做起来的,但她认为企业文化比销售技巧更重要。她曾说:"我们经常在讨论这个企业的竞争力是什么?有人说是销售,有人说是技术,但我认为是文化。只有具有创新文化的企业,并且深入到每个人心里,那它才能够有竞争力。所以,不是单纯地在一个技术领域有突破,这个企业就能做好,关键它有一个很好的创新文化。"另一位商人代表,方太集团总裁茅忠群认为,"企业文化就是一家企业及其员工的思维和行为的习惯。一个人的习惯决定这个人的命运,一家企业的习惯决定这家企业的命运"。方太追求产品、企品、人品三品合一,不仅要给顾客提供高品质的产品和服务,还要求自己具有较高的企品和人品。为了企品和人品,茅忠群仔细研究了世界级企业的文化，也把目光投向中国传统国学。他建立了孔子堂，让员工读《三字经》《弟子规》。2016年3月，他带领员工读《大学》，每天早读20分钟之后才开始上班，也就是每天8小时的工作时间有20分钟是晨读。有人可能会怀疑这不是浪费时间和金钱吗？但在方太工作的朋友告诉我，通过每天的文化熏陶，大家的工作热情和积极性更容易被调动出来，大家沟通、合作也更容易，责任心也更强，从而减少了大家的摩擦、不信任、扯皮和推诿等各种内耗。方太除了在内推传统文化，还出资在中国高校推广传统文化教育等。因为方太的文化及过硬的产品质量，我也经常选择方太的产品。

大家不要以为只有方太推崇中国传统文化，我认识一位80后东莞私企老板也每天带员工在公司读《大学》《论语》等，员工也非常认可企业的做法。河北高碑店有一家企业，因行业的特殊性，除了带员工学传统文化，还在公司提供免费斋饭。该公司的员工很懂得尊重人，懂得珍惜粮食，也非常懂礼貌，当然也非常爱岗敬业。不要以为在企业文化方面推崇中国传统文化是跑偏了。2005年万达集团董事长王健林推荐全体员工学《论语》，具体形式包括读书、讨论、演讲等。在万达学院，他给四百多名员工讲企业文化时曾非常自豪地说："我们学《论语》的时候，于丹还没出来呢！"

企业文化可以是大到整个公司的文化，小到一个部门、一个班组的文化。企业文化是与一把手密切相关的，可以说就是一把手管理思想和管理作风的体现和衍生。正如企业文化理论的创立者美国人埃德加·沙因所说："文化和领导者是一枚硬币的两面，当一位领导者创造了一个组织或群体的同时就创造了文化"。比如，京东公司创始人刘强东在第十六届北大光华新年论坛时说："作为初创公司，如京东这样的公司，一定是我的文化就是企业的文化，不可改。"当然，为了得到全员的认同，京东公司在确定核心价值观的时候对几百名员工进行了深度访谈，对几千名员进行了有效调研问卷。但是，这样也少不了刘强东的"文化"。比如，刘强东非常喜欢学习，就鼓励近万人的研发队伍多多学习，公司组织了非常多的培训课程，包括内外的讲师资源。研发各部门为员工购买了许多书籍放于工位或办公区域供随时翻阅。华为的企业文化就与任正非军人般的性格和哲人般的思考有关，如创业早期的垫子文化及后来的《华为基本法》等与任正非密切相关。任正非非常重视企业文化的建设，他说："资源是会枯竭的，唯有文化才能生生不息。"

通过对诸多民企的观察，我发现一把手很大程度地影响着企业的文化，特别是那些一把手创立的公司。如果企业的一把手是从外面引进的职业经理人或创业者选拔出来的接班人，通常是继承创业者的企业文化，并进一步发扬或部分更新，但基本很难颠覆创业时所形成的企业文化。

因此，创业者所树立的企业文化太重要了，创业者的格局、思想和理念太重要了，创业者留下的企业文化对后面接班人都有重大的影响。但是，有些民企的创业者也太能干了，也多自认为很厉害，很难听进下属的意见，也不怎么相信外来的经理人，所以不太清楚自己的弱点和缺点，或者对自己的问题视而不见。所以，企业发展到一定规模时，就遇到了瓶颈。因此，要我说的话，这样的企业家或创始人其实需要一位他能尊重的能力和见识非常强的"魏征"。

公司的创始人离开了，公司的企业文化是会得到传承和发扬的。比如，西门子注重技术、创新和质量的文化，这是一百多年来从创始人西门子先生那传承下来的，并且是西门子长期屹立不倒的根基。这样的企业文化形成得非常牢固，即使这么多年换了诸多不同风格的CEO，但西门子注重技术、创新和质量的文化一直得到继承和发扬，不管是其子集团或子公司。

企业文化也可以分为主文化和分支文化。就拿西门子为例，不同业务集团的一把手必须拥护西门子的主流文化和价值观才可能被选为掌门人。但是，分支文化就有可能因为不同的CEO有不同的风格或方法而有所不同。对于一个部门，如果这个部门成立了许多年，并且员工也比较稳定，那么这个部门就会形成一些无形的做事方法和认知，这便是该部门的文化。当然，部门文化是存活于公司文化的大环境之下的。新换来的经理也会感受到该部门固有的一些文化。当然,这位经理也可以适当地改变甚至修正这个部门的文化,但对于公司的主文化是难以改变的,除非公司一把手想变。

企业文化对工作能起到非常大的影响,关键是公司的一把手或部门的一把手要经常强调,并最终把无形的企业文化深入到员工骨髓当中。比方说,西门子最高管理层一度强调主人翁精神,然后大家在工作中就会自觉或不自觉地强调这个主人翁精神。我想,即使大家一开始还不太相信,但随着老板经常提醒及长期的身体力行,员工也就慢慢相信并实践了。所以,企业文化不仅是要一把手说得好,还需要一把手做得好。

(2) 诚信和正直的质量文化

诚信正直在任何时候都非常重要,对质量而言更是如此。因为质量就是诚信,而要想确保好的质量,也离不开真实可靠的事实和数据。如果数据有偏差,决策就会出错。这是为什么六西格玛的 DMAIC(Define Measure Analyze Improve Control)方法中一个重要步骤就是测量。测量当中有一个重要的步骤就是确保测量的数据是准确可信的。六西格玛的 DMAIC 方法可是美国人创新的,担心数据不准来自于多年的实践,我们更应该学习、注意。实践中,我发现假数据情况是严重的:一是数据可能有人故意作假;二是工作态度问题,工作也不细心、不严谨、马虎,所以无意识地造成数据不准。这两方面的问题都要抓,当然更要命的是故意编造假数据。故意编造假数据也有两种情况：一种是善意的谎言；另一种是有利可图的谎言。无论如何，做质量工作来不得半点假数据，不管是善意的或恶意的。当然，有时候推动项目也许需要一定善意的"谎言"，但不要干坏事，能够把事情办成功，也要为企业和社会贡献正能量。

编造假数据是一种要不得的文化，与假数据相类似的问题是"不敢或不愿讲真话"。近几年，国家正在严查此类问题。据新华社报道，2013年中央巡视组发现涉嫌违纪违法问题的有价值线索比之前增加了5倍，这与巡视工作的改进创新是分不开的。但让巡视组工作最头疼的问题是，一些干部对巡视组不敢或不愿讲真话，谈成绩多，讲问题少；一些干部即便是谈问题，也明显有保留。对于一把手存在的问题，有的人害怕打击报复不敢说，有的人担心影响关系不愿说，正所谓"批评领导，官位难保；批评同级，关系难搞"。这样，上面来调查情况就很难了解真实情况。这样的问题在企业也普遍存在，如企业的一些部门领导如果作威作福的话，总经理也不一定知道。或者，一些部门领导善于钻营关系，通过沟通技巧欺上瞒下，总经理同样可能蒙在鼓里。而基层人员看到总经理支持这位主管，也就不便去上报事情，同级也想多一事不如少一事，因而这样的人在公司也可能过得不错。因为大家不敢或不愿讲真话，导致公司管理层得不到真实情况，这不仅影响了用人的质量，影响了团队领导力，影响了士气，当然也影响了工作质量和产品质量。

　　谎言有时候也与企业的一把手有关。一些企业的一把手多年来一直很成功，把企业做得很大也很强，所以自信心直线上升，听不得不同的声音，搞得下面的员工都顺着讲好话，甚至编造数据。处于这样境地的更多的是企业创始人。一些职业经理人为了博得股东、老板的信任，可能"造泡泡""吹气球"或为短期利益牺牲了长期利益，提供不全面、不真实的消息。谎言当然会对产品质量、工作质量和经营质量造成巨大的伤害，更严重的甚至会伤害社会、影响国家。三国的赵高、隋朝的杨素、宋朝的秦桧、明朝的魏忠贤都是例子，经常能看见谎言战胜真实。

　　企业文化不是一朝一夕就可以建立成型的，特别是全公司的企业文化。企业文化中最难的是质量文化，因为质量不像成本和价格容易量化和比较，也不像时间那样容易计算。所以，当质量、成本和时间三要素相冲突的时候，质量往往容易成为牺牲品，不过少数坚信质量、坚信诚信、坚信价值、坚信质量就是人品、产品就是企品的企业除外。当然，质量也在结果上看起来与成本和时间相矛盾，但从过程来看，如果质量好了，成本是可以降低的，时间是可以加快的。特别是，目前国内很多数企业还处在质量救火的状态，并没有全面迈入工匠品质的状态，改善质量可以是赚钱的，是降低成本加快进度的好事，但是要做好管理、用对方法和工具、用合适的人。

(3) 郭台铭的强势质量文化

无论如何，建立质量文化是非常重要的，也需要长期的从上到下的宣传和贯彻，才可能打造坚实的质量文化。下面就用我曾经服务过的富士康的例子，来介绍如何打造质量文化之剑，如何打造出将品质意识融入企业文化、融入员工的血液、融入公司的每一个环节和流程，最终让品质成为其竞争力要素。

从1988年到2000年，郭台铭花了特别多的心血将强烈的品质意识植入企业的肌体和血液，现在富士康集团的高品质，就是用多年的品质栽培的心血换来的。

投资开厂的初期，企业规模还不大，人员还不多，对质量，郭台铭可谓耳提面命、言传身教。随着不断成长，他领导下的富士康对质量意识是时时讲、天天讲、月月讲、年年讲，随时随地讲质量；每天的早班，会首先讲质量；月度总结，首先总结质量；年终大会，质量是最重要的议题。除了软性地教育之外，对质量问题还有一定的惩戒措施。比如，1998年9月，集团的月度动员大会上，郭台铭就宣布，有个事业群的最高主管因为质量问题不能解决，而不能参加会议；还有一次大会上，因为质量问题，一个事业群的与会者被罚站45分钟。另外，如果哪一个单位质量经常出问题，新产品就不给它做，已有的产品也可能转移出去给别的单位做。

如果找到1998年富士康的内部刊物《鸿桥》，就会看到，虽然企业发展日新月异，但郭台铭讲话主题最多的还是质量和品质，高层也是处处讲质量，公司召开的会议也多是关于质量的。一本本《鸿桥》就像质量文献汇编，差不多有一半篇幅与质量有关。

1998年初，郭台铭发表演讲《他山之石，可以攻玉他山之石，可以攻错》，号召大家在质量方面勇于认错、知错、改错。

1998年6月26日，举办"富士康提案改善发表大会"，主要是揭露质量中存在的问题，集中提出改善意见，郭台铭发表演讲《走向成功的不归路》，提出"质量是企业的尊严之本，生命之源"。

1998年7月19日，郭台铭在"竞争塑件品质改造"专题训练班上发表演讲《傻瓜、精密、智慧》，以质量为主线，提出具体要求。

1998年9月4日，在总部举办的"9月动员月会"上，郭台铭发表演讲《与变动的世界共舞》，提出"品质是生命和尊严，但它不会讲人情"。

1998年9月10日，在深圳分公司举办的"集团扩大动员月会"上，郭台铭发表演讲《走出知易行难得怪圈》，指出"头顶是天，脚下是地，品质与安全，是全员的责任"。

1998年9月14日，在"PCE品质再教育动员大会"上，郭台铭发表演讲《不流血的革命》，指出"品质，是一场不流血的革命，它静悄悄的，没有硝烟"。

1998年10月16日，在"鸿准公司扩大动员月会"上，郭台铭发表演讲《告别健忘和盲目，做全新的3C人》。

1998年10月，在"品质、安全、学习专题扩大动员月会"上，各事业群的总裁，也都上台演讲，讲话稿都刊登在《鸿桥》月刊上，供公司员工学习。

1998年可以说是富士康集团的"品质年"。

2000年之后，质量意识在富士康已经建立起非常好的基础。这个基础是怎样建立起来的呢？郭台铭在一次讲话中用了一个生动的比喻："第一次世界大战德国战败以后，战胜国要求它只能保留3万人的军队。德国让士兵都退伍回家，只留下了3万名连级以上的军官。从量上看，德国军队是减少了，但是质的损失并不大，因为它保留了军队的精华和骨干。因此，25年后，德国再次军事崛起，有能力发动第二次世界大战。因为它留下的3万人，每一个人至少能立即带起一支队伍，百万大军迅速成军。如果留下的每一个至少可以带150人，3万人就能带450万人。当初战胜国规定德军只能保留3万人，但是只有量的要求，而没有质的限制。"

富士康就是用10年的时间培养了自己的干部队伍，在以后的发展中，才能够迅速扩张，几年内扩张到几十万人，这些骨干发挥了中坚力量，起到带兵的作用。公司的质量意识，就是由这些骨干向员工灌输、教育、融入到大家的正常的工作中的。因此，虽然人员增加了许多倍，反而不用高层天天去讲质量了。

正是在郭台铭让质量意识深入人心、深入富士康下面各个子公司的时候，2005年我加入成立刚不久的北京富士康，立刻感觉到了大家对质量非常重视，真是不放过任何瑕疵，特别是质检人员、工程师和管理人员。当然，因为质量管理非常严苛，也导致个别员工有些不满。但团队的基调是质量第一，如果确实有质量问题，大家也是加班加点地想办法改进。

质量文化离不开高层的支持，甚至离不开高层的亲自参与！我在西门子的经验也证明，只有高层重视质量，并亲自担当质量的宣传员，才能够推动零缺陷质量文化，推动工作质量，推动人人为质量负责的局面！

5. 以方法和工具为器

在解决了人的动机问题、团队合作问题之后，大家就愿意干事了，也愿意把工作做好。但是，如果没有正确的方法只是埋头苦干，也是不行的。这就像拉车一样，不只要埋头拉车，还需要抬头看路，甚至需要借助望远镜才能看得更远。有时，可能望远镜还不够，还需要指南针。否则，即使拉车的人身体再健康，干劲再足，随身带的粮食足够，但是方法不当、方向错了，也是事倍功半，甚至南辕北辙。而在找方向的时候，就需要方法和工具。以前靠指南针和望远镜，现在可以通过智能手机查地图。适当的熟悉和掌握必要的方法和工具是非常必要的，可以达到事半功倍的效果。这就像人类从石器、青铜、铁器、蒸汽、电气、信息时代，再到未来的智能时代，每一代的发展都与技术和工具相关。这些技术和工具为人类带来了诸多生活便利。

六西格玛 DMAIC 与 PDCA 大同小异，但 DMAIC 比 PDCA 配备了更多的质量方法和工具，逻辑性也更加严谨。在运用 PDCA 的时候，也可以应用除了 QC 七工具之外的质量统计工具。

当然质量工具或设备工具再先进，也得依靠人的熟练掌握和灵活运用，不然再先进的工具也不见得真好用。我遇到不少六西格玛黑带，他们应该学了不少质量工具吧，但因为没有掌握透彻，在解决问题的时候还不如没有学过六西格玛的那些能干的经理人。因为这些能干的经理人有非常强的逻辑思考能力和经验，以及与人沟通、合作的能力，再运用基本的数据分析能力就可以解决不少问题。

不管是数据化的质量工具，如统计工具，还是非数据化的质量工具，如鱼骨图、头脑风暴、5Why、8D、FMEA 等，都是有用的。当然，有的人认为没有用，那是因为他没有学好、用好，甚至只是听别人说的。真实情况多是质量管理人员没有真的掌握好，没有融会贯通。

相对而言，大家更相信数据工具，所以对非数据工具（如 8D 或 FMEA）的抱怨会更多。这是因为用得好不好，取决于应用者，取决于领导 8D 或 FMEA 的组长在组织团队的时候是否充分调动团队的积极性和聪明才智,取决于团队是否应用了正确的逻辑和常识,也取决于个人及团队的经验。

就拿 FMEA 来说,团队在刚开始的时候,要么对产品或过程的 FMEA 风险评估过低,导致有些真正质量风险没有被识别出来,因此也没有采取应有的行动;要么对风险评估过高,导致花费许多时间去对太多不必要的质量风险采取行动。

我举一个简单的例子,有个产品在下载程序后需要通过 USB 线缆连接到计算机才能够操作。但是这个产品有些小问题,偶尔个别产品(大概 0.5%)在与计算机连接时不能一次成功,但是把 USB 断开后再次连接就可以了。这就像我们在连接鼠标时,也许连接一次不成功,拔掉后再插到计算机就可以了,偶尔一次也不会觉得是大问题。但 FMEA 的团队给这个问题的严重度评价是 8 分(1—10 分),8 分意味着是很严重的功能问题。然后,发生频率为 4,检测度为 9,得到的风险值(Risk Priority Number,RPN)为 288,这就是很严重的质量风险,需要采取行动。但实际上,严重度应该为 2,因为不影响客户的使用,实际上发货一两年了也没有见到有任何客户反馈,综合评价的 RPN 应为 72,严重度也不高,不必采取行动。如果没有合适的常识和经验,就容易导致 FMEA 过度,出现"劳民伤财"的情况,最后让大家抱怨工具没有用,但其实是质量管理人员的能力还不够火候。

总之，不管是管理工具也好，还是质量工具也好，关键在于活学活用，不能生搬硬套，还要注重适宜性。多年前有个管理工具叫平衡计分卡（Balanced Score Card, BSC），主要从财务、顾客、内部流程及学习和创新四个方面进行绩效分解和评估。好多公司在BSC的应用方面确实存在不少问题，用这个工具并没有带来本质的业绩改善。这样的事情我在西门子就经历过，用了几年之后最后放弃了。西门子后来也改变过几次业绩考核的方法。比如，2016年的绩效考评是从"What"和"How"两个方面考核，我认为这是一个非常聪明的方法。用了这个方法之后，大家不再仅关注KPI了，同时更注重是否用心，更注重公司和团队利益。任何工具，即使看起来很完美，但并不是适用于所有企业，也不是适用于所有管理困境，或者不适用于分析或解决所有问题。比如大家比较熟悉美国摩托罗拉公司，它可是六西格玛鼻祖，但六西格玛做得再好，却因为市场战略机会没能准确把握，出现了种种问题。所以，任何工具还有适用性的问题。就像前面介绍的FMEA，对硬件和机械设计是合适的，对生产工艺是合适的，但对于软件开发就不是太适合。

另外，对于技术上的工具，是可以尽可能多用的，只要成本可以接受。因为技术工具的主要目的是让工作更简单、更轻松、更容易操作、更节省时间、更保证质量。技术工具主要是指智能化和自动化方面的机器工具或IT工具等。

6. 细节执行为基

战略再有前瞻性，管理方法再好，员工再满意，工具再先进，最后都要落实到工作的每一个细节中。我做了多年的质量管理工作，也参与过各种企业管理工作，发现很多问题不是真的技术难题，反而是一些低级错误导致的。真正的难题，因为有挑战或确实有难度，大家都干得很带劲，工作也非常细心，还会虚心地找相关人员进行评审和建议，最后反而顺利解决。当然，有些技术难题也有突不破的，但对于技术难题所造成的问题和困扰一般是可以预想到的。但是，日常的事情却容易出错，经常是小事。小事情出娄子如果没有第一时间被检测出来，最后甚至会造成不可预测的惨重损失。

（1）错别字导致的失败

1935年5月初，蒋介石与冯玉祥、阎锡山在中原展开大战。冯玉祥和阎锡山为了更好地联合，曾商定双方部队在河南北部的沁阳会师，以集中兵力歼灭驻守在河南的蒋军。但是不幸的是，在拟定作战命令时，冯玉祥的一名作战参谋把"沁阳"的"沁"多写了一笔，成了"泌阳"。碰巧河南南部就有泌阳，不过与沁阳有两百多公里的距离。冯玉祥的部队接到命令，匆匆赶往泌阳，结果贻误战机，错过了聚歼蒋军的有利时机，使蒋军获得了主动权。在近半年的中原大战中，冯阎联军处处被动挨打。几乎就是因为这一字之差，最终导致冯阎联军在中原战场的全面失败。

错别字导致战败算是够惨的了，这个不良导致的"质量成本"无法计算。我曾听一位质量界的朋友说，某企业因为错别字导致所有涉及的产品召回，相关的研发、采购、质量和生产等部门人员还遭到罚款。这个错别字是产品包装上的，并且正好是该产品的品牌名称。从产品的设计开始，内部设计评审，生产过程中采购、生产、质量、仓库等人员也没有发现这个错别字；而供应商那边的技术人员、生产人员、质量人员等同样也都没有发现。结果出货到市场，被客户发现了。为了避免品牌形象受影响，企业立刻对所涉及的产品全面召回，包装报废回收。

这样的问题国外企业也会发生。2016年中国推出有害物质管理的新办法，对所有范围内的电子电器产品进行标签标示管理。我是北京西门子这一项目的项目经理，主要负责 RoHS 标准和实施办法的解释和协调工作，以及公司内部所涉及的设计变更的总体协调工作；同时负责与总部进行中国 RoHS 相关标准和要求的沟通和解释。在与国外进行标准解释的时候就遇到一个错别字而澄清解释了多次。中国标准 SJ/T 11364 – 2014《电子电气产品有害物质限制使用标识要求》清晰地写着"生产日期宜标示在产品或产品包装上……"。但是，欧洲一家专门负责标准工作咨询和培训的公司却翻译成"The date of manufacture shall be marked on the product and packaging of the product…"，错把中国标准里面的"或"理解和翻译成"和"的英语单词"and"了。这是个严重的错误,导致我来回给欧洲总部的数名负责人做了多次澄清,才让他们放心。

(2) 细节导致泰坦尼克号悲剧

另一个著名因为细节导致大问题的故事非英王理查三世故事莫属。"少了一枚铁钉,掉了一只马掌,掉了一只马掌,丢了一匹战马,丢了一匹战马,败了一场战役,败了一场战役,丢了一个国家"。而另一个与英国有关的因为细节导致大悲剧的著名事件非"泰坦尼克号"莫属。

1912年4月10日,泰坦尼克号从英国南安普敦出发,途径法国瑟堡·奥克特维尔及爱尔兰科夫港[又称昆斯敦(Queenstown)],计划目的地为美国纽约。但是在4月14日晚11点40分,泰坦尼克号在北大西洋撞上冰山,两小时四十分钟后,4月15日凌晨2点20分沉没,1503人葬身海底,造成了当时在和平时期最严重的一次航海事故!

这艘号称永不沉没的当时最大、最先进的邮轮为什么在第一次处女航就遇到这样的惨剧呢?

从邮轮自身来讲,首先,很重要的一点就是船体本身钢材缺陷。当时使用的钢材用现代眼光看是不合格的,遇到较低温度容易脆化。造船工程师只考虑增加钢的强度。而没有想到韧性、冷脆性。把残骸的金属碎片与如今的造船钢材进行对比试验,发现在泰坦尼克号沉没地点的水温中,如今的造船钢材在受到撞击时可弯成V形,而残骸上的钢材则因韧性不够而很快断裂。也就是说，泰坦尼克号在当时经历了-40℃的低温，钢材变脆，从而导致灾难性的脆性断裂。不过这个细节的问题不能责怪当时的工程师，因为当时并不清楚为了增加强度而往炼钢原料中增加的大量硫化物会大大增加钢的脆性。

第二，船上工作人员在一系列细节上的失误导致灾难发生。船行驶在北大西洋上，之前一直有通报提醒前方有冰山。船驶入冰山区后也接到附近很多船只发来的通报，但船长命令以22.3节的船速高速航行（极限航速24节）并没有采取减速措施，只是命令瞭望员仔细观察。但是，泰坦尼克号的船员未能找到望远镜（因为当时船上唯一的一副双筒望远镜被二副锁在了柜子里，而那位保管柜子钥匙的二副并没有上船），瞭望员不得不用肉眼观测。23点40分，瞭望员发现远处有"两张桌子大小"的黑影，以很快的速度变大。他敲了3下驾驶台的警钟，抓起电话："正前方有冰山！"接电话的六副通知了旁边的大副。大副立刻下令打响车钟："所有引擎减速！左满舵！三号螺旋桨倒车！"就在他下令37秒后，泰坦尼克号因为船体太大而且前进速度太快而无法及时避让，朝冰山撞去。这两个指令其中任何一个都是可以的，要么左满舵避开冰山，要么减速用较为坚硬的船头撞上冰山，损失也会减小。但是两个命令同时下达，使得船速减慢的时候同时左转，使船体较为脆弱的右舷撞上了冰山，最终造成了泰坦尼克号的沉没。

第三，救援体系的细节失误。当船沉没的过程中，本来还可以通过有效、快速的救援行动减小灾难的损失，但因为细节上的失误导致与理想的救援相差甚远，如慌乱中放下的救生艇里并未满载游客。0 点 55 分，泰坦尼克号的船头已经没入水中。救生艇方面的工作则是乱七八糟，很多救生艇在装载一半人的状态下就被放了下去。不过这也不能怪船员，因为当时的航海界都认为如果救生艇满载人员放下去的话，会造成损坏甚至倾覆。但是泰坦尼克号的救生艇设计得很结实，而轮船的管理人员及设计人员并没有通知船员们这一点，本可以搭载 1178 人，结果只上去了 651 人（还有一些人是跳海之后被救上救生艇）。另外的失误在于，近在眼前的加州人号错过施以援手的最佳时机。而收到电报的船只中的卡帕西亚号，以 17 节航速（超过预定航速）向泰坦尼克号驶来，但即使是这样也至少花了 4 个小时赶到现场。

泰坦尼克号沉船事件及其造成的重大损失就是一个个细节上的失误导致的。而这些细节当中也存在某种制度或流程的执行力问题，最明显的一点是加州人号；另外一个执行力的问题，就是二副保管柜子但钥匙没有交接和管理好。

其中任何一个细节如果没有出问题，船要么不会沉没，要么可以大大减小损失。日常工作何尝不是如此呢？比如，某个厂商的质量事件，因为软件某位工程师写代码时，不细心把 7 写成了 i，结果导致产品功能异常。但是找到这个原因却花了好几个月的时间！又比如，某位设备维护工程师在更新设备程序的时候,把某项不需要的功能给点中了,因此激活了不需要的测试功能。但该项测试功能却把产品给电击成内伤,最后导致几十万的产品召回报废!另外一个例子,某位工程师从他的电子邮箱中找到一份产品软件,然后将之用到了生产线的程序下载机中,但这份软件不是最终合格的,导致几万件产品召回,并花费几十万的材料和人工成本全部返工!这是几个比较大的质量问题,但各家公司因为细节的失误或没有执行到位导致各种小的质量问题就不胜枚举了。

解决细节和执行的问题并不是什么多么困难的事情,其原因通常是对平常事物的疏忽大意、考虑欠周到或不遵守规程的侥幸心理,而当事人往往事后也对这样的失误感到后悔并惭愧。安全生产当中的重大灾难也多半是由于某个细节上的错误所导致的。据2015年1月25日的《西宁晚报》报道,90%农村火灾源于忽视小细节,如小孩玩火、家庭用火不慎、电路故障、乱扔烟头、烟道飞火、油锅起火等。城市的火灾很多也源于细节上的小问题,以及在火灾扑灭过程中或逃生过程中各种细节没有做好,最后导致小火变成大火,小损失变得不可收拾。

回到质量管理中的细节管理,如果在工作的具体落实过程中没有注重细节,即使大家再重视质量,大家责任心再强,管理再有方,制度和流程再完善,最终也可能功亏一篑!

关于细节的重要性,IBM曾经花几千万美金找专业公司拍摄了《谁杀死了合同》这部专题片，每位员工都要经过这个洗礼。其目的是告诉员工细节的重要性，所有部门、所有人员的工作失误都有可能造成公司的崩溃。华为购买了 IBM 的咨询服务，也同样为所有员工培训这个案例。

7. 质量为果

传统的质量管理，主要是以产品为中心的产品质量检验，后来增加了统计技术，如各种抽样理论和过程统计技术；再到 20 世纪 70、80 年代增加了质量管理体系，用文件的形式落实和固化了一些质量管理方法。其主要内容还围绕着产品实现过程及产品质量的管理，虽然提及了管理层的作用，但绝大部分企业都没有意识到质量管理乃是企业管理；在质量管理上还是委托质量经理从事产品质量管理，而非自上而下的全面的企业管理。差的企业更是把质量管理体系当作一张证书，甚至只是去花钱搞定一张证书。

但是，产品质量只是结果，是每个人的工作质量的结果。每个人的工作质量是企业管理的结果，并且与质量管理有非常大的关系。除了市场营销、财务、广告和法律等涉及较少之外，其他如人力资源管理、市场调研、研发、项目管理、采购、生产运营、仓储、发货、安装、调试及售后服务等各方面都与质量管理密切相关。否则，如果只靠质量部门那几位检验人员或工程师来制定质量文件或传递不合格流程单处理质量问题，而其他部门觉得不痛不痒，对质量问题也漠不关心，这样的企业如果做些简单的产品问题也许不大，但要生产稍微复杂的产品，就难以保证产品质量了。总之，产品质量只是质量管理及企业管理的一个结果而已，只有好的质量管理和企业管理，才有好的产品质量。但是，如果只有质量部门的质量检验或外部 ISO 9001 的审核或客户的质量体系审核，都难以有好的产品质量！

三、质量管理如何推动企业管理

1. 质量管理"双五归零"

质量管理要推动企业管理是有难度的，除非总经理很重视企业管理和质量管理，或者研发负责人、生产负责人等很重视企业管理和管理的预防措施。否则，让质量部门的负责人直接去告诉他们如何重视企业管理，是非常困难的。但是，要知道的是，质量管理可以借助质量问题来推动企业管理的进步，从质量问题当中发现流程的漏洞、职责的漏洞及管理的漏洞等，从而给出管理上的建议并推动企业管理的进步。这方面做得好的是我国的航天工业，中国航天的"双五归零"管理方法现在已经是 ISO 的标准管理方法，并在 2015 年 11 月正式发布了。

中国航天科技集团包为民院士在 2015 年 11 月 28 日开幕的"2015 年中国自动化大会"上说,"截至 11 月 21 日,我国运载火箭发射成功率接近 97%,居世界领先水平,在轨卫星 141 颗。"这是多么令人鼓舞的消息呀!但我们不要忘记曾经深刻的失败教训。中国航天有过两段黑色记忆,1992 年和 1996 年,中国航天都经历了一年两次发射失败的惨痛经历,也使我国在国际商业发射市场处于低谷。经过一系列质量整顿后,中国航天科技集团终于打了翻身仗,其中就包含著名的"双五归零"管理方法。

双五归零是两套体系的简称:技术五归零,即针对发生的问题,从技术上按"定位准确、机理清楚、问题复现、措施有效、举一反三"的五条要求逐项落实,并形成技术归零报告或技术文件的活动;管理五归零,即针对发生的质量问题,从管理上按"过程清楚、责任明确、措施落实、严肃处理、完善规章"的五条要求逐项落实,并形成管理归零报告或相关文件的活动。

技术归零与大家通常做的 8D 分析比较相近,都是强调从技术上进行问题定位、原因分析,并采取纠正措施,再进行预防措施。只是航天的技术归零更加强调了从技术原理上要搞清楚,并且更重视技术原理上的严谨关系。对于航天人来说,航天的质量问题再小都影响重大,哪怕再小的质量问题如果原因找不出来就得连续加班加点地干,晚上困了就睡单位宾馆、公寓,醒了再接着干。

所谓管理归零，是指针对质量问题的管理原因进行分析并采取管理改进措施，甚至进行必要的教育和惩罚。首先就是过程清楚，是要查明问题发生、发展的全过程，从中查找管理上的薄弱环节或漏洞；其次是责任明确，是要求根据质量职责，分清造成质量问题的责任单位和责任人，并分清责任的主次；第三是措施落实，是要求针对管理上的薄弱环节或漏洞，制定并落实有效的纠正措施和预防措施，确保类似问题不再发生；第四是严肃处理，是指对由于管理原因造成的质量问题应严肃对待，从中吸取教训，达到教育人员和改进管理工作目的。对重复性和人为责任质量问题的责任单位和责任人，应根据情节严重程度和造成的后果，按规定给予一定处罚；最后是完善规章，是指要针对管理上的漏洞或薄弱环节，健全和完善规章制度，并加以落实，从制度上避免质量问题的发生。这里要特别强调的是，所谓人为责任造成的质量问题，是指由于有章不循、违章操作等人为因素造成的质量问题；重复性质量问题，是指本单位已发生过的质量问题或各级已通报的其他型号（或单位）发生的质量问题在本单位再次发生。所以，航天工业的管理归零是非常严肃的，也能够督促大家提高工作的执行力，并不断促进管理优化和提升。这是航天工业主动要求从质量事件中吸取管理的经验教训，质量管理推动企业管理成为顺理成章的事情。

可是一般的公司在分析质量问题原因的时候多是找客

观因素的问题，生怕找人的不足，更怕得罪经理们。而这些经理们都认为这个质量问题与己无关。如此这般，公司的管理质量难以得到提升，经验教训也只是在基层当事人凭个人记忆和悟性积累一点个人经验，对公司整体来说是没有经验教训的，也没有管理提升。解决质量问题基本上是针对某个具体的技术细节，最多延伸到几个相关的产品而已。那么除了某个技术细节出了问题之外，难道没有流程上的疏忽吗？没有能力上的不足吗？只是某员工出这样的问题吗？其他员工是否也会出类似的问题呢？部门管理上是否有待加强和改善呢？如果是"出事"部门的负责人，就应该思考和反思这些问题。否则，这样的质量问题所导致的血与泪不是白流了么。

  作为质量管理人员，至少可以从流程的漏洞上进行提示，并推动流程的改进和优化。流程是企业管理的一个重要组成部分，因为流程、人员和技术是研发管理和生产管理的三个重要元素。流程是为人服务的，所以相当重要。流程不仅是程序文件或规章制度，还包括工作模板、检查清单。每当发生质量问题的时候，质量管理人员除了思考和解决产品质量本身的问题之外，最应该考虑的就是流程是否有问题，是否需要更新程序文件、规章制度、工作模板和检查清单。我在这点还是做得比较好的，常通过质量问题来发现流程漏洞并建议和推动流程责任单位进行流程优化和改进。除了流程的问题，另外就是人的问题，人的问题其实就是人的能力、态度和相应的管理问题。就我来说，明知道某些部门的管理水平有问题或管理方法有问题，我也知道某些员工有问题，但也是寻找适当时机建议总经理换人。我觉得这方面自己做得不是很到位，因为我没有当好总经理的"魏征"。无论如何，质量人还是可以为流程管理和优化做出巨大贡献的，这也对企业管理有很大的促进作用，不可小觑！

2. 质量管理的使命和"双重"任务

任何工作都应该树立合理的工作使命，并围绕其展开工作。这样的工作才有理想、有抱负，也才有意义，这样才能够把工作干得更好。具有使命感的人更有责任感，更有方向感，也更有幸福感和成就感，当然也更容易成功。

大家也许听过《三个砌墙工人》的故事。英国一位哲学家问建筑工地的三位青年工人在干什么。第一位砌砖工认为自己是在服苦役；第二位砌砖工认为自己是在劳动；而第三位砌砖工却认为自己是在建造一座美丽的建筑。后来，前两位一生都是普普通通的砌砖工人，而第三位却成为有名的建筑师。第一位砌砖工，把工作当成了自己的一大负担，以一种逆反的心理去抵触人生所面对的现实；第二位砌砖工，虽然知道自己是在砌一堵墙，在为生活而奔波，但是仍然没有领悟到砌砖这项劳动所蕴藏的真谛，这就是孔子所说的"器"的境界；而第三位砌砖工，却把建造美丽的建筑作为一项崇高的使命来做，觉得自己眼前的每一块砖、每一滴汗，都会通往一座美丽的建筑堂，这样就充分展现和升华了工作的意义。第一、二位砌砖工就没有什么使命感，唯独第三位拥有远大而崇高的使命感，这样就决定了三种不同的境界和心态，也就必然会导致他们在解决工作、生活问题中所得到的不同的结果和回报。

对于质量管理，我认为也是如此。如果认为质量管理就是替人消灾或擦屁股，那么这样的心态无论如何做不好质量管理，反而一身怨气，对人对己都无益。如果认为质量管理就是公司的"看门狗"，不要把不合格产品发货到客户手里去，那么这样的质量管理充其量就是合格的质量检验。如果认为质量管理就是顺利通过外部客户的质量审核，以及第三方机构的各种ISO或产品认证审核，那么这样的质量管理也就是"文字管理"。如果认为质量管理要把不合格品检查出来，并快速地解决产品质量问题，处理好客户投诉，同时完善相关的质量体系，在公司开展各种QC小组改善活动，那么这样的质量管理也就顶多是优良水平。

我认为要想把质量管理做好，须树立正确的使命，确立远大的愿景。

我认为质量管理的使命是，自度度人，自觉觉他，提升全员质量意识和工作能力！

我认为质量管理的愿景是，工作质量、产品质量和经营质量零缺陷！

在上述使命和愿景的牵引下，做质量工作的时候就不会只是吐槽、描述问题、埋怨甚至指责大家没有正确的质量意识、不重视质量、工作能力不行、不遵照流程做事、沟通不顺畅、遇到质量问题推卸责任……当遇到这些问题时候，应该是像孔子那样，"听讼，吾犹人也，必也使无讼乎"。在这样的使命驱使下，质量工作者应该既当警察，又当老师；既当医生，又当保健员；既当裁判，又当教练；既当观察员（游泳池旁边负责安全、观察是否有人落水），又当救生员（救援落水者）；既当外科医生，又当心理医生；既当质量管理的工匠，又当质量管理的思想家；既要管事，又要管人；既要研究器，又要研究人；既要懂技术，又要懂管理；既当质量的培训员，又当质量的宣传员；既从事质量管理，又要影响和参与企业管理……要做到这些，需要大愿、大能、大德，是我努力前进的方向，我也依此常常反省和督促勉励自己！

我想，如果能够怀着崇高的质量管理使命去开展质量工作，并结合质量管理"双五归零"的具体措施方法，质量管理人员是可以推动企业管理的，哪怕管理层不太重视质量管理，哪怕管理层认为质量管理根本不可能推动企业管理。当然，如果管理层对质量管理"双五归零"有非常高的认识和重视程度，质量管理者也会是非常优秀的企业管理者，那么质量管理在推动企业管理方面更容易开展，也容易取得更大的成绩。

第五章　质量管理领导力

一、首席质量官在发挥领导力吗 …………………… 223
　　1. 质量总监都干啥 …………………………… 224
　　2. 质量部门是加法因子还是乘法因子 ………… 228
二、质量管理领导力 ………………………………… 229
　　1. 什么是领导力 ……………………………… 229
　　2. 质量管理领导力之屋 ……………………… 230
　　3. 4P 循环 Vs. 领导力 ………………………… 273

一、首席质量官在发挥领导力吗

21世纪变化得实在太快了，网络上常涌现出各种新词，让人应接不暇。企业管理虽然变化没那么快，但也不甘示弱，每隔一段时间，也会涌现出新观点或新名词。就连发展速度又慢而又稳健的质量管理，最近也出现了一个新职务——首席质量官。

据《湖北日报》2015年2月报道，80家湖北名牌产品的生产企业，已有52家施行首席质量官制度。2014年12月《贵阳晚报》也报道贵阳市决定在全市部分国有企业、获名牌产品骨干企业中试点首席质量官制度，并鼓励和引导企业设立首席质量官。还有很多地方政府都在做这方面的培训和推广首席质量官制度。

政府推行首席质量官有一个重要的目的，是行使质量安全"一票否决"。但是，如果首席质量官最主要作用是说不，那么名字叫得再响亮，也只能管得住投机取巧。这还得看首席质量官是不是金刚不坏身，面对利益的时候，能否站定立场，大声说不。否则，如果在面对如三聚氰胺事件或上海福喜食品公司过期劣质肉事件这样的情况时无动于衷，那么首席质量官也必将与这些公司的管理层一起被起诉,并关进监狱去检查牢房是否牢固。

1. 质量总监都干啥

设置首席质量官职位的公司不多,但很多公司的质量总监应该是相当于首席质量官的。不论叫首席质量官还是质量总监,总之是公司高层管理团队的成员之一。那我们来看看一些公司是如何定位高层管理团队成员的职责的。

某软件公司招聘质量总监的工作职责描述如下:

1)制定公司软件产品质量标准与检验流程;

2)制定公司网络服务运营质量标准与检验流程;

3)建立质量团队,进行公司质量体系搭建、公司质量管理流程的梳理;

4)带领质量团队,并协调公司开发部门、运营部门实施软件产品及网络服务质量管理过程。

某药企招聘质量总监的工作职责描述如下:

1)在总经理的领导下,负责公司质量系统的全面工作;

2)贯彻执行国家有关质量方面的方针、政策、法律、法规及总经理对质量管理的指示;

3)大力推行全面质量管理,组织质量攻关,采用国内外先进标准,不断提高产品质量;

4)领导和组织企业实施GMP,制定GMP实施计划,审定GMP技术改造方案;

5）掌握产品质量动态，解决影响产品质量的因素；

6）对违反国家法令、规定，对企业质量决策失误，对完不成质量考核指标，对不合格产品或未经检验的产品出厂，对发生重大质量事故或重大质量问题长期得不到解决的情况负责；

7）在药品生产质量管理过程中，主动与药品监督管理部门进行沟通和协调；

8）参与对产品质量有关键影响的活动，并行使否决权。

某电子公司招聘质量总监的工作职责描述如下：

1）参与制定公司发展战略与年度经营计划；

2）负责公司整体质量战略的拟定，配合公司发展战略需要，全面负责公司质量工作；

3）负责审核公司质量控制的整体政策、工作流程及制度、操作规范，督促、检查质量政策制度的贯彻执行；

4）协助总经理制定质量方针、质量目标，并分解、验证、改进；

5）负责指导公司质量体系建设，检查内外部审核以及有效控制运行；

6）负责规划客户质量服务、供应链质量控制，指导对供应商供货质量、成本改善的控制管理；

7）负责支持召开重大质量专题分析会议，协调各部门之间的沟通与合作，开展重大质量改善和成本降低项目；

8）负责指导、参与重大质量风险与事故的处理；

9）协助营销中心收集顾客满意度信息，并组织分析、改进；

10）负责处理客户投诉，确保顾客满意；

11）负责各质量部门职能系统与考核系统的不断完善。

第一家软件公司的质量总监的工作职责还太过集中在执行层面了，制定质量标准、维护质量体系及实施产品和服务的质量过程等都是具体执行层面的工作，也可以说是围绕2P（Product & Process）的工作；而关于影响质量最重要的人这个因素几乎没有涉及。

第二家药企的质量总监的工作职责太过于被动和消极了，属于应付型的质量管理，是基于满足质量体系、法规和标准及解决质量问题的，或者对质量问题说不的；也缺少对人员的能力、责任心及质量文化方面的关注。

第三家电子企业的质量总监的工作职责比较有趣，也更有意义和高度，从质量战略到质量策划、质量控制及质量改进都有了；关于人员之间的沟通与合作也有要求，但并不够，特别是关于人员的能动性、正能量方面的要求几乎没有，还是较为被动、以解决质量问题为主。

质量总监的职责都是谁来制定的呢？当然是总经理。如果总经理赋予质量总监们上述职责，我不知道质量总监们是高兴还是郁闷。也许可以为不用那么操心、不用承担那么大的责任而高兴，但是整天围绕着具体的产品质量去发现问题和解决问题是否郁闷呢？这样的话，又如何更好地预防质量问题呢？如何提升公司整体的个人能力及团队协作能力呢？预防问题的能力才是至关重要的，预防问题的能力与组织能力是密切相关的，关于这点很容易从人生历练中找到答案。

比如小时候，大人们会教导走路要小心，要注意这样那样，遇到这样那样的"问题"就要绕开走或找大人帮忙。但是，小孩子难免粗心大意，一不留神就摔跤了。摔跤了当然就发现了问题，因为不舒服甚至疼痛。发现摔跤这个问题之后，首先是想办法爬起来，这就是解决问题，也很简单。但是，小孩子还想不到如何从跌倒中吸取经验教训，也不会去分析跌倒的根本原因，所以小孩子基本不具备预防问题的能力。但是随着年龄的增长，一方面，身体更加强壮了，具备了一定的预防能力；另一方面，也会去分析跌倒的根本原因，并从跌倒中汲取经验教训，这也是从学习中获得的预防能力。即使上了年纪，如果体力、智力还比较正常的话，那么预防跌倒的能力仍然具备；即使身体不具备防跌倒的能力了，这时候也可以充分发挥智慧，要么用拐棍，要么拟定一些行动准则，总之是要弥补身体能力的不足。

从人生经验可以看出，预防问题的能力主要有两方面：一是"第一次把事情做对的能力"；二是"经验教训中获得的预防的能力"。质量负责人的能力和贡献有多少，就是看他在提升公司预防质量问题方面做了多少,也可以说在提升组织的工作能力和工作质量方面做了多少!

2. 质量部门是加法因子还是乘法因子

质量管理做得好,那么质量部门的意义就不是财务总监们眼中的成本支出项,而是 CEO 眼中的因子大于 1 的乘法因子!即,公司整体为 Y,$Y = (X_1 + X_2 + X_3 + \cdots + X_n) * K$。其中,$X_1$、$X_2$、$X_3$ 等为各部门,K 为质量部门。当质量部门能够为公司的产品质量做出贡献,为公司协同合作、流程优化做出贡献,能够为人员的能力提升做出贡献的时候,那么这个 K 就大于 1,质量部门就是公司发展的加速器。相反,则质量部门的 K 就可能小于 1,甚至是各部门当中拖后腿的部门。比如,有的质量部门的观点和态度就不太正确:大家都知道质量是设计或制造出来的,当出现质量问题之后,质量人员只能以质量不是检验出来的为借口,但是不能协助研发部门或生产部门提出任何建设性的改善建议;而当原材料出现质量问题的时候,找各种理由甚至抱怨供应商,但是并没有想办法如何顺畅、有效地解决原材料质量问题,也没有致力于改善供应商的质量水平。这样的质量部门,就是 K 小于 1 的拖后腿部门。

因此,质量管理不仅是传统意义上的 QC、QA、SQE、CQM 等各种岗位的管理部门的综合,这些管理主要是产品(Product)质量管理,以及少量的流程(Process)质量管理。质量管理的本质是企业管理，企业管理离不开各种管理方法、手段和管理工具，但核心在于发挥人（People）的潜力、积极性和能动性。因此，质量管理应当围绕企业管理展开，并最终体现出质量管理领导力！

二、质量管理领导力

1. 什么是领导力

那究竟什么是领导力呢？美国的两位管理专家詹姆斯和巴里合著的大作《领导力——如何在组织中成就卓越》认为一个杰出的领导者应该具备的五种习惯行为、十大承诺并且再版中的描述都有所更新，下面是第5版的内容：

- 以身作则
  - —明确自己的理念，找到自己的声音
  - —使行动与共同的理念保持一致
- 共启愿景
  - —展望未来，想象令人激动的各种可能
  - —描绘共同愿景，感召他人为共同的愿景奋斗
- 挑战现状
  - —通过捕捉创意和从外部获取创新方法来猎寻改进的机会

——进行尝试和冒险，不断取得小小的成功，从错误中学习
- 使众人行
——通过建立信任和增进关系来促进合作
——通过增强自主意识和发展能力来增强他人的实力
- 激励人心
——通过表彰个人的卓越表现来认可他人的贡献
——通过创造一种集体主义精神来庆祝价值的实现和胜利

这部著作是针对成功的经理人个人应该具备的通用领导力，这不是我要重点阐述的。我想要讨论的是作为一个组织，如何从企业整体管理的角度实现质量管理领导力，其中最重要的就是作为企业最高管理层、作为质量管理的负责人，以及作为公司的经理人和其他员工应如何在质量管理方面展示出有力的领导力，从而确保大家的工作质量、经营质量和产品质量，最终实现公司、顾客和员工全面满意，为公司、社会创造利润和价值。所以，除了企业最高管理层、质量管理的负责人，以及作为公司的各级经理人员和其他全体员工需要掌握通用的个人领导力之外，还涉及企业管理的问题，涉及质量管理的方法论问题。

2. 质量管理领导力之屋

那么究竟什么是质量管理领导力呢？这就是本书接下去要谈到的重点，为了让大家先有一个整体印象，也为了把复杂问题简单化一点，我借用管理界流行的"管理屋"

画出质量管理领导力之屋,见下图。

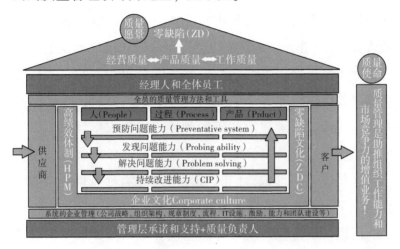

质量管理领导力之屋

从管理领导力方面来说,这个质量管理领导力之屋与前面提到的两位美国管理专家詹姆斯和巴里联合阐述的领导力的有些相似。比如,这两位大师说的"以身作则",那么管理层的承诺和支持就是"以身作则"。这是最重要的管理原则,不仅要承诺,而且还要发自内心的支持质量管理工作,把质量管理作为公司重要的管理层面。"共启愿景"对应的是公司最高层要设立长远的激励人心的质量愿景,这个愿景不仅是关于产品质量如何领先,让客户满意,而且还要提高全员的工作质量让员工满意,输出良好的经营质量让股东满意、员工满意。"挑战现状"是一个理念要求,企业文化和高效机制可以包含挑战现状的要求。"挑战现状"也可以是关于某个具体项目的挑战并取得成功,对应持续改进（CIP）的要求。"使众人行"这一要求可以包含在创造合作的企业文化中，高绩效体制也应当包含"使众人行"。另外，质量管理也必须围绕公司战略制定质量战略，而质量战略很重要的内容就是围绕如何"使众人行"，特别是如何让管理层和各级经理开展质量管理工作。"激励人心"主要在于通过质量管理领导力之屋取得让客户满意的产品质量、让员工满意的工作质量及让股东满意的经营质量这些成就来形成，同时管理层对为满意质量付出的高绩效人员和团队进行管理激励。

所以，质量管理领导力之屋包含了两位美国专家推荐的领导力"工具箱"，同时针对质量管理扩展了以人为中心的质量管理的"生态系统"。质量管理领导力的重点不是以产品检验为基础的质量检验（QC）如何运作，也不是仅局限于以事情和流程为对象的质量保证（QA）如何管理好，重点是质量管理的"四种人"：第一是总经理，第二是质量管理负责人，第三是各级经理人，第四是其他员工。以人为中心，就离不开以人为本的企业文化，以人为对象的高绩效管理机制，以工作质量为目标的零缺陷文化。这是非常重要的内部管理"软件"。为了把质量管理好，还离不开外部合作伙伴，特别是供应商和客户。内外相连才能结合成有机的基于价值流的管理系统 SIPOC。S 代表供应商（Supplier），不仅包括提供原材料的外部供应商，引申开来还包括向内部提供管理输入的内部供应商，以及提供人才的高校或人才市场等。I代表输入（Input），这里的输入不仅是指外部供应商提供的原材料，引申开来也包括企业管理的输入，包括人才、设备、厂房及市场信息等。高绩效管理机制、企业文化、客户需求等都应该作为输入的重要部分，这样来确保整个公司的运作是高效、高质量的。P代表价值链处理和管理的过程（Process），可以是有形的产品设计、采购、制造、运输和安装等过程，也包括质量检验和订单处理，以及人才引进、考评、升降、绩效考评等重要过程。O代表输出（Output），包括让客户满意的产品，也包括零缺陷文化的输出。这样一来客户不仅对产品感到满意，而且对公司的管理也是满意的和充满信任的。整个质量管理领导力之屋所输出的非常重要的内容就是整个公司的管理绩效和经营绩效，产品质量和市场竞争力是其中的重要元素。

既然是质量管理领导力之屋，就离不开质量管理的三要素，即产品、流程和人（Product Process People，3P）。那么如何管理好这三个P呢？我认为要对每个P都运用4P管理（Preventative system, Probing ability, Problem solving and continuous improvement Process）的方法和步骤。

（1）预防3P问题的能力——预防系统（Preventative system）

质量管理的最好水平，就是没有质量问题。质量管理最重要的内容，就是预防质量问题的发生。因此，预防系统弥足珍贵。预防系统的建立和优化首先得从预防系统的策划开始，再采用各种预防方法，采取预防措施。其目的是尽力第一次就做正确的事情，同时提升第一次做正确的事情的工作能力。

1）预防产品（Product）的质量问题

好产品，设计阶段就要把客户的需求琢磨正确，再正确地把客户需求转化为产品技术特性，进一步做概要设计。概要设计之后，通过质量问题预防工具——设计失效模式及影响分析（Design Failure Mode and Effects Analysis，DFMEA），来分析潜在的质量隐患，并在设计阶段采取措施避免在生产或客户使用过程出现质量问题。在设计阶段，还要考虑设计可制造性（Design For Manufacture，DFM）、设计可测试性（Design For Testability，DFT）等降低生产过程的质量隐患，以及考虑设计可维护性提高现场的维护便利性。这些都是设计阶段的预防措施。

同样，对于生产过程也要在新产品导入阶段就要考虑设备是否可靠，工艺是否有潜在问题影响产品质量。并且，还要评估工人在操作设备或在组装产品过程中有哪些潜在的人为失误，以便提前做好培训，并从技术上尽可能采取防错法避免人为失误。如果没有在前期充分考虑设备的隐患的话，那么在后续使用过程中可能出现严重的质量问题。我曾经遇到过这样一个质量问题，就是某个测试设备从开始阶段就没有设计好，也没有评估质量隐患，后期因设备问题导致了产品质量问题。这个测试设备所需要用的供电电源是测试工程师自己手工制作的，比较简单、粗放、不严谨，所以测试设备的电源质量并不可靠，而且还没有对该电源进行定期维护和监测，导致终于出现质量问题，从而输出不正确的超高电压对产品造成批次性的损坏。

相反，中国第一座水电站——由德国西门子公司提供设备的石龙坝水电站，到 2015 年已经超过一百年了，西门子生产的 2×240 千瓦发电机组仍然正常运转。当时设计产品时，西门子就设计了预防措施。设计的发电机会运行长达好几十年甚至上百年，虽然发电机主体可以正常运行，但是某些机器配件在运行过程中会磨损甚至坏掉，需要更换。但这些配件是定制的，而随着技术不断进步西门子也不可能一直生产同样的产品和配件。考虑到这些，西门子配备了大量配件，供客户在后期维护时正常维修更换。西门子的客户服务意识是非常强的，很多公司都是如此。但是，在预防思维上，有多少公司能做到西门子这样呢？

有关预防意识，也可以看看另一个更绝的故事（真实性和逻辑脉络待考，但是提出的预防意识值得质量人学习借鉴。——作者注），是关于牛津大学建筑师的。1985 年人们发现有着 350 年历史的大礼堂出现了严重的安全问题，原因是 20 根橡木横梁已经风化腐朽，需要更换。为了保持礼堂的历史风貌，要用橡木更换。但是，要找到 20 棵巨大的橡树并不容易，令大学领导层一筹莫展。

这时校园园艺所来报告，说350年前建筑师就考虑到了这个可能的困境，当年就请园艺工人在学校的土地上种植了一批橡树，如今可以满足替换横梁的需要。那个年代还没有系统的质量管理知识和预防方法，如果这个故事是真实的，那么建筑师们如此远见卓识、认真负责、防患未然、早做准备，值得人们为之点个赞！

对于企业而言，产品相关的供应商选择和原材料采购也需要充分考虑预防措施。在此就不多说了。下面谈谈与人员相关的预防措施。

2）预防人员（People）的质量问题

对人的预防措施非常重要，可以说是3P要素与4P管理这相交的12个Pser（将字母P变复数再加er拟人化就变成了Pser，是业界常用的一种表现形式）中最为重要的管理焦点！

关于人员的预防，首先要从人员招聘开始。柳传志提出的著名管理三要素——搭班子、定战略、带队伍，就明确地把选人放在定战略之前，就说明选人是第一重要的。搭班子是选拔一批志同道合、有着共同理想且能力强的人，然后才能基于这批人的特点、优势及共同理想定出合适的战略，战略也才能很好地得到实施。因此常说，没有柳传志和李勤就没有联想，也不可能有联想当年的战略和目标。一些创业公司不成功，就是因为当初的合伙人选择不恰当。甚至创业公司成功了，但是因为当初选择的合伙人不恰当导致后来创始人团队散伙，对公司造成巨大影响；或者，在公司发展到一定程度时，因为当初选择的团队不是很合适、价值观不符或能力跟不上，创始人又没能及时、妥善地处理好当初的元老，造成公司的发展受到极大地限制。就我咨询过的案例来说，一些民营企业在选择合适的班子方面主要存在的问题是能力不够。公司元老的态度都很好，但随着公司的发展他们走上高层岗位或经理岗位时，因为能力的局限，导致后续在招聘的人才等方面存在各种问题。这就像李开复说"A people hire A people"，但是如果是"B people"可能就找"C people"。如果公司不能在发展过程中及时地处理好这些问题，公司迟早会遇到问题，甚至走向萎缩。人才是对质量影响最大的因素，人才的质量就是管理理念和方法的最直接体现。

公司从创业开始到平稳发展的阶段，人才招聘都非常重要。把人才招聘进来之后如何培训、培养，如何选人、用人，如何为人才找到合适的位置，如何帮助人才向上发展等，都是属于人员预防体系的。杰克·韦尔奇在选择人才和辅导人才上花了很多时间。这充分展现了他对人才管理的预防体系建设，形成了发现人才问题并解决人才问题及持续优化人才的整个循环过程。

具体到一个用人部门，如何做好人员预防系统呢？首先，在招聘选拔过程中一定要坚定选人标准，不合适的人坚决不要。把人招聘进来之后，在试用期过程中要紧密追踪和观察员工是否真能适应岗位需要，不合适就要采取果断的措施，否则不合适的员工转正之后才采取纠正措施会很痛苦。我在招聘人的时候也犯过错误，主要是在初当经理人的时候经验不足，当时又缺人手、用人心切，所以招聘了一两个认为不是十分合适的下属。但是，当我在试用期发现招聘进来的人员并不合适的时候，会马上采取措施。具体做法是如果通过辅导并给予第二次机会还不能达到期望的话，会暗示员工好聚好散。随着经验的累计和总结，我逐步提升了招人的辨识能力，达到了较高的预防能力，以确保招聘进来的员工质量。招人是管理者的一项重要工作，比招聘不合格再进行补救重要得多。所以，可以说，人才招聘是非常重要的质量预防工作。

　　但是，作为质量管理人员，如何在日常的人员管理方面做好预防呢？能够做得比较多的可能是推动生产性员工的培训上岗，主要包括两个方面：一是要求新人的上岗前培训；二是要求新产品的培训上岗。其他关于人员方面的预防，就是协助人力资源部门展开员工所需要的关于质量管理方面的知识培训，如必要的质量意识培训或质量方法论和质量工具的培训。总之，对于人员管理而言，预防管理是充满挑战性的。对于不属于质量管理人员所直接管辖的范围，则更有挑战。要做好人员的预防系统，主要是要做好人员招聘、培训、绩效考评，以及工作方法和技巧的辅导等。而这些工作最主要的负责人，是直接带领各级员工的经理人，以及人力部门！当然，质量负责人有必要在这方面给予重要提醒、建议和支持！

关于人员方面的预防体系，除了个体之外，还要关注团体建设，这就可以衍生到组织架构的建设上。设计良好的组织架构也能够增强个体和团体的作战能力，当然对工作质量和产品质量也都影响深远。组织架构的建设和优化也就是人员能力的预防体系的形成和发展。一般而言，公司每隔两三年就需要重新审视组织架构，否则等到病入膏肓再调整就等于要动手术了。

3）预防流程（Process）的质量问题

流程的设计和制定一定要考虑人的要素，要站在流程参与者的角度看流程、流程参与者对流程如何反应，以及考虑流程参与者所有的惰性、弱点和局限等。然后，从流程制定之初就考虑如何避免问题，如何为流程参与者服务，从而提高流程参与者的协作性、流程能力和团队工作质量。

关于从流程上如何加强预防系统的能力，我在第一本拙著《创造价值的质量管理》中第四章论述得较多，并举了如何设计家长接放学幼儿园小朋友的预防性流程例子，以及大家听说过的和尚分粥的故事。这些都是具体的预防方法。在该书的第四章也论述了如何设计流程的层级关系，是从文件架构设计方面进行的预防。同时，针对流程的讨论、起草、评审、会签和发布等的合理过程，也是流程预防性方法的重要因素。

要使流程真的好用、真起到预防作用，还必须由高层抓起，由高层的重视和支持开始。如果最高管理层不重视，也不支持，随便找一个人来负责质量管理体系，即使有一个能力强的质量体系人员，也推不动其他部门的流程建设。只有高层重视，并委派得力干将从顶层设计开始策划质量管理体系和管理流程，然后打通业务上的各个链条，并为每个链条上的"珠子"设计好标准和规范，才可能搭建好横向的流程体系及纵向的专业指导书和规范，从而形成系统的全面质量管理流程。

西门子的流程管理应该算很优秀吧，但我曾供职的其旗下的楼宇科技集团在2008年就重新做了一次全面的流程优化和梳理，使得集团在后续多年能够保持健康地发展。在做这个流程优化和梳理的时候，就是集团执行官亲自挂帅，由研发体系、生产体系和营销体系的负责人亲自负责PLM、SCM和CRM的一级流程梳理。然后，再往下分配二级流程梳理、三级流程梳理，每一个层级都派得力干将亲自担当，而不是随便找一个人去应付编写文件。当然在2008年那次全面梳理之后，每年也在不断地持续优化。比如，研发流程就是由跨部门、跨专业的专家团队平均每年组织两次流程优化和升级活动，到2015年、2016年又进一步把零缺陷质量项目的内容融入到研发流程中。除了三个主业务流程，其他支持流程，如质量管理、人事管理、财务管理、信息管理等各专业管理，也同样派遣主力负责流程优化和梳理。

流程除了指文件化的程序之外，也包括做事的过程。做事的过程就离不开合理的方法和步骤，这也是影响质量的重要因素。比如，生产线搬动的计划、准备、现场实施和验收就属于一个完整的搬迁过程。这是在工厂比较常见的活动。所以生产线的布置需要提前设计和规划，是重要的预防工作。如果这个过程计划不好，也就等于预防系统失灵，那么会造成严重的负担甚至问题。我就遇到过这样的案例。一次负责产线布局的工程师主要凭自己经验和领导的意思进行设计，然后找施工队布置电源线、气管线及工作台等。可是等到搬完之后发现很多布局不合理，生产线的组长和工人们不得不根据自己的需要重新进行调整。这样翻来覆去做了很多无用功，造成很多浪费及抱怨。我就问生产线其中的一个组长，"为什么车间布局工程师没有提前与你沟通，并让你参与生产线的布局呢？"组长没有答案，他只是抱怨没人找他们。我又问他干了几年了？他说当组长3年多了，并且经历的了几条生产线共五六次搬迁，比较有经验了。我就感觉到布局设计工程师太不善于利用基层的力量，没有提前听取大家的建议，没有做好预防工作。生产布局这样的事，不仅要听取领导的意思，更要听取"客户"的呼声。生产线上的一线工人就是他的"客户"，并且他们在某些方面比生产布局工程师更了解生产线和使用需求。此外，在展开全部生产线搬迁前，可以先试一两条生产线，合适了再推广。而车间用电等的走线可以先做临时的，等到生产线合理固定之后才请施工队伍施工。而不是先固定好电源和气源，然后让生产线跟着电源和气源走，这样容易造成生产线不合理。或者，为了让生产线合理，不得不重新施工。所以，做事的步骤和方法这个"Process"非常重要，做对了，事半功倍，反之事倍功半。

（2）发现3P问题的能力——探究能力（Probing ability）

对3P问题的预防能力当然非常重要，但对于3P的检测能力（即探究能力）也非常重要，通俗而言就是发现3P问题的能力。当预防系统没能够完全防住失误或缺陷时，即没有第一次把事情做对时，要能够第一时间发现问题，并采取及时的纠正预防措施，以避免后续更多麻烦或损失。很多工作，如写作、研发、谱曲、画画、方案设计等，都不可能第一次把事情做正确。所以，需要尽可能第一时间发现问题，越早越好。否则，随着时间的拉长，问题就像雪球似的越滚越大，损失也会越来越大。在此我主要围绕质量管理的3P来谈谈如何加强发现问题的能力，至于写作、画画和谱曲等方面的检测能力，我不敢班门弄斧。

1）发现产品（Product）的质量问题

发现产品质量问题的最常用的方法就是检测、检验、试用。检测产品的潜在风险或问题，需要足够的技术手段，包括研发检测设备和实验室、生产过程检测设备和实验室，以及原材料的检测设备和实验室。如果技术手段不够的话，公司内部就不可能尽早检测出质量隐患和问题，就需要等待更长时间的考验,等到客户发现问题。这造成的后果与自家发现问题并及早采取措施的效果不可同日而语。

  我想起 2010 年日本丰田公司召回 900 万辆汽车的事件,为什么一定要等到发生交通事故害死了好几十位"上帝"才处理问题呢!导致问题严重到不可收拾才被曝光的原因是什么呢?我认为主要是因为丰田没有第一时间发现问题。如果第一时间就发现了问题,那么丰田的整改成本就相当低廉,肯定会毫不犹豫地采取改正措施。后来,也许发现了问题,但太晚了,如果要采取措施会造成很大的经济损失及品牌损失。但"上帝"们联合投诉、上诉,加上美国政府部门的强力介入,丰田不得不认错并采取措施。只要对产品质量负责任的公司或多或少都经历过产品召回,要么是被动的,要么是主动的。这都是因为在问题发生的最初时间没有检测出来,甚至在临出厂前也没有发现问题。所以,哪怕在临出厂前发现质量问题,造成工厂内部批次性返工甚至报废,也比客户发现质量问题好太多。批次性的质量问题或涉及重大安全的质量问题,对公司造成的损失和声誉影响是非常巨大的。

  及早发现产品质量问题和隐患,是一项非常重要的能力。对于研发产品的质量而言,检测和测试出质量问题的能力非常重要。如果研发的检测能力弱会导致这样几个问题:一是不能促进质量改善和研发技术的提高;二是没有被检测出来的质量问题有可能导致严重的客户投诉;三是研发不敢大胆创新,因为创新很容易出错,但问题不能检测出来的话就会妨碍创新。一些优秀的企业在这方面大力投入,如格力公司花巨资建设综合实验平台,并获得CNAS、CQC、TUV、UL、CSA、VDE 等国内外权威机构认可。这些实验室具备分析原材料、零部件、整机等各类常规试验、型式试验、可靠性试验、舒适性试验、环境模拟实验及各类失效分析试验。

2) 发现人员(People)的质量问题

人员决定产品质量和流程质量,因此招聘并留住优秀人才至关重要。但如果没有招聘到合适的人员或优秀人才受到各种影响变得不适应工作了,能够及早发现人员的问题就非常重要了。

发现人员问题可以从这几个方面来开展:一是在招聘的时候能够辨别候选人是否胜任岗位需要,是否符合公司价值观,从而确保第一次招聘到对的人;二是第一时间发现新员工是否真的胜任工作,从而第一时间解决好是否合格的问题;三是从现有员工队伍中慧眼识珠,发现优秀的人才进行重点培养,并委以重任,从而决胜关键工作;四是从员工队伍中发现人员的异常,及时采取纠正措施以避免造成不良影响;五是及早发现人员中的工作不足或能力不足,提供必要的及时支持和辅导等,避免因为员工能力不足或某项具体的技能不足出现工作失误影响大局;六是发现员工的特长,充分发挥其优势。根据美国盖洛普公司高级副总裁马库斯·白金汉的研究著作《现在，发现你的优势》，每个人都发挥长处是最能够为公司做出贡献的。

是否能够发现人员的能力问题或态度问题，也不是每一位经理人都真能做到位，只有优秀的经理才会自觉培养并具备这种知人善任的洞察力。平庸的经理人连自己的工作可能都做不好，逻辑和思路可能都不清晰，他可能就不会发现团队里面的人员问题。另外，他即使发现了人员的问题，也可能不会采取行动，因为他可能就不愿意招聘能力强的人。

作为经理人，还可以通过定期的绩效考评发现人员的问题。一般而言，某个人的问题不外乎能力的问题及态度的问题。个人的问题还是比较容易发现的。但是，把个人放到团队中，即使某个人能力强、态度好，但也有可能完不成工作任务。这就可能因为流程不畅、管理机制存在问题或组织架构有问题，导致个人想做事，也有能力做事，但却无法发挥作用。对于团队中存在的问题，就需要有高度责任心的团队成员或更高一级领导，既要了解团队情况还要站在全局的视野看问题和思考问题，才容易发现流程或组织的问题。

通常而言，经理人对他下属的问题不可能都知晓，有时候甚至可能以偏概全误判了某个人。所以，为了全面发现人员的问题（其实也包括全面发现人员的优点），可以利用360度绩效考评或360评估方法。在这方面欧美企业做得相对好一些，因为欧美企业更关注人才及人才的感受。比如西门子，每年的绩效评估包括自评、经理人评价，以及最后人力组织圆桌会议的评价。圆桌会议由人力部门主持，除了被评价人的经理，还包括被评价人的经理的经理，以及与被评价人的经理同级的其他部门经理。这样的评价是比较全面的，也更客观，当然也更准确。通过这样的评价，经理人能够更准确了解下属的优缺点，也能对下属做出更合理的绩效评估，以及更适合的辅导和帮助。

3）发现流程（Process）的质量问题

发现流程的问题，不仅是发现流程本身的不足或不当，还能及早发现做事的方法和步骤上的问题，从而避免臃肿的不合适的流程及方法一直影响做事的效率及工作质量。流程不仅指质量管理程序，也包括各种作业指导书、记录及模板、检查清单等，管理制度也算是流程。

关于流程及管理制度本身存在的问题，不像产品或人员那样明显，大家对流程及制度的问题也没有那么关注。即使发现流程问题，员工更多只是抱怨或表现得事不关己。一般而言，只有最高管理者对流程和制度重视，大家才可能更关注流程和制度的作用，也才会重视起来。

无论如何，对于流程和管理制度最好是一开始就考虑防错功能，考虑可操作性。否则，在后续实施过程中只要没有太多问题，大家是不会太关注的。最好的办法就是，请流程及制度的内部"客户"在制定初期就指出不合理和可改进之处，指出之后再去综合进行修改，最后发布之前请大家会签确认。这样就可以把各方的意见考虑进去，大家在前期就对该流程及制度进行了检测，就能更好地保证后续实施过程中的质量。

　　在实施之后也要进行对流程和制度的问题检测，可以是出现某些典型的管理问题或质量问题的时候。出现问题之后，不仅要就事论事地"救火"，还要反思相应的流程及管理制度是否合理，这样很可能发现流程及制度的缺陷。虽然，这是通过问题来检测流程的合理性，但确是非常有效的一种手段，也是非常必要的。我在富士康和西门子经常通过这样的方式进行流程改进，在发现产品质量问题或管理不畅的时候，就要问流程有规定吗？设计规范合理吗？设计模板或检查清单（check list）有效果吗？通过询问这些问题就能不断地发现流程的不足，然后不断优化和改进。这样的流程改进也更有针对性，也是一种举一反三的做法，算是问题制造者为后来人做的"嫁衣"。但通常而言，问题制造者不会反思流程的问题并主动改进流程，要通过质量人员特别是质量负责人来推动这样的改善。同时，质量负责人要影响各个部门的经理具备强烈的流程认知和流程改进意识，这样调动大家都来重视和建设流程，优化和改进流程，用流程提升公司管理效率和工作质量。

　　对于流程及制度的质量检测还可以通过定期的评审进行，如对每个流程至少每三年做一次的评审。因为，通过问题来发现流程和制度的缺陷是有局限的：一是通常不能覆盖每个流程；二是即使流程有缺陷，但不一定导致严重的后果，所以有必要定期评审流程是否过时，是否仍旧合理，是否适应当前的产品及过程，是否适合当前的组织架构及人员能力等。当然，也许你会说公司每年会进行内部审核及外部审核，但通常这些审核只是笼统的"走马观花"式的评审，不全面、不彻底，也不深入。

　　当然，对于内部审核这种检测方法我还是有杀手锏的，并且效果非常不错。方法也很简单，就是针对流程当中所涉及的重要条款和内容摘抄下来，记录到 Excel 表单里，然后审核员根据流程的要求进行——对照审核。这样可以避免凭着印象、个人对 ISO 9001 的理解和经验来审核。通过这个方法，可以发现每条质量程序所要求的措施是否得到执行，或者检查流程里面所要求的是否合理。针对发现的问题，要么加强部门和人员管理，提高质量流程的执行力；要么修改程序文件，使程序文件真正指导工作。质量程序文件合理，并且根据文件能确保较高的执行力，符合这两个条件才是好的 ISO 9001 管理体系，才能够确保管理的一致性和可预测性，以及产品质量的稳定性。另外，这并不是说限制企业和员工创新，只要质量流程合理，不会阻碍创新，只会为创新保驾护航、降低质量风险、提高创新成功率。比如，对于创新技术，充分利用质量工具 DFMEA 就可以提前预防质量风险，以及通过必要的可靠性测试来降低产品上市后的质量风险。可以看到,这样的要求并没有限制创新。

质量程序	检查内容	检查发现	改进建议
供应商质量管理	对发生过严重质量问题的物料,IQC负责记录改善后第1批来料的质量检验结果,并通知SQE、PE进行试用。SQE据此评估供应商改善行动的有效性,对8D进行关闭,并记录在8D跟踪清单。	通常超过1天才能处理	需要更新
	如果供应商不需要运回退货,SQE将结果通知IQC、物流、库房,物流核实数目后,库房将实物交行政处理。	ok	建议在流程中写上参见报废流程,有可能涉及危废的处理
	供应商审核一般分为预审核、产品审核、系统审核、过程审核四类。看2014年审核计划,不能看出实施的比例。	过程审核周期一般一年一次,流程要求每季度	需要更新
	对于标准器件的供应商,一般不再需要进行现场审查。对于非标器件的供应商,必要时进行供应商现场审查。审查需求由相关部门提出并填写《供应商审核申请表》。	不再使用《供应商审核申请表》,差旅申请	需要更新
	根据被审核供应商的人员数量和审核范围,审核周期一般不少于2个工作日。审核组依照检查表对被审核区域进行检查。	ok	
	审核结果评定标准。	ok	

(续)

质量程序	检查内容	检查发现	改进建议
生产人员控制	生产线新操作工正式上岗前,根据人力资源部操作工技能培训要求,首先要经过公司级培训、部门级制度培训,并填写相关纪录。		增加内部培训师,培训的方式
	新员工入职、人员转岗,先进行岗位培训、定时检查工作质量和效率。质量符合产品质量标准。员工效率考核标准根据各种产品情况决定。	不好操作,不符	建议第一周效率应不低于定额的60%,第二周应达到100%。并填写岗位胜任能力培训纪录
	工艺变更、新品、新设备使用、返工生产前要操作工要先得到培训,后进行生产。填写生产线培训记录表。	不符	需要更新
	班组长至少每季度更新一次技能矩阵表,检查资源状况,及时补充人员技能。超过6个月未在本岗位工作的员工,岗位级别下调一级。		重新调整岗位级别
	知识、信息类的人员集中培训填写生产线培训记录表。		取消或细化定义

Excel 表单里中的质量程序文件中的主要内容

上图所示的就是把质量程序文件中的主要内容搬到 Excel 表单里,然后请内部审核人员根据清单一一对照抽样。这样简单明了、可执行强,还能够有效地发现问题。

另外,在很多人心目中,质量审核就是文字游戏。把审核发现的一条一条地罗列出来,这样的报告很难提起人们的兴趣，包括质量管理人员也没有太多兴趣。这一方面是因为审核出问题的力度不够；二是没有统计意义。其实，内部审核及各种客户审核的问题还可以通过数字和图表来表达，特别审核覆盖范围比较全面、发现问题的次数达到一定统计意义的时候。下面我就举两个亲自辅导做的质量审核所发现的问题分布，以及各部门质量流程的改进状况。

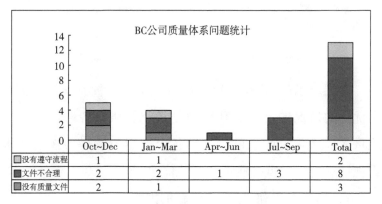

BC 公司质量体系问题统计

上图所示的是我在工作时遇到的一次产品质量事故，或者说工作中的"扯皮"的问题，然后请质量管理体系经理协助调查分析的结果。当然这些问题都得到了及时纠正，针对文件不合理的就组织责任单位修订文件；针对没有质量文件支持的，就组织补充或重新制定文件；针对没有遵守流程的情况，就进行再次宣贯和强调。

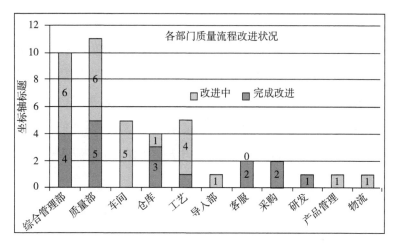

针对质量流程持续更新和优化的情况的统计

上图所示的是2015年我针对公司的质量流程持续更新和优化的情况的统计。其目的是量化和跟踪各部门在从事质量文件优化时的进度，推动各个部门能够尽力按照要求重视质量流程，重视质量流程的优化。

4）影响发现和暴露3P问题的因素

要发现3P问题，除了要有必要的技术手段及合适的方法之外，还需要鼓励每个员工能够坚持原则，有问题就说出来。否则，即使存在问题，大家要么接受，要么忍受，要么漠视，总之让问题暴露不出来。一般对于产品的质量问题，大家都可以直接指出来，但对于人的问题及流程和管理的问题，要大家直言不讳地指出可能存在一定难度，特别是在"好好先生"的大环境下。在恭维甚至拍马屁方面，很多人能耐很大；但要当面指出问题，对多数人来说都不是容易做到的。

另外，公司的环境、文化是否包容大家指出问题，也值得思考。在听到问题之后，是做出防御性的辩解甚至对抗呢？还是包容地仔细聆听并做出积极的分析，然后心平气和地"有则改之，无则加勉"呢？还有就是大家是否只愿意听好消息，只愿意听好听的呢？如果这样，那么员工即使看到问题也没有动力去说出来。

所以，如果想真的了解真实情况，包括各种与自己期望背道而驰的问题或坏消息，要从三方面做起：一是要鼓励大家有问题就指出来，就事论事地指出来；二是大家要敞开心胸接纳建议甚至意见，把他人的意见当作强健自己的苦涩药方；三是即使有人反映坏消息，即使反映坏消息的同事带有情绪，也要兼听则明，并尽量站在全局的整体的角度来思考如何改善，而不要认为"为什么就你说到处都有问题"，相反我们要思考"为什么其他人不提出问题"。当然，我们也应该鼓励提出问题的同事，尽可能客观地描述问题，尽可能去想办法解决问题，对于解决不了或没办法解决的问题要勇敢地指出来。我知道，这非常困难，但这也是唯一的出路。否则，很多问题沉在下面，察觉不到，解决不了，但可能随时会爆，浮在上面的大家容易看得见的问题其实只是冰山一角。

(3) 解决 3P 问题的能力——解决问题（Problem solving）

前面说了，预防能力非常重要，预防是为了提高第一次把事情做正确的能力，但在实际生活和工作中会不可避免地出现失误和问题，因此第一时间发现并解决问题也非常重要。发现问题之后需要第一时间把问题有效地解决掉，否则小问题可能会变成中问题，中问题会进一步发酵成大问题，甚至发展为不可收拾的灾难。比如前面提到的麦当劳火灾，当发生火灾的时候有几个人在现场，是有机会把火扑灭的，但店长没有采取正确的行动，也没有叫人帮忙，然后在火势逐渐变大的时候就与别人一起跑了。我想这个问题也不能全怪值班店长，因为该麦当劳店的业主可能没有意识到火灾预防的重要性，没有对店长进行足够的消防知识培训和消防演练。

1）解决产品（Product）的质量问题

解决产品质量问题，有许多种方法。对于一眼就看出来的质量问题，通常用立刻解决（just do it）的快速（quick fix）方法。比如，生产线的后工序发现前工序的某个产品虚焊或漏焊。那么，只要不是批次性问题、不良率也不高，是可以接受的。只需后道工序直接补焊就行或产品下线后维修。但是，有些问题的原因可不是一下子就知道的，这时候就需要凭借对产品原理的掌握，以及通过一些解决质量问题的工具如8D、鱼骨图、5Why、DOE等，做比较系统而全面的分析才能够知道根本原因。面对比较复杂的功能性质量问题，当原因不清晰、产品不良率又较高或累计超过一定数量（个人认为功能不合格品数量为 3~5 件）的时候，马上需要采取的临时措施就是停止生产、停止发货，否则即使生产的所谓的"合格品"也可能已经潜藏着质量隐患。

前面有个例子说的就是因为没有做好质量预防，导致测试设备失效损坏了产品。这个问题在测试设备失效后的第一个生产批次就发现了，可是因为没有及时解决导致了惨痛的结局。

具体情况是这样的，当测试电源出了质量问题之后，就开始陆续地击坏一些产品，产品的合格率就由之前的 99.4% 左右降低至 95% 左右。当时，生产部、质量部、工艺部和测试部的人员都知道产品质量异常，但不知道原因。对于测试不合格的产品，只是更换其中的芯片。

迫于发货压力，大家没有停产，而是一边生产，一边维修不合格产品，然后继续出货。而相关工程师和经理们也没有人认为这是一个很大的质量问题，更没有人认识到这是一个有批次性质量风险的问题，需要停产、分析原因、找到根本原因，并解决问题之后才能恢复生产。大家对问题缺乏紧迫感，也没有意识到问题的严重性，更没有对质量问题升级汇报。这样使得问题一直在延续，并没有得到遏止，直到差不多两个星期之后才觉得不对劲，升级到产品经理和我这里。我们立即发布了正式的停产通知。然后，紧急组织人员和资源启动实验设计和分析，并组织研发力量参与支持。这样在短短3天之内就把所有实验做完，发现根本原因在于芯片受到过高电压而损坏。而过高电压的来源是一个外部施加的测试电源。这个电源是测试工程师自己设计、自己焊接的，质量不稳定，终于在服役了几年之后"发疯"了。知道了问题的根本原因，解决问题就比较容易了。但这个"快速解决问题"还是来得晚了，已经有两批有嫌疑的"合格品"在运输途中了，只能迫不得已，咬牙召回。虽然产品可以正常使用，但为了对客户负责，担心产品的使用寿命达不到预期，还是召回了。

只要团队合作，并且得到领导支持，快速解决产品质量问题并不是那么困难的。关键是要敏锐地认知问题，快速地反映问题，勇于面对问题，尽快解决问题；而不是回避和害怕问题，甚至隐藏问题，或者努力证明"这不是我的问题"。在上面所举的例子中，当出现问题之后，其实在刚发现两三天的时间里，测试人员就怀疑测试所需的工装电源有问题，但测试部主管担心受牵连和影响，没有主动地与大家分享和交流。而基层的质量主管和工艺工程师也没有进一步升级上报，所以问题得不到快速和有效地解决。

在吃了这个亏之后，公司吸取了经验教训，并制定了解决全公司的质量问题及升级的流程，目的是指导大家在遇到什么样的质量问题的时候需要如何解决，谁来负责解决。并且，对解决的时效性也有要求，在规定时间内如果不能有效解决问题，那么就得上报一级，以此类推，可以升级到总经理。在讨论并制定了这项流程之后，大家的配合及反馈更加积极。但是，也还存在某些不足，因为一线工艺工程师的能力参差不齐，所以解决质量问题的速度和效果也会受到影响。

解决产品质量问题的能力是非常重要的，特别是对产品更复杂、公司更复杂、技术更复杂的公司更是如此。如果只是生产打火机、纽扣或加工衬衫的公司，可能就没必要这样搞。因为这样的公司所遇到的产品质量问题不会那么复杂，组织架构也相对简单。对于公司组织架构复杂、产品复杂、技术有难度的，最好制定一套有效的关于如何解决产品质量问题的流程。我曾经与华晨鑫源汽车有限公司的首位首席质量官高尔曼先生交流过质量管理的相关问题。高尔曼是从德国宝马汽车公司质量总监职位退休的，2012年被华晨高薪聘请。高尔曼就在华晨引入了宝马的PPQ1-10项目。PPQ是指产品、过程及质量。PPQ共包含10个方面，包括研发质量管理、供应商质量管理、生产质量管理等，也包括人员方面的管理。其中有一个方面就是针对质量问题的管理流程，叫问题管理流程（Problem Management Process，PMP）。为了使PMP更顺利落地，华晨还为此专门开发了一套IT管理系统。该系统可以有效地记录、分析和解决各种质量问题，以便查询、追踪、统计分析和经验总结。

华晨的PMP-IT管理系统我不细说了，就简单描述一下 PMP 究竟是怎么回事吧。

PMP 定义了什么样的质量问题必须记录到系统里来跟踪和解决，并且清晰地定义了问题发现者、分析者、解决者及措施验证者等各种角色的职责和任务，所以流程和职责都非常清晰明了。而只要问题记录到该系统，系统就可以清晰明确地追踪每个问题的管理状态；如果遇到没有按指定时间解决的问题，那么就会有人去追踪和过问，必要时再做升级处理；或者，因为跨系统部门（如跨研发中心和生产中心）的合作问题，甚至暂时不知道该谁负责解决，那么华晨总部质量部就会牵头协调资源并推动问题的解决。总之，有人会解决问题。因此，问题的发现者也非常乐于汇报质量问题，从而确保了该暴露的质量问题都能够及时得以上报。所以，华晨的 PMP–IT 系统不仅极大地促进了解决问题的流程完善、效率提高，而且极大地提升了发现问题并暴露问题的能力。暴露问题看起来简单，但在实际工作中发现很多人根本就不会报告遇到的各种问题。其中重要原因就是，认为反映了问题没有用，认为没有人能够帮忙解决问题，所以懒得反映。

这个 PMP–IT 系统的另外一个好处，就是使质量问题的透明度大大提高了。每位相关人员都可以清晰地了解公司有哪些质量问题，问题的严重程度如何，问题的解决进度如何，哪些部门或哪些原因是比较显著的值得警惕和关心的。这样，解决质量问题的速度和效率也更高了，因为一有拖延就有负责人会去跟进并升级上报。

关于解决产品的质量问题的有关质量方法和工具就不在此赘述了。解决产品的质量问题需要有好的流程、密切的团队配合,以及大家善于识别问题、勇于面对问题的能力。虽然这并不容易,但真正做起来也不是那么困难。相反,如果没有合适的流程,大家合作又不好,员工又担心或害怕暴露问题,那么问题就很难有效快速地解决,也更谈不上系统地进行管理提升。

2)解决人员(People)的质量问题

除了产品质量问题需要快速有效地得到解决之外,人员管理方面存在的问题也需要得到有效解决。只不过解决人的问题比解决产品的问题更棘手,解决人员问题要用的时间也更长。

有时候某些经理人知道某人能力不行、态度也不行,公司一年没有解决,两年、三年甚至长年没有解决。这里的原因非常复杂:一是,公司没有解聘人的文化,如很多国企,甚至有的变成混日子的天堂,抱着不求有功但求无过的心态。有的企业关系文化氛围浓厚,甚至"带病提拔"。这些都打乱了正常的凭能力和态度用人的机制。日本有许多终身制的企业,也会夹杂着一些能力和态度都不太好的混日子的员工。二是,经理人的问题,如有的经理是老好人,即使下属做错了都不敢直说,还要绞尽脑汁想法子如何委婉说辞,连犯错的下属都不知道经理是在表扬还是在批评他。要让这样的经理去及时纠正员工的错误，甚至当员工真的烂得不行的时候需要炒掉时，他更不堪用。其实这不仅是因为孔子批评的"乡愿，德之贼也"的老好人个性所致，还可能是因为缺乏敢作敢为、敢做敢当、公正无私的勇气和气魄。三是，公司缺乏真正的高绩效文化。四是，管理者缺乏如何处置不称职员工的方法，特别是处置某些不称职的经理人。比如，有些经理在为人处事方面很好，是个善良的人，自己的专业技术也不错，在公司也工作了不少年头，正因为这几个原因被提升当了经理。但他却不会管理，不懂得领导和教练的方法，也不太会沟通，导致部门的员工不积极，部门绩效不太好。公司也很善良，认为这个经理虽然管理不善，但却是好人，技术也不错，并且为公司服务了多年，不忍心硬生生地把该经理降职，但也不知道如何更好地安排。另外一种情况就是民营企业的很多打江山的老臣，为公司创业做出了巨大的贡献甚至牺牲，但当公司发展壮大之后，公司的业务和挑战的复杂程度已经超出了元老们当初的能力，老板念及当初摸爬滚打的这些兄弟们就不知道如何是好。甚至老板本身也不能适应公司当前的发展要求，老板要么自己也没有意识到问题，要么意识到了问题也不会拿自己开刀，从自身做起，勇敢地面对问题，找出比较彻底的解决方案。所以，这样的人事问题就得不到很好地解决，是影响公司经营质量、管理质量和产品质量最关键、最根本的因素。

其实，要解决这样的问题很简单，只要以人为本，将心比心地把事情说清楚，然后双方妥善地找到合适的解决方案。比如，对于不称职的经理，在合适的时机把他叫到办公室好好沟通，问他在管理方面有哪些心得，做经理有哪些开心的事，有哪些事情让他感到自豪。打开话匣子聊得热络之后，再关心地问他哪些事情又让他难受或焦虑，如果让他重新选择，他愿意从事什么样的工作。同时，暗示只要他想做什么喜欢并且能够发挥特长的工作，公司很愿意帮助他愉快地转换。即使开始的时候不想离开得之不易的经理"宝座"，但经过几次倾心地交谈，他很可能会逐渐明白和理解他内心的追求，并愿意进行岗位调整，从痛苦的经理位置上"撤下来"，做更喜欢的高级工程师或业务工作，从而收获更高的"收入/投入"比。哪怕工资稍微降低一些也更"划算"，因为他在做经理时更多是焦虑、不安和压力，但成果却不是那么丰厚。这样的解决方案难道不是以人为本、皆大欢喜的吗？

同理，对于跟不上发展要求的创业元老们，也应该以人为本，将心比心地与他们一一沟通，先用心地正直地沟通，动之以情、晓之以理。首先，感谢元老们的贡献，并且承诺不降低元老们的待遇，包括元老们应该持有的股票。再劝解元老们从辛苦的位置上退下来，腾出空间给有能力、潜力的年轻人，同时也恳请元老们把年轻人扶上马，再送一程。第三步，请元老们担当公司的顾问，为公司的发展把握方向。这样安排,元老们会感觉发挥了巨大作用,一方面为公司的长远发展留出人才空间,另外一方面也能够保证公司更长远的利益。很多公司就是这样顺利解决的,但有些公司却不能正视问题,正确地解决这样的问题。

以上是关于任职能力有问题的不合格人员的处理建议。一般工作中,对于大多数员工在某些事情上的方法或态度方面的不足,只需要及时地指出来并帮助改进或提高就可以了,也就是要扮演好韩愈《师说》中提到的"传道、授业、解惑"的"老师"角色;或者,当好西方人讲的"教练",帮助下属成长和提高,突破工作中的瓶颈。如果经理人不能当好"老师",甚至经理人就是不称职的"混混",那么下属也就"倒霉"了,只能靠自己提高之后"另谋高就";更不负责任的做法就是随波逐流,甚至"同流合污",那么人生基本就毁了,这一段生命就白白浪费了,即使可能职位或暂时的收入都还不错,但能够拍着胸口说"仰不愧于天,俯不怍于人"吗?

3) 解决流程(Process)的质量问题

流程上的问题是重要而非紧急的,紧迫性没有那么高,但非常重要。当发现流程存在不足的时候,虽然未必立马解决或要一个月内就必须解决,但也不要过了一年后才解决,甚至被拖延之后就置之不理了。但是,对于严重的流程问题或可能直接导致质量问题的细节问题,如因为不合理流程已经直接或间接导致了产品质量问题,以及生产线上的作业指导书的错误，最好尽快更改。

解决流程问题或提高流程合理性非常重要，重要性甚至不亚于解决一两个具体的产品质量问题，因为流程往往涉及的是公司运营问题，影响的不仅是某个具体产品，而是该流程所涉及的所有操作和产品。一般外资企业或管理比较好的实力比较强的公司，都比较重视质量体系及质量流程的管理和优化，而民营企业或作坊企业就显得不足了。有些公司在流程管理方面可能太过官僚和僵化了，而管理不正规的公司对于流程又太"任性"了，这都不是质量流程所希望的。

解决流程问题的方法很重要，但不要指望普通工程师可以解决流程问题。流程问题归根结底是管理和方法上的问题。首先是管理问题，要把流程放到一个较高的高度，所以制定流程或优化流程都需要得力干将。其次流程当中涉及许多以人为本的方法问题，因为流程服务的对象是人，不是机器。要管理机器不需要流程，培训操作和维护人员或编写程序代码即可。所以，制定流程或解决流程问题的时候一定要考虑人的因素，特别是要充分考虑人的各种缺点和弱点，以此通过合理的流程来避免人的弱点影响产品质量。

对这方面感兴趣的读者，还可以延伸阅读我的第一本拙著《创造价值的质量管理》第四章第一节的内容。

(4) 持续改进3P问题的能力——持续改进流程（con-

tinuous improvement Process）

3P存在的问题是需要得到及时解决的，但那可能只是临时"救火"，或者一个一个问题来解决，这样可能缺乏系统性。或者，有的质量问题不适合一个一个地解决，如众多的人为失误。常见的人为失误有可能是忘记拧紧螺钉或附件，而这些失误可能因为有许多那样的人工操作，但又没有合适的防呆措施。所以，一般的分析就是人为失误，解决措施就是加强培训，但这样的解决问题方法往往收效甚微。如果能够通过技术措施或机器人也可较容易地解决问题，但要是不具备技术条件，没有机器人方案，那么最好的办法就是持续改进质量项目。任何公司都有适合的持续改进项目，持续改进项目适合长期性问题或难题。持续改进是 ISO 9001 - 2015 七大原则的一个重要原则，也是企业管理必不可少的一项工作，否则企业就像逆水行舟，不进则退，你想保持当前的质量水平都难。

1）持续改进产品（Product）的质量

要想持续改进产品质量，最好成立质量改进委员会。委员会由总经理、质量经理及各相关部门经理组成，然后定期（至少每个季度）组织质量评审会议。在会议上评审公司最近发生的问题及前期质量改进的进展和效果，排好质量改进的优先级顺序，并指定每一个质量课题的改进负责人。会后每个质量课题的负责人指定团队成员，组织攻关改善工作，遇到任何阻碍可以随时寻求质量改进委员会的支持。这样的质量改进是从上而下的，是更加系统和全面的，力度和效果都更容易得到保证。至于质量改进所用的方法可以用六西格玛的 DMAIC，即针对问题做定义、测量、分析、改进和控制；也可以用戴明循环 PDCA，即针对问题做计划、实施、检查和下一步改进；也可以用其他的方法，如西门子内部有参考六步法、诺基亚公司有参考七步法，只要公司认为好用即可。但最好形成一套相对固定的公司质量改进模板，这样引导大家统一地朝这些方向思考问题、分析问题，并致力于解决问题。这样有利于提高整体效率。

  关于质量改进所需要的质量工具不拘一格，但常用的不外乎 QC 七大工具，其中多用的有柏拉图、鱼骨图、散点图等。直方图在连续数据的分析上是非常有用的，现在也有另外一些用起来比较方便的统计工具，如 Minitab；6SQ 网站推出的 Excel 版的统计工具插件也非常接地气，非常适合初学者，操作界面就在 Excel 里面。另外，可以学习一些基本的数理统计工具，如假设检验、方差分析和实验设计（DOE）工具等。另外的比较实用的质量工具是谢宁 DOE，比较经典的就是用合格品与不合格品所涉及的可能的"器件"互换，或者分析 WoW、BoB 差别。本书就不介绍具体的质量管理方法或质量工具了，请读者见谅。大家如果对于具体的质量管理方法或质量工具有兴趣，可以参考相关的质量工具书或六西格玛工具书。本人的第一本拙著有一章专门介绍了上述几个实用工具。

目前，由公司管理层发起的质量改进活动比较成熟的是六西格玛质量改进，只是某些公司推进时会有些变形，过于注重统计工具的运用。难怪一个 Minitab 公司的朋友说他在上课时有学员跟他开玩笑，问他"老师你如果要过沙漠只能带一样东西，请问带什么？""当然是水啦。"但那位同学说"不是，我们带六西格玛！""喔，我很高兴你们能够对六西格玛这么用心和推崇。这是为什么？""因为我们公司的六西格玛充满了水分，所以过沙漠时不用担心水的问题了。"这位朋友当场"晕倒"。其实，在六西格玛质量管理和质量改善项目中，最重要的不是统计工具用得多么娴熟，而是基于事实和数据的解决问题的思路和逻辑。所以，哪怕某个六西格玛项目只是用了 QC 七大工具，但解决了问题，也是好的。

质量改进除了自上而下的方法外，也需要有自下而上的群众改进。这是不可缺失的，因为只是从管理层发起的改进是不可能覆盖每一个质量问题的，基层的员工如果不汇报问题，也不解决问题，那么这些问题有可能会在某些情形下引起大问题。这绝对是可能的，古人就是在许多经验教训之下发出感叹"千里之堤，毁于蚁穴"。质量管理本身就离不开细节，西方人也有一句谚语叫"魔鬼藏在细节里"。既然，作为管理层不可能对质量管理的每个细节都掌握，因此需要发动基层员工从身边的工作改起，从力所能及的改进做起,不仅是一线工程师,一线生产工人也可以发起和参与。这通常可以通过合理化建议的方式激发大家积极参与,并为每一个合理的改进甚至好点子给予一定的奖励。

　　自下而上的质量改进在日本企业开展得不错,如 QC 小组就非常成体系。日本甚至还有一个面向家庭主妇的 QC 小组协会,每年组织一次家庭主妇的 QC 小组大赛,当然主要是比赛如何持家过日子。我国很多企业,特别是国企,也在推 QC 小组。我在刚开始工作的几年从事过 QC 小组改进活动。2001 年,我参加过一次由中国电子质量协会在威海组织的 QC 小组比赛,令人印象深刻的是从华强集团下面选出的几个优秀 QC 小组。据统计,2010～2014 年,仅在电子信息行业累计就完成 QC 小组活动近 5 万次。而管理上规模的民企也在开展 QC 小组,如正泰电气自成立以来,积极开展 QC 小组活动,至 2014 年共成立 QC 小组 681 个,完成 427 项 QC 成果发表,创造直接经济效益 3140 多万元,其中有 22 项 QC 成果获得上海市质协、机械质协和中国质协的表彰。我在某公司工作的第二个月也开始同生产中心的同仁们一起尝试用 QCC 课题解决生产线的人为老大难问题,大家也积极配合和参与。在开展 QCC 课题中不仅培养了团队解决问题的工作方法和能力,锻炼了如何使用解决问题的各种 QC 方法和工具,增进了员工解决问题的信心,同时也促进了问题的解决。当时我也没有想到,认真做 QCC 也能够取得这么出色的成绩。我和生产部门的负责人也是每个月定期开展QCC课题的评审和辅导，这样QCC课题的成员也有动力和压力从事QCC课题的改进。QCC是一个长期的组织，解决完毕一个课题之后又可以接着下一个课题，这样小组能力越来越强，团队合作也越来越顺，对公司和团队的发展是有很多帮助的，特别是对于基层质量问题的改进。

质量改进也可以用合理化建议的形式。西门子推行合理化建议3i（根据西门子的定义，3i代表Ideas Impulse Initiatives，可以形象地解释为动脑出主意、动笔出建议、动手出效益）。富士康公司的合理化提案也非常成熟。因为西门子及富士康都是非常大的集团公司，下面各个具有法人资格的分公司在3i和合理化提案方面也是做法不尽一致。有的公司没有专职或兼职的推进人员负责基层改善，但有的有。一般而言，有专职人员推动，并且奖励措施也比较到位的，基层改善效果就会比较好，反之则效果一般。

自上而下的质量改进非常重要，这算是"精英"质量改进；但是自下而上的质量改进也很重要，这算是"大众"质量改进。"精英"质量改进很难形成持续改进的文化。但是，"大众"质量改进只要用心启发，公司真正鼓励和支持，并配备必要的组织和奖励机制，就可以形成全员参与的质量改进文化。这对公司的发展非常重要！

在"中国质量俱乐部2015年北京峰会"上一位来自施

耐德的嘉宾分享了他亲身经历的持续改进文化的例子，让我印象深刻。这位嘉宾在某家手机零配件公司工作的时候，某个工艺工程师在烤漆工艺上自觉地做起了工艺参数的优化，结果到了年底库房多出了20多吨的喷漆原材料。老板问采购怎会如此。采购说是一直根据物料清单（Bill Of Material，BOM）来采购的。但是，其他原材料都没有多出来，唯独漆多出来了那么多，为什么呢？老板继续用5Why的方法，问为什么漆的库存多了那么多。原来是因为改善了生产线的工艺致使每个产品的用漆料有所减少，但没有更新BOM的漆用量。该工程师在优化工艺优化油漆用量后，是应该因没有通知更新BOM用量而遭老板责骂呢，还是应该因为优化工艺降低原材料用量且没有邀功应得到老板的赏识呢。聪明、大气的老板当然表扬了该工程师，并且还给了该工程师一个迟来的"红包"——根据工艺优化每年为公司节约的油漆成本按一定比例折算支付了较高的奖金！这个消息传遍了公司，公司根据这个案例制定了相应的持续改进的规范制度，引爆了大家积极参与持续改进的热情，很多人在吃饭的时候都在想办法为公司做力所能及的改进。这样做了一两年后，其制造成本甚至比业内的著名的竞争对手还低！这就是持续改进文化的重要性！

2）持续改进人员（People）的质量

对于人员的持续改进主要是提升人员能力，这是很多公司培训项目的初衷。但也有一些民企可能会担心员工学会就跑或认为培训是花钱见不到效益的，所以培训较少。除了到外面参加培训或请外面的老师来培训外，其实还可以组成内部的兼职培训师团队，特别是公司内经验丰富的工程师和经理们，他们其实是可以胜任一些培训项目的。培训只是能力提升的一个路径，培训的好处是可以让高手来快速地带领入门，但一定要注意修行在个人。况且，公司也不可能提供过多的培训，因为时间和金钱都是成本，培训也是有限的。对个人而言，终身学习，然后理论结合实践就是非常重要的。

　　学习更多在于自己，但是公司所创造的条件和学习文化也很重要。比如，我从开始参加工作就认识到，工作中需要用到很多学校里没教过的知识和技能，需要学习很多新知识，从Office办公软件实用技能，到工作的基本技能，再到质量工具的学习，如过程能力分析Cp、Cpk、Pp、Ppk、MSA、QC七大工具等，再后来学习六西格玛、项目管理及企业管理知识等。在学习的过程中思考、实践、提高、总结，然后再外延学习科目，所以工作十几年学习不少，才能有所进步，也因此有机会与大家分享我的经验和体会。反之，我也遇到缺乏培训和学习的国企及民企。它们的工程师及经理们知识水平非常陈旧，连生产管理和质量管理的人员都不怎么知道4M1E的概念，也没有听过5Why，QC方法用得也非常死板。比如，我到过某大型国企下属加工零部件的企业，因为缺乏现代化的管理培训，加上公司不允许员工上网等原因，即使在北京工作，却对现代管理的理念和方法了解甚少。很多员工就是吃上学时的老本，偶尔有机会接触到集团和公司的某些管理制度和方法，但可能也是"道听途说"。这样的企业何谈能力提升和持续改进！

除了改善个人能力之外，提升团队能力也很重要。关于人员问题的预防、检测，解决人员问题，改进人员管理水平，都是既针对个人，也针对集体的。涉及集体的问题，就更涉及企业文化及企业管理机制的内容。改进这些的目的是为了加强沟通与合作，加强理解和支持，提高无缝合作的能力，避免陷入"一个人是龙，一群人是虫"的窘境。因此，公司需要定期评审管理机制和组织架构，并做适当调整和优化。这样不仅可以提升个人作战能力和员工士气，也能够增进团队作战能力和效率。我所经历的几乎所有公司都会每隔三年左右做一次或大或小的组织架构调整。比如中兴公司，我之前所在的公司后来调整为准事业部，之后又合并事业部的研发部门和销售部门；比如西门子公司，从十几个集团调整为四个事业群，后来又分割成九个事业部。这是大型组织架构调整，调整频次较低，而局部的小调整一般更频繁一些。为了改善个人和团队的工作能力，企业文化也需要进行定期评审和更新，只是企业文化最好从一开始就要制定好，以便能够适应未来五年左右的发展，因为企业文化的融入和实践需要更长时间，所以不能频繁地摇摆。

3）持续改进流程（Process）的质量

通常而言，持续改进主要是针对产品质量的持续改进或企业管理的持续改进，很少有针对流程的持续改进，而曾经红极一时的流程再造却有些过头了。总而言之，对于流程的持续改进这个概念大家感到非常陌生，听得比较多的是流程优化或制定新的流程。流程是否需要得到持续改进呢？答案当然是肯定的！那么如何持续改进流程质量呢？

要持续改进流程质量，首先要对流程进行系统地识别和诊断，以便系统地发现流程的问题。否则，只是通过某个问题反思所涉及的某个流程然后对其进行改进，那只能叫做解决流程的质量问题。系统地识别和诊断流程问题可不是普通的 ISO 9001 所做的内部审核，首先，要有专业、资深的审核团队；其次，要提前精心准备审核问卷，这个审核问卷的问题一定是有针对性的，也可以把目前的流程关键要求抄写下来——对照审核；第三，要充分地审核，并且得到管理层的支持和认可，不能按 ISO 9001 内部审核走马观花似地做。西门子在流程审核方面经验颇丰，其中有一项全球非常成熟的审核叫运营审核（Operating Review, OR）。这是由经验丰富的资深管理专家团队从整个公司的运营层面进行审核。审核的接待人员是每个子公司的总经理和首席财务官，然后审核专家团队再深入到每个部门进行审核。审核的内容也是从公司的整体市场和战略开始，然后涵盖公司的组织架构、人力资源、研发、生产、采购、质量、IT及基础设施、财务管理、物流等各个部门。对于我们500多人的子公司审核长达3周，所以非常专业和全面，并发现许多不足也给出各种建议，针对这些问题进行改进就是比较系统性的持续改进。

即使如此专业而全面的OR，也不能把公司存在的各种问题都审核和暴露出来，因为这些审核专家隶属于集团总部，不十分熟悉公司的具体业务，在审核过程中也存在"猫捉老鼠"的游戏。所以，我在西门子工作的时候又针对研发部门和生产运营部门进行了更深入地审核。除了审核，我们还进一步对员工进行访谈，以挖掘员工心里面的想法，从而充分沟通和交流当前流程中可以改进的空间。通过这样细致入微地访谈和审核，进一步发现公司存在的问题和改进机会，从而为持续改进流程和管理打下了坚实的基础。

3. 4P循环 Vs. 领导力

前面讨论的4P式质量管理"郭氏"循环，是我结合多年质量管理的思考和实践总结出来的。首先要预防质量问题；在预防失效的情况下，要第一时间发现问题；发现了问题，就要立马解决以避免"千里之堤溃于蚁穴"；在发现问题和解决问题之后还要系统地做持续改进；改进之后要进入以预防开始的下一轮4P循环。

（1）4P考验人的能力

要做好 4P 当中的每一个 P 都不容易，每一个都非常重要。做好任何一个 P 都非常考验人的能力，预防是最考验能力的，也是最具挑战的。没有充分的知识、技能和必要的能力，或者没有丰富经验的员工，是很难做好预防工作的。预防的方法也很重要，FMEA 就是通过团队提前设想和讨论可能存在的各种风险和隐患，然后提前采取预防措施。但要想做好 FMEA，除了掌握 FMEA 之外，对于本领域的技术和经验也必须充分掌握才可以。有人认为发现问题不难，发现问题不就是挑刺么？其实不然，对于大家用眼睛能够看得见的问题，还不难；但是有时候问题就在那里，却不一定每个人都能够看得出来。就拿生产线的质量和效率稽核说事吧，同样的生产线，有人也许只能看出浅层的 5S 问题；但有人可以看出来节奏是否有问题，平衡率是否有问题，工艺手法是否有问题，生产布局是否不合理等。苏州台达电子科技有限公司就曾经以每天 5 万元人民币高薪聘请了一位来自马来西亚的生产的专家去指导生产和工艺经理如何辨别生产中存在的问题。每个月连续 4 天时间，前后持续了 4 年，主要教大家如何发现工厂的各种问题。可见，发现问题并也不是那么容易的。以内部质量审核为例，很多公司搞的内部审核其实没有发现太多实质性的管理问题，主要原因在于发现问题的能力弱，特别是发现深层次问题的能力弱。因此，要想真正通过内部审核提高发现问题的能力，得把内部审核提到一个很高的位置，不是一般通过

ISO 9001 培训并获得证书的普通工程师就可以做得到的，而应该由资深的管理专家和经理组成团队，并且需要花一定时间才可以完成，不是走马观花式地审核走过场。

解决问题也有难处，有时候知道问题所在也不能解决，特别是解决"and"形问题时，即要求同时满足两个以上相互矛盾的需求的时候。比如，要解决"既要质量好又要价格低"的技术问题，是非常困难的。这通常是遇到的技术上的困难，另外还有管理和流程上的困难。有的时候因为沟通与合作的问题导致某些问题得不到解决。如果遇到更高层级的因素，那么解决问题就变得更加困难了。

持续改进比解决问题还困难，因为解决问题一般是针对重要而紧急的问题；但持续改进一般是针对重要但不紧急，而且又有一定难度的问题。所以，持续改进需要组成团队，历经数周甚至数月进行研究和分析，对于设计的改进方案也要做 FMEA，再试行、验证、推广才能够取得成绩。这样的改进不仅考验技术能力，也考验团队协调和组织能力，同时也考验团队士气和毅力。

总之，4P 当中的每个 P 都考验个人或团队的能力。

（2）4P 考验领导力

对人的 4P 涉及全员的人员管理、企业管理、规章制度、组织架构等，还涉及人才招聘、激励、培训、教练、考评、留人和解聘等各种管理。这些与人有关的管理活动肯定离不开优秀的领导力。

对产品的 4P 涉及质量工具，如 FMEA、防呆法、抽样方法、QC 工具等。虽然只是质量工具的应用，但同样需要一定的组织形式才能够把工具落地，才能够用好，而这些就离不开领导力。就拿 FMEA 来说吧，如果仅做 FMEA 培训，一天或两天足够了。但培训完毕之后大家不去用，还是没实际意义。以我在西门子的经历足以说明 FMEA 离不开领导力。刚开始研发部门认为 DFMEA 挺好，然后组织了两天培训。但因为没有领导支持，也没有外部压力，所以 DFMEA 没有用起来。虽然，当时的研发质量管理流程推荐使用 DFMEA，我也向总部建议是否可以强制推行 DFMEA，但没有得到积极响应。两年后，事业部总部以 CEO 为首的零缺陷文化推进小组把 DFMEA 作为强制工具推行，所以再请质量专家来培训和辅导 DFMEA，并把 DFMEA 工具正式纳入研发质量流程。经过这样一番过程，DFMEA 被逐渐运用开来。这个过程难道不是显现了领导力的作用吗！所以，DFMEA 的真正运用和落实一定离不开有力的管理领导力。同样，对于 QC 工具和防呆法等方法的运用，如果离开领导力、离开管理，那这些方法就是被个别员工零散地运用，不会有系统整体效果。但如果有优秀的领导力推动、有整体的培训，然后再推广运用，那么在组织层面上运用起来就会起到非常好的效果。所以质量工具不是简简单单地培训就完事了，关键还要看如何推进和开展。

产品的 4P 管理也涉及质量管理的方法体系，如零缺陷、六西格玛、精益生产、CMMI 等。这些就比某个质量工具更复杂，更需要组建必要的组织架构及对应的管理措施才可能推行出实效。比如六西格玛，为什么要成立六西格玛推进委员会，为什么会有黑带大师、黑带和绿带等不同级别，为什么要制定必要的考核激励机制，这些都与领导力相关。

产品的 4P 管理涉及不同职能，从研发管理、生产管理、供应商管理到售后服务管理等各个专业是产品质量管理的重要战场。另外，质量管理部门、人力资源部门、IT 部门其实也与产品质量有关。而这些专业组织的管理当然需要领导力。

关于流程的 4P 也离不开领导力，因为流程必须以人为中心。如果流程仅是流程文件，仅是为了应付客户审核，仅是为了应付第三方认证机构的审核，那么文件与人的想法和做法不在一个平台上，那就是两张皮，这样的流程不要也罢。流程要以人为中心，并不是说流程讨好人，而是通过好的流程把坏人变成好人，把好人变得更好，把能力稍逊的人变成能力更强的人，把人的一些弱点和缺点等规避掉，或者预防没有经验的人掉进陷阱里。另外，要使公司成为流程型组织，还需要整体策划和梳理流程架构，全面定期地评审流程存在的问题和改进机会，开展必要的流程优化和改进工作，这样就离不开管理层的支持和参与，离不开全员的支持和参与，这也是流程 4P 所需要的领导力。

第六章　以人为本的质量管理领导力

一、管理究竟以什么为本 ·· 279

二、以人为本的含义和意义 ·· 282

三、怎样算以人为本 ··· 284
　　1. 这样算以人为本吗 ··· 284
　　2. 什么是以人为本呢 ··· 291

四、以人为本从何着手 ·· 294
　　1. 正确地理解顾客需求 ··· 294
　　2. 对顾客负责，不输出不良品 ······························ 297
　　3. 站在顾客角度审视输出物 ·································· 301
　　4. 注重沟通和使用体验 ··· 312
　　5. 不要过激地指责顾客的错误 ······························ 314
　　6. 系统全面地思考人性问题 ·································· 315
　　7. 想法弥补人性短板 ··· 322

五、以人为本的前提是了解人性 ·································· 329

六、以人为本离不开正心修身 ····································· 333

七、以人为本少不了好情商 ··· 339

八、以人为本绕不开心理学 ··· 341

九、为什么质量管理要以人为本 ·································· 346

一、管理究竟以什么为本

美国的两位管理专家詹姆斯和巴里合著的大作《领导力——如何在组织中成就卓越》所论述的领导力非常重要。这里我想结合自己的看法深入讨论一下。他们的研究认为，杰出的领导者应该具备五种习惯行为，但我认为这五种习惯行为中只有三种算是真正的习惯行为，即"以身作则""挑战现状"及"激励人心"。这三种习惯行为应该是领导者经常需要身体力行的。另外，我认为"共启愿景"应该是战略性的计划，要长期坚持和贯彻，而不是需要经常设定愿景或变更愿景。愿景一旦设定，应该锲而不舍地追求和坚持，落到实处。还有，"使众人行"也不能说是习惯行为，而是创造一种合作文化及使团队顺利合作的流程，并给予适当的辅导和支持，同时提升个人及团队的工作能力，使个人及团队能够有能力、有意愿达成领导者设定的工作方向和工作目标。"使众人行"是最难的。其他四项工作相对更容易，因为只要领导者智力正常，道德和态度积极向上，那么要达到"以身作则""挑战现状""共启愿景"及"激励人心"都相对容易做到。难就难在如何"使众人行"，使众人真的沿着指定方向或公司的方向，并达成目标。

为什么使众人行如此难？因为人上一百，形形色色，每个人都有自己的盘算，即使在会议上说得好，但会后有些人并不按照会议精神去做，所以造成有的团队不断开会来讨论上次会议的精神，之后又没做到位，又反复开会再追踪落实。就连开会所讨论的具体内容也不容易落实，更不用说落实公司的愿景和战略计划了。所以，使众人行是不是很难呢？

杰克·韦尔奇曾经的好搭档，最后担任美国霍尼韦尔公司 CEO 直至退休的拉里·博西迪，和资深管理顾问拉姆·查兰合著的畅销书《执行》，讲的就是如何实现目标：对于任何一位企业领导者来说，他的真正任务都应该是领导人员、战略、运营这三大流程；而非单单制定所谓的"远景目标"，然后把实现目标的任务放手交给他人。关注人员、战略和运营也是围绕人员来展开的，否则再好的战略如果没有人配合去落实也等于零，日常的运营更离不开人的执行。如何使众人行，这是领导者需要考虑的，他必须考虑员工如何想的，是否支持公司的战略、战术安排；考虑员工的能力是否满足工作要求，不满足如何弥补，能力超过太多如何合理调整和安排；考虑员工的工作负荷是否超载，工作安排是否合理；考虑组织架构是否合理，是否存在多头领导，组织架构是否臃肿并阻碍了工作的开展；考虑是否创造了勇于担当的团队文化等。只有这样全面考虑员工及其所需要的支持和工作环境，才能够比较好地把工作落实下去，才可能得到合理的结果。

上级安排下级的工作要做如上周全的考虑，平级的工作安排或任何项目的团队组长在行使非行政权的时候也要做类似的考虑，甚至要考虑更多，即使这位组长没有能力去改变某些因素，但也得提前知道所受的影响和限制条件。这样才便于做合理的调整和支持，避免安排落空。这些考虑及提前采取的必要补救措施，其本质就是以人为本！

领导团队要达成某些目标的时候需要以人为本，那么对于普通工程师个人单独完成的某项工作，是否就不用考虑以人为本了呢？同样需要！

举例来说，虽然研发工程师设计产品、工艺工程师设计工艺、质量工程师制定程序文件等工作看起来主要靠个人能力和努力完成。但是，其目的是研发工程师让顾客喜欢自己所设计的产品；工艺工程师让工人能够按照工艺文件操作简便、顺手，最好具有一定的节奏感；质量工程师写的程序文件能够让使用者容易理解和操作。因此，这些工作最终是围绕人、围绕"下游顾客"来进行的。

总之，不管是从事于使众人行的团队管理的经理人，还是提供产品或服务的个人，都需要考虑团队成员及顾客，也就是人，必须以人为本！

在工业化初期，管理是以机器为本的。从工业革命到19世纪末，机器占据了统治地位，人成了生产中的附属。19世纪末20世纪初，随着科学技术的发展、管理科学的诞生，企业普遍重视起了管理的技术和方法。这个时期为了技术上的运用，开始看到人的作用，但就其本质而言，人还是服从于既定技术和程序的工具。20 世纪 20~40 年代，由于资本输出成为一大经济特征，最重要的资源表现为金融资本，于是就出现了以资本为本。由于金融资本的扩张，企业的规模越来越大，管理者在重视资本的同时，开始重视人的作用。第二次世界大战后，科技的迅猛发展，使得人的素质、人的创造能力成了竞争的关键因素。这样，在现代企业制度中，以人为本逐步被确立起来。越来越多的企业认识到，企业必须盈利，但又不能以单纯的盈利作为目标，只有以人为最高目标，才能达到所追求的利润。

二、以人为本的含义和意义

以人为本并不是说招到了优秀的人才就一定成功，也并不是说给员工各种关怀和福利就是以人为本。更要研究如何发挥人才的优势，如何使人才与人才无缝衔接地合作，这对人才个人而言，对公司的经营业绩而言，都是至关重要的。

以人为本首先强调的是"人"重于"物"。经济模式大体可以分为三种模式：农业经济、工业经济和知识经济。

在农业经济和工业经济时代，在生产力诸要素中，人只被视为"老板"赚钱的工具，"打工者"也没有什么话语权，"打工者"能有工作就不错了，所以"老板"几乎不会关心"打工者"的想法。那时的管理也是简单粗暴的，管理也不复杂。但在知识经济下，人则被摆放在了首要的地位，特别是随着互联网时代的到来，连非知识工作者也不能忽视他们的生理和心理的需求。因为他们不仅是生产线上的工人和螺钉，只会工作，他们每天从社会生活、网络信息中获得大量信息，有各种各样的情感和想法。仅靠"胡萝卜+大棒"不能管理好，更别提发挥人们的积极性了。而积极性如果没有发挥出来，那么他们潜在的脑力资源就无情地被荒废了。这对于员工、公司都是双输（lose - lose）的，而非双赢（win - win）。在互联网时代，生产线工人的脑力资源没有被发挥出来已经是被动的，更糟糕的是工人们对管理者"无知"的不满造成更大的反作用：轻则缺乏责任心，如发现产品质量隐患也不指出来或消极怠工；重则可能出现个别极端情况，如趁管理人员不注意而故意破坏。

  现在是个快速进步的大好时代，也是个性越来越突显的时代，因此越来越需要关注人性。举例说来，1999年我大学毕业去深圳工作，那时深圳进关还需要下车过验证大厅，由边关士兵检验边防证，就像现在出国一样，只是手续相对简单一些。那时，深圳有很多港澳台资的工厂，生产的产品附加值低，靠的就是廉价劳动力，一个月四五百元工资,加上加班有一千元就很高了。即使如此,还很多人争先恐后去深圳打工,这些工厂都不缺人。因此,很多工厂管理也很粗暴,甚至某些工厂采用军事化管理,而员工们也好似非常听话。比如,早上要列队喊操,吃饭时即使已经盛好饭坐到饭桌前也要等待口令"开饭了"才能动筷子。如果哪个工厂今天还用这样的方式管理员工,可以说几乎招不到人。但那时候大家为了挣钱也都很"听话",那时候管理以"长官意识"为主,还可以把工人当工具;但现在必须扭转过来,以人为本才跟得上社会发展的需要。

三、怎样算以人为本

1. 这样算以人为本吗

案例 1

子贡赎人

鲁国有一道律法,凡是见到鲁国人在他国沦为奴隶者,自己垫钱将其赎回,可从鲁国领取赏金报酬。很多被当做牛马使唤的鲁国奴隶因此而获救。

子贡也赎回了一个鲁国人,却不去接受赏金,鲁国上下听说这件事后纷纷称赞他重义轻财。子贡也觉得做了善事而不求财物回报是更高的善举，因此十分得意。子贡用自己的钱去赎回奴隶从而解放了奴隶，从这点来说绝对是大好事，也绝对是以人为本。可他的老师孔子听说了这个消息，却十分生气，对子贡说："你作这件事实在愚蠢啊！"子贡既委屈又疑惑，不懂孔子为何骂他。

　　孔子说："你仍然不明白道理啊。你只看到了现在，却看不到未来。只看到了眼前方寸，却看不清大局整体。让我来告诉你失误之处吧。鲁国人被人赎回，赎人者领取应得的酬报，这是平衡的规矩道理。奴隶获救，救人者也被人称赞，也能得到应得的酬劳。现在你把它打破了，日后人们赎回奴隶，若领取赏金，可能会受到别人的嘲笑，被当成贪财之人。若不领取赏金，虽然会得到称赞，但却会白白蒙受金钱损失。鲁国富翁少、平民多，许多平民是难以承担这些损失的。这么一来，救了奴隶后，要么被人嘲笑，要么自己蒙受损失。长此下去，大家恐怕都会故意对受苦的奴隶视而不见，谁愿意再去救人呢？"

　　通过这个故事，我们可以看出孔子对人性是多么体察入微，孔子看到了系统性和整体性。孔子的思考才是真的以人为本，而子贡的以人为本只是好心办好了一件小事，解救了一个人，对被救赎的奴隶和他本人而言算是"以人为本",但却影响了以人为本的大原则,使更多的奴隶得不到解救。

> **案例 2**
>
> ### 董事长拿老爸"开刀"
>
> 天正集团诞生之初带有浓厚的家族制烙印,家族成员在企业重要岗位任职。随着企业的发展,人才队伍发展逐渐滞后,特别是一些家族成员在企业居高自傲,看不惯年轻人,说他们是书呆子,没什么用。家族成员逐渐成为企业进一步发展壮大的障碍。集团董事长高天乐意识到,企业小的时候要苦干,但发展到一定阶段就要巧干。如果没有新鲜血液的注入,企业的前途将非常渺茫。
>
> 于是,他挥动改革"三板斧",淘汰不适应企业发展的员工,特别是家族成员和50岁以上、不具备参与管理企业能力的股东。而人力资源部则处于"长聘状态",随时招聘有能力的人才。最让高天乐感到为难的就是如何说服自己的父亲,让他辞退公司党支部书记的职务。一开始,高天乐的父亲想不通,他就亲自做父亲的思想工作,谈了两三个小时,终于把老爸说服了。父亲第一个辞了职,其他50岁以上的股东也相继离开公司。

高董事长拿老爸"开刀",看似不近情理,不以人为本,但实质上却是以人为本的。看起来让高老爸失望、郁闷,但其实如果不能胜任党支部书记的职责反而会让老爸感到痛苦,所以解放高老爸的职位也是解放了他。并且高老爸第一个辞职也带动其他不适应公司发展的元老隐退,也是解放了更多的元老,这些元老只要分享公司发展的利润就好了,安享生活,这对他们也是以人为本的。从更大的范围来说,这些元老的主动离开不仅让他们解脱了不称职的痛苦,更展现了他们高风亮节的人格魅力。对公司业务而言,为公司腾出了位置,让优秀青年有了施展才华的舞台,这对优秀青年而言也是以人为本的。这些青年才俊把天正集团发展得更高、更远了,也顺便给了更多人机遇和空间,从而让更多人得到了以人为本的实惠,这才是真正以人为本的大局!再进一步来说,天正集团的顾客从更优秀的管理中得到更好的产品,促成和体现了以顾客为本的宗旨!

案例 3

《华为人报》

下面是《华为人报》的介绍及用稿标准,我认为这个介绍具有创意,打破了传统的思路,体现了以人为本的关怀。

介绍篇

姓名：华为人报

出生日期：1993 年

性质：企业内刊

出版周期：2 期/月（每月 15 日和 30 日出版）

专业方向：通过宣传优秀人物和事迹，提升员工职业化水平和道德修养，教育员工、引导员工，营造"以顾客为中心，以奋斗者为本"的企业文化。

工作重点：包括，并不限于：1、当前重点，公司领导讲话，重大活动宣传；2、市场、技术、服务；3、管理、职业化、哲理短文；4、文化、亲情、其他。

自我要求：成为一份会"讲故事"的报纸。文章短小精悍为佳，一般在 2000 字以内为好。

用稿要求

同一件事——

你可以这样写：接到任务时想着这不就一小小的无线路由器嘛，一接二调三下五除二就可以搞定。开始似乎很顺利，但是在设置的时候，遇到一些意想不到的麻烦，尝试、失败，再尝试、再失败，换设备，失败，请求支援，还是失败……一个小时过去了，在冰凉的空调房里，我们愣是出了一身汗！而坐在一旁沙发上的顾客，敲打键盘，时不时问我们情况怎样，虽然在表情上看不出什么异样，但是从语气中似乎听出一丝的不悦。眼看快到午饭时间了，顾客的家人都在围桌而坐，顾客还在陪着我们，那种尴尬的场面，我想我这辈子再也忘不了，也是再也不想碰到的。

千万不要这样写：记得新员工实习时遇到过一件难堪的事，有一次我们去顾客家调试路由器，原来以为很简单，可后来发现这个设备不是我们之前想象的那么简单的路由器，参数太复杂了，怎么也搞不定，我们在空调房里身上急的都是汗，顾客也很着急，为了陪我们饭都没吃上，当时觉得十分尴尬，恨不得从地缝钻进去，这次事件给我留下了很深刻的印象。

分析：前者描述的是在顾客家里的窘境，细节刻画得非常好，看后感觉自己亲身经历一般。换成后者，缺乏现场感，很难刻画细节，难以给人留下深刻印象。

你可以这样写：非洲工作六年，终于回机关了，又到了这个熟悉的环境，阳光都觉得明媚些。走在百草园林荫路上，突然接到一个电话："公司正在组建飞虎队，你有幸被选为首批招募的飞虎队员，马上就要出国"，还来不及细问，那边电话就挂了。听着那边带着恭喜和羡慕的语气，我却十分迷茫，心里也一万个不愿意。自己在非洲这么多年，现在好不容易调回来了，怎么还要出差去打仗，昨天许诺的带儿子每周去音乐厅的计划又要泡汤了。

千万别这样写：刚回国时得知自己被公司招进飞虎队，

马上就要出国。当时对飞虎队的概念都是建立在影视作品中，但是放在现实中尤其是市场上怎么运作和发挥作用，个人还是画个问号，说实话当时对自己被招募进飞虎队觉得不理解，觉得都在非洲6年多，和对手大大小小也打了几十场仗了，怎么又要出国了呢。

分析：前一种是写故事的方式，后一种像是一个事后的转述，前一种细节更容易体现，更容易引人入胜，也能留下更深的印象。

故事要讲得好，有以下几个要素：

第一，有对比和冲突。通过前后的变化构造这种差异感和冲突感，电影中的蒙太奇就是这种对比最极端的例子。

第二，有心理和细节描写。心理描写更容易有真实感，也能刻画些两难境地。同时关键细节的刻画，尤其是和时间演进相关的细节，使得现场更生动逼真，有紧凑感。比如第一个例子里的窘境，第二个例子里内心的无奈。

第三，有环境描写。尤其是关键场景的环境刻画。环境让读者将自己也融入其中，亲自经历，感受自然就深刻了。比如第二个例子百草园里的林荫路，都可以烘托气氛，衬托心境。

第四，重点突出。不能太啰唆或者满篇流水账，没有重点，没有主次。比如"领导批示和领导指出"太多，专业术语太多等。大小标题还要能适当的"标题党"。

最后，故事一定要有自己的创意和主题。《华尔街日报》说,"所有被称为伟大的故事,都来自伟大的创意,几乎在所有伟大的故事创意中,都有一种人性的展示"。

2. 什么是以人为本呢

对于以人为本,很多人都理解为公司的企业主、管理层以关怀员工为本,或者政府机构在制定政策时以考虑老百姓利益为本,总之都是以上对下的关心、关怀及利益关照为主。其实,就企业来说的以人为本应该是任何人在做任何事的时候都要考虑合作对象,要以合作对象为本。这就包括下属在与上级沟通和合作中要考虑上级也是人,也有人的善、恶两面,也有七情六欲等人性特点。推而广之,任何人在与任何人的沟通合作过程中都应该以人为本。为了更好地理解这个以人为本的精髓,可以把以人为本换成以顾客为本来理解。以顾客为本大家都知道。常常讲顾客是上帝,顾客是衣食父母,大家都不想得罪顾客,并想尽各种办法满足顾客的需求,让顾客满意。不过,以人为本也应该是在公平、友爱、慈善和正直等为前提条件下满足顾客需求,让顾客满意。

谁是顾客呢?大家最多想到的是外部顾客,即产品或服务的最终顾客。其实,顾客还应该包括内部顾客,即员工。范围再扩大来说,公司的管理层和股东也是顾客,因为大家都在为他们服务。反过来说,管理层和股东也应该以员工为顾客,而不要仅把员工当牛马使。为公司提供原材料和服务的供应商也可算作顾客,因为要向供应商提供清晰的原材料需求或技术规格,以及图样、图纸,从这个意义来说供应商又是顾客。简单一句话说来,你的输出物的接收者就是你的顾客,下游是顾客;与你说话的人是你的顾客,你的孩子也是你的顾客。

既然大家都以对方为顾客,那么就要满足顾客的需求,满足了顾客的需求之后才能达成工作目标和意义,否则你的输出就失去了意义。比如,对于外部的产品顾客,如果你不满足他们的需求,他们要么抱怨你的产品质量有缺陷,要么抱怨你的产品不好用,要么抱怨你的产品在同质条件下价格比竞争对手高很多,那么就会失去这个顾客。如果失去所有顾客,那么公司的生存空间也就没有了。再以满足内部顾客的要求为例,从市场需求开始,产品经理需要满足研发系统设计的要求,研发系统架构师要满足研发设计人员的要求,研发设计人员满足生产人员的要求,生产人员满足销售人员的要求,销售人员满足最终顾客的要求。这个过程不仅要求产品和服务要符合"上一道工序满足下一道工序的要求",而且大量的沟通与合作也得满足"上一道工序满足下一道工序的要求"。

让顾客满意是指满足顾客正当的合理的需求,但人类还有劣根性需求,如贪婪、懒惰、坐享其成、不劳而获等不符合正向价值观的需求,是不恰当的需求。这些不恰当的需求从制度上和方法上要设法避免,这也是以人为本的做法。

案例 4

万达集团——不给员工犯错的机会

不给员工犯错机会，从结果来看是让作为内部顾客的员工满意；但从过程来看，可能会让员工刚开始感觉不舒服。随着时间推移，员工会理解，并且能够享受到满意的结果。万达制度就有这个特点，王健林把他个人在各种场合演讲的稿件等整编成了一本书《万达哲学》，里面就举了具体措施。万达不像有些企业，出了事拼命惩罚员工，而在操作当中不去注意堵漏洞。万达要求的是不给员工犯错机会，尽可能在制度里面避免风险。王健林经常讲"不靠忠诚都靠制度"，忠诚是会变化的，现在诱惑又多，所以要求设计的制度必须建立在不盲目信任任何人的基础上，以防范风险。

在房地产领域，万达每年新增投资超过千亿，加上续建可能就更多了，投资非常大。房地产在全世界范围内也是非常大的行业，容易出事的地方多，涉及招投标、安排施工队伍、材料采购等众多内容。在管理具备一定水平时，万达就开始着重建立品牌库制度，招商有商家品牌库，设备有设备品牌库，工程有工程品牌库；要求至少覆盖行业前三名企业的产品，入了库才能投标。而且所有招投标必须公开透明，后来全部在网上进行。万达也不提倡招标部门和商家见面，当然也要接触，新的商家当然要考察，考察完了必须报告。品牌库规定每年跟进一次，一旦发现品牌商家有行贿行为、发现质量问题或维修不及时，就会踢出去。

万达的这种严厉做法其实是为了防止人的"贪婪"发作，这就是以人为本。如果不这样做，很可能就会导致一些员工失掉良心，从小贪变成大贪，最后锒铛入狱。所以，不相信人表面看起来与以人为本背道而驰，但实质上却是以人为本的，不仅可以保护员工，还可以充分发挥员工的正能量和应有的能力，甚至保护员工免遭牢狱之灾，成全家庭美满。这难道不是以人为本吗！

四、以人为本从何着手

1. 正确地理解顾客需求

不仅要明白顾客想要什么，而且还要明白顾客需求的目的；不仅明白顾客表面上提出的需求，还要挖掘顾客没有提出来的潜在需求，甚至替顾客发现新的需求。大家经常说的换位思考，其目的就是要理解和挖掘顾客的需求，这是以人为本最核心的要素。

  我曾经在西门子旗下一家子公司上班。那时我每次写邮件都会附带公司的名称和公司地址，包括电话号码，以方便大家来找我。当时，确实经常有产品认证机构、相关政府机构及培训机构等来找我。按理说只留公司的地址就足够了，但如果顾客对该区域不熟悉的话，要根据这个地址找到我还是比较费力的，那时候也没有手机地图。所以我在地址下面用括弧再加上一个备注——上地环岛往北50米，这样顾客就更容易定位了，因为上地环岛非常容易找。有些同事也因为顾客经常找不到准确位置，还需要电话指导。我的做法算是想顾客之所想，对顾客而言是增值的。

  除了要明白顾客的需求，还要让顾客很容易地明白你的需求，这样顾客可以更加准确地提供你所需要的，避免烦扰顾客再次为你做第二次、第三次服务。

案例5

想顾客之所想，急顾客之所急

  某质量工程师在处理某个产品的市场质量情况时，发邮件向市场支持人员要质量数据。为了更加准确地得到想要的质量数据，特别制定了一个Excel空表格，内容包括七个要素，如反馈日期、代理商、项目名称、产品型号等，见表6-1。然后，市场支持人员根据这个Excel表提供了相关信息，非常准确，没有任何沟通失误。如果不用 Excel 表格去表达质量工程师所需要的信息的话，那么市场支持人员所提供的信息就不一定准确，甚至可能不是工程师所想要的。我平时在要求工作伙伴提供某些比较复杂的信息时，也比较喜欢设计一个包含各种信息的模板，然后请对方根据模板填写。这样的沟通常是有效、准确的，也是我想要的。

表 6-1 准确质量信息表

反馈日期	代理商	项目名称	产品型号	通信故障产品数量	现场使用该产品数量	生产日期范围
6月3日	宁波广和	创业投资大厦	DFS908	25	6000	2007年11月到2008年1月
6月3日	宁波广和	万通大厦	DFS908	32	7800	同上
7月1日	广州景平	长富中心	DFS908	18	4800	同上
7月1日	广州景平	大创物流园	FSC889	6	750	2007年6月

当市场支持部门的一位工作人员提供了上述信息后，市场部门另外一位工程师又在此基础上补充了质量分析所需要的信息，见表 6-2 所示灰色部分内容。表中主要增加了不良品是否已经返回，所统计的不良品是否已经完整（目的是为了澄清不良率是否是真实完整的），并加上了备注。这算是超出了质量工程师的期望了。这就是以人为本！在这个过程中，顾客与供应商，双方的角色相互转换，相互把对方当作顾客，

相互考虑对方的需求并尽力满足。如果每个合作伙伴都能这样以顾客为本，不仅以人为本的口号得到落实，而且公司的沟通、合作也都非常畅通。

表6-2 补充信息后的准确质量信息表

反馈日期	代理商	项目名称	产品型号	通信故障产品数量	现场使用该产品数量	生产日期范围	已返回	是否还会有未统计设备	备注
6月3日	宁波广和	创业投资大厦	DFS908	25	6000	2007年11月到2008年1月	已返回25	已经统计完成	
6月3日	宁波广和	万通大厦	DFS908	32	7800	同上	未返回	还在调试	
7月1日	广州景平	长富中心	DFS908	18	4800	同上	已经分多次返回18	返回15个的时候已经调试完成	现场环境较潮湿，也比较脏
7月1日	广州景平	大创物流园	FSC889	6	750	2007年6月	未返回	已经统计完成	

2. 对顾客负责，不输出不良品

在正确理解和挖掘顾客的需求基础上，提供高质量的工作输出，确保所提供的"产品"是无瑕疵的，否则会使得顾客用了之后出现问题或顾客不明白如何使用。这也是工作质量的要求之一。关于输出成果的质量问题导致工作不畅的案例比比皆是。下面就举一个质量工作者的工作输出例子。

> **案例 6**

文件内容自相矛盾如何以人为本

某供应商质量管理工程师起草的《供应商质量保证协议》有如下内容:"供应商必须通过运用预防措施和检验方法,努力达到零缺陷标准。在根据适当的接收质量水平(Accept Quality Level, AQL)实施的测试中,任何样品数量 n 的接收值 C 始终为零。"也就是说,不管抽样 20、32、48 或其他数量的样本做质量检验,只要有 1 个及以上不良品就判断这批产品不合格。

但是,在该内容下面又针对不同缺陷类别做了更详尽的说明:"对于致命缺陷 A 类不合格,功能缺陷 B 类不合格(如电性能、装配性能、结构不对等),均按(10 | 0, 1)进行抽样检验;对于 C 类不合格(如外观不良),依据 GB/T 2828.1-2003 一次正常抽样,一般检验水平 II,AQL=1.0 进行抽样检查。"对 A、B 类的要求符合前面所说的接收值 C 为零的抽样检验质量要求,但对于 C 类不合格按照 GB/T 2828 抽样检验就与之相矛盾。因为,根据 AQL=1.0 抽检,那么抽样 50 个的时候,就可以允许 1 个不良,2 个及以上不良才会判断这个抽样所代表的批次产品不合格,这与前面说的"任何样品规模 n 的接收值 C 始终为零"相矛盾。如果把这样严肃的质量保证协议发给供应商,并让供

应商确认签字盖章，那么就会造成供应商的困扰。

除了工作输出要正确无误之外，还要使顾客易于理解和使用，这样才能够真正以人为本。但工作中很多人沟通不到点子上；或者，制作的文件或产品虽然没有功能问题，但却不好用或不容易理解。

先说沟通方面的问题，这在公司的技术人员当中比较常见。他们喜欢用技术词语跟你谈论某个话题，所以我都会问这个技术问题对产品究竟有什么影响，对顾客有什么影响。然后，技术人员再给我解释一遍，最后某个资深一点的工程师或经理就会把技术参数转化为非技术人员也可以理解的功能。

比如，你是一家连锁面馆的老板，抽空到世博会参观。走到机器人厨师的展厅，一位讲解员冲到你面前，然后非常兴奋地给你介绍："请您来看看我们最新推出的一款机器人厨师，它是中国最好的机器人厨师，配有世界上最先进的 P4 芯片，里面存储了 10 种类型的面食制作程序。它拥有两箱三灶，并有无线遥控功能。它的外壳使用 FA 材料制作，功率只有 800 瓦……"我想多数面馆店老板可能都不明白讲解员所讲的那些技术参数究竟意味着什么，甚至被搞得头昏脑涨的。因此，这个沟通是不成功的。虽然这个讲解员所讲的都没有错，技术参数还十分准确，但没有考虑顾客是否能够理解和吸收。我在西门子推动各个部门提升工作质量的时候，对 IT 部门有一项改善就是杜绝他们用纯 IT 语言与其他部门同事沟通。

下面再从输出文件是否好用的角度来简略说明以人为本。

案例 7

考虑文件使用者的便利性

下图所示的是供应商质量管理部门设计的用来管理原材料质量问题的。其目的是发给供应商，让供应商做原因分析，以及采取必要的纠正预防措施。图中所示的只是问题描述部分，这部分由公司的进料检验员填写。从表头的内容看比较齐全，也比较全面，内容也算比较有用。但是，图中所示的是供应商质量工程师设计出来的，准备开始启动使用，但这个表格使用的便利性还有点问题。问题一，文字是左对齐，显得有点乱，不漂亮整齐；问题二，在 Excel 的一个表格里面填写内容，操作起来不方便，如"发出人"这个格子要输入发出人姓名之前必须用鼠标双击一下才行；问题三，这个表格的读者对某些内容可能不容易明白里面的逻辑关系，如"部品认定"及"量产"后面的框是什么意思。作者本意问的是原材料是处于在认证阶段还是在量产阶段。

部件号/part No.：		品名/part name：	
供应商名称/supplier name：		供应商编号/supplier No.：	
联系人/contact person：		传真/Fax：	
信息反馈单/不合格单编号 feedback bill// unquaified No.：		不合格数量/不合格率(用于生产反馈) NG qty//NG rate：	
送检数量/incoming qty：	抽检样本数/sample qty：	抽检不合格数量/sample NG qty：	
产品阶段/product phase：	部品认定/qualification□	量产/MP □	
时间/time：	发出人/sender：	编号/No.：	

供应商质量管理部门设计的用来管理原材料质量问题模版的问题描述部分

下图所示的是经过调整和改善后的新表格，上面这些问题就都不存在了。整体效果即整齐漂亮，也易于使用，很容易一目了然明白其中内容的逻辑关系。总之，改善后的表格做到了以顾客为本，以人为本。

部件号 Part No.：		品名 Part name：	
供应商名称 Supplier name：		联系人 Contact person：	
不合格单编号 Unquaified#：		发出人 Sender：	
不合格数量/抽检(使用)数量： NG/Samples qty：		问题来源 Problem source	IQC：□ 生产 Workshop：□
送检数量 Batch qty：		原材料阶段 Material stage：	部品认定：□ 量产 MP：□
日期 Date：			

调整和改善后的管理原材料质量问题模版

3. 站在顾客角度审视输出物

（1）确保沟通和理解一致

我们在发出邮件、文件或任何有形、无形的"产品"

给下游顾客之后，都要想想顾客所理解的内容是否跟自己所想要表达的是一致的。比如说，你看中了一位女孩子，然后为了把自己装扮得又帅又酷，于是两只手臂都刺了文身，然后找机会到女孩子面前显摆。结果那个女孩子很反感，但引起另一位你并没有好感的女孩子的兴趣。这个虽然是杜撰的故事，但类似的事情在生活和工作中经常发生。工程师认为做得不错的演示稿，结果顾客的反应平平。杰克·韦尔奇刚担任美国通用电气（GE）公司CEO时，在第一次新闻发布会上，他要给投资者表达的意思是"他非常重视质量及卓越管理等理念"，却未能得到投资者的响应。所以，自己想表达的和对方想要的或理解的常常不一致，因此站在顾客角度审视输出物才显得格外重要。

在公司内部，上下级之间要将心比心，也要学会用对方的观点去审视问题。比如，下级需要用上级的视野去看问题，这样做工作更有高度。同时，上级也要实际想想下级是如何看待一些问题的，这样采取必要的关怀或支持，让下级得到友善而又必要的关怀，让下级真心佩服或感激上级，从而更用心地工作。同理，内外部顾客之间也应该将心比心地去思考问题，这样才能够真正满足顾客需求。比如，工艺工程师应该站在生产线员工的角度思考作业指导书写得是否清晰、明了、简单易懂，是否是跟自己一样的理解。比如，站在对方的角度思考我们的表达（包括书面和口语表达）是否清晰、明确，是否跟自己想要表达的意思一致。

举两个工作中常见的例子。一次我与某车间主任聊天谈到与基层员工沟通的问题。他曾跟某组长安排工作时说："今天是5个人。明天任务少一些，你们只需要4个人就可以了。"结果，第二天组长派了3个人，加上组长一共4个人。但车间主任需要的是4个作业员。

第二个挺有趣例子是这样的。某位经理刚到公司就被叫去参加一个比较重要的会议，匆忙中没有带上笔及笔记本。然后，他在会议室打电话给他的下属说把笔和笔记本给他带到会议室。结果一会儿给他带来了一支笔。这位经理有点不高兴，说光带笔有啥用啊。这位下属低着头嗯嗯答应着就离开了会议室。这个经理回头跟我们说，希望等会儿不要带笔记本式计算机上来！果不其然，很快，他的下属就把他的笔记本式计算机及电源线都一起带了来，搞得这位经理哭笑不得。考虑到他的下属都跑了两趟了，连忙说算了算了。

上面关于信息发出方和接收方理解不一致的例子，可能随时随地发生在每个人的生活和工作中。普通的误解还好，严重的会造成双方的不信任和猜忌，甚至导致灾祸。下面这个案例就是因为误会导致的，最终车毁人亡。

> 案例8
>
> ### 两车主等红灯生误会持刀互殴
>
> 据搜狐新闻网2015年5月28日的报道，银川市兴

庆区公安分局发布通报，一男子驾驶玛莎拉蒂牌汽车正在等绿灯时大声打电话，不料引起了旁边车主的误会。随后双方便开始对骂，进而发展成持刀互殴。最终，人多的一方占据了上风，而孤身一人的玛莎拉蒂车主受伤后抢救无效身亡。

事发后三名嫌疑人被刑事拘留后讲述了事发经过：5月24日晚上11点，饶某驾驶玛莎拉蒂轿车行驶到民族北街兰泰广场一路口等绿灯时，胡某等人驾驶广汽传祺轿车停在旁边。此时，饶某摇下车窗打起电话，胡某几人听到饶某言辞激烈，以为是在骂他们，于是胡某也摇下车窗对骂起来。

没想到，绿灯亮起后，饶某开车一路追赶到民族北街与上海路交会处北侧，将胡某等人车辆逼停，并下车持刀叫骂。胡某和同车的左某、李某不甘示弱，三人手持尖刀、木棍等与饶某厮打。在饶某受伤逃离后，三人又拿刀砍被害人遗留在现场的玛莎拉蒂轿车。

这位饶某当时开窗打电话，没有想到有可能让旁边人误会，成了事件的导火索。当然，还有其他原因一起导致了悲剧上演。

所以，沟通不仅是自己知道想表达什么，而且还需要对方同你一样明白所沟通的内容。沟通有四个层次：一是，我知道的你不知道（沟通无效）；二是，我知道的你也知道

（实现了沟通，但我不知道你是否清晰地知道我所知道的）；三是，我知道你知道我所知道的（实现了沟通，我还知道这个沟通的目的达到了，因此我是放心的）；四是，你知道我知道你知道我所知道的（这是最高层次，首先实现了沟通，其次你我双方都知道沟通的目的达到了，且双方的理解是一致的，所以你我都放心）。第四个层次的沟通当然是效果最好的。如果沟通被误解了，那沟通就起了反作用。

（2）输出物不仅要正确，更要合理

除了让顾客能够正确理解自己的输出物之外，还要站在顾客的角度审视输出的内容是否合理。举个例子说明，一次工厂的车间经理发邮件给行政专员说，车间为了让员工更早下班以便更利于员工身心健康，把工作时间从以前的8：00~20：00（中间有1.5个小时休息和用餐时间）调整为8：30~18：30。于是要求行政也能够配合把晚上20：10的班车调整到18：40。这个要求非常清晰、明白，沟通上可以说达到了前述所说的第四个层次。但是车间经理只是单方面发出要求，而没有站在行政专员角度审视这个要求是否合理，是否有条件提供这项服务。之前，这一辆班车按17：10、18：10、19：10、20：10的时间发车，并且来回一趟也差不多1个小时。而现在要把20：10的调到18：40，这辆班车根本赶不回来。如果把18：10的延后到18：40，19：10的延到19：40，20：10的可以取消，其他办公室人员的通勤需求就得不到满足；要么就得额外购置一辆班车，再聘请大车司机。行政部门的反馈,让车间经理觉得是他们不配合,抱怨说这个事情处理不好会影响员工的情绪。这其实都是由于他只是站在自己的视角来安排工作,没有考虑跨部门合作上的困难和需求。

考虑顾客的实际情况并提出合理的可行的建议和方案是非常重要的,对顾客也是增值的,你的建议和方案就容易得以执行。如果不合理或不符合顾客的实际情况,那么顾客会有以下几种反应:

①好的情况是,顾客告诉你哪里不合理,然后你知道了并虚心改进。遇到这样的顾客,那算你运气好,应该感谢这位顾客才对,而不是找借口。

②不好的情况是,顾客知道你的办法行不通或不好用,但既不理睬你,也不按你的办法执行。那么,你想要达到的效果就无法实现,这是常见的情况。

③有时候顾客认为你的办法根本行不通,认为你有病,甚至跟你吵。这不是没有可能的,企业中沟通合作不愉快的事情时有发生,这不仅是因为合作伙伴个性使然或情商不高,更是因为处理办法不到位,没有解决顾客的实际困难,甚至增加顾客的困扰等。

④有时候顾客也不知道你的办法中有不合理的地方,于是就按你的办法实施,当然实施的效果就不理想。这也是时常导致问题的原因。

⑤还有一种情况是你的办法不合理或没有考虑顾客的

难处、利益，但因为你是"当官的"或因为你非常强势，顾客（也许是下属、同事或供应商）就只能忍气吞声。他当面不表态，既不明确答应，也不明确反对，但真正执行的时候要么敷衍了事，要么干脆就不执行，甚至背地里捣乱。

案例 9　不按说明书操作的投诉

这是一个顾客投诉的案例，三家不同的顾客投诉产品误动作。公司在实验室模拟不出投诉的现象，于是派出资深研发工程师到现场蹲点排查问题。工程师去了，把现场发生的问题都一一调查和分析了一遍，得出的结论其实很简单，就是顾客没有严格按照产品说明书进行安装。

返回头来分析顾客为什么不按说明书进行操作。因为，如果按照说明书进行操作不仅成本要高，而且费工、费时，非常麻烦。所以，我就跟负责的产品经理说，如果产品要求顾客严格操作的条件越多，顾客就越不可能完全做到位。一方面，要求太高了，对一般人就有难度；另一方面，要求太高了，惰性心理也容易使人反感，甚至有的顾客会这样想，不按要求做又如何呢！因此，有的顾客就会"明知故犯"。与我搭档的产品经理和研发人员也都是聪明人，对我的话表示同意。大家也都意识到，我们的产品质量不能完全依靠对顾客的各种条条框框，而要使产品易于使用，便于使用。

这个道理也可以解释为什么身体保健说起来容易，做起来难。保健专家都建议我们心态要好，饮食要平衡，还要注意休息、身体锻炼并保持良好的生活习惯等。但真做到这些太难了，虽然都知道这样身体肯定会很好，但就因为生活压力或人的惰性等各种因素，致使绝大多数人都做不到。所以，如果哪一天能不需要如此麻烦就可以保持身体健康，那该多好呀！也许有一天，这可以通过基因技术等来实现。

案例 10

错进错出（Garbage In Garbage Out，GIGO）

GIGO 是计算机世界和统计世界常引用的名言。如果输入的质量不好，而不好的输入质量也没有被检测出来，一定会导致输出的质量也不好。输出到下游，下游拿到不好的输入，又会进一步导致下游的输出不好。这个恶性循环就发生在产品 XDF235 上。

顾客投诉说 XDF235 中的某颗芯片没有下载程序导致不能正常工作。大家觉得不可思议，因为这个问题是可以被测试程序检测出来的。但是再仔细查，这个问题虽然可以被查出来，但前提条件是测试岗位的员工按规定操作，没有犯错误。因此，没有下载程序的产品还是有可能被漏掉，而输出到顾客那里。这个问题主要是因为测试技术存在漏洞，但作为使用这项测试技术的工人还以为是自己没有做到位。这个故事还没有结束，继续往下追究还有更多发现。

前面问了为什么没有被检测出来，而问题的根本是为什么产品没有下载程序。下载程序的过程是这样的：PCBA放到工装下载程序，下载完毕立即测试。如果测试通过，则指示灯显示绿色；如果没下载或没有正确下载程序，指示灯显示红色，这个逻辑上没有问题。但是，当测试通过之后绿色的指示灯一直常亮不灭，除非按复位键。工人在操作的时候，把PCBA放进工装，扣上工装，按下测试按钮，于是下载程序并测试，通过了，绿灯亮；然后抬起工装，取出测试合格的PCBA放好，再接着放下一块PCBA到工装上并扣上工装。之后，正确做法是按一下测试按钮，再去做下一个动作；但是如果当扣下工装的时候忘记了按测试按钮，然后就去准备下一个动作，等再回来取工装当中的电路板时看到指示灯也是绿色的（这个绿色指示灯其实指示的是上一块下载了程序并测试合格的PCBA，而不是针对当前这块PCBA），但工人就毫不迟疑地认为这块PCBA下载了程序并测试合格。这就是漏洞，但操作工人没有意识到这个问题，当然也没有向设计测试工装的工程师提出疑问，直到顾客投诉发生时才找到问题，恍然大悟。

案例 11

忍气吞声的供应商

某原材料供应商是一家成立两三年的民营企业，为了获得我公司的订单，于是硬着头皮答应我公司的项目负责人提出的各种看起来合理但对这家供应商却不合乎实际的要求。比如，我公司的项目负责人要求上 ERP 系统来管理物料，但这家供应商规模还不大，原材料还不多，最重要的是管理流程都不完善，但为了订单还是花了点钱买了套 ERP 系统做样子。但这根本就是为了讨好顾客，应付顾客。

这家供应商也没有 ISO 系统，组织结构也简单，人员也不多，一个人干几个人的活，大家都忙于生计，根本没时间考虑长远规范化管理。但我公司的项目负责人还要求建立 ISO 体系，并且还要用类似 TS 16949 的条款进行审核。供应商也没有多做解释，只是默默地从某公司那里直接移植了一套看似高大上的质量管理体系，各种质量文件应有尽有，但根本就是两张皮。所有文件几乎都是同一个日期发布的，版本几乎都是初始版本，甚至里面的内容还带着上家公司的名字。供应商也没有兴趣和精力去理解、消化和应用。

但是，这家供应商在产品上确实做得很好，而且一直用心地在做实事、做产品。当时,我告诉引进这家供应商的项目负责人,对这样的供应商,如果想用的话,最好是扶持,而不是提出过多不切合实际的要求。从扶持的角度来说,以辅导质量管理体系为先,但主要从几个重点核心流程开始,如研发管理流程和新产品质量测试和认证,即使不是IPD或CMMI;如关键原材料的质量认证和检测;如产品过程测试和出货质量检测要求;还有建立产品质量追溯管理,以便万一出了问题能够定位到具体是哪一批。这样辅导的话,既不会占用供应商太多精力,也能够对供应商的运营及质量管理提供切实的帮助,才可能双赢。而那些不切实际的高大上要求却会造成双输的局面,供应商疲于应付,公司也得不到想要的结果。

所以,要想使自己的输出对顾客是有价值的,那么很重要的一点就是倾听顾客的反馈,并且是虚心、用心、真诚的。不管是在制定公司内部质量程序文件或规章制度的时候,还是设计产品的时候,都应该站在顾客的角度审视流程是否可执行,产品是否简单好用,要求是否合理,内容是否清晰,还要考虑顾客实际情况包括的各种惰性等。虽然任何规章、制度的制定都应该得到充分的讨论,但也得考虑时间和资源的平衡,任何一项制度或质量程序文件不可能满足每个人的需求,只能尽可能满足公司和顾客的利益最大化。同理，产品设计也是不可能满足每个顾客的需求，只有尽可能满足目标顾客群的需求。

4. 注重沟通和使用体验

不论是书面沟通或口头沟通，都需要建立在相互信任和相互平等的基础上。沟通不要相互猜忌，也不要分尊卑贵贱。这样才能够愉快地相互理解，也能够更加准确地理解沟通的内容，并能够更好地相互合作。如果不能很好地沟通，就不容易理解顾客所需和所想，那么你为顾客所提供的输出物就很难说是以人为本的。

当你正确并准确地理解了顾客的需要，也提供了正确的输出物，虽然没有错误，但为了更加符合人性的需要和方便，所以需要注意顾客的使用体验。下面就举个日常工作中的小例子加以说明，这是软件开发人员最需要注意的问题。很多时候软件工程师都会写程序代码，但究竟谁是高手，从用户角度讲可以根据使用体验一见高低。比如，某物资采购软件系统可以通过网络提交物资采购申请，并自动发送电子邮件至下一步骤的批准人，每一个批准人批准后系统自动发邮件通知下一步骤的批准人，直到所有批准人都批准后就启动采购程序。当每个人接到需要批准的邮件之后需要在如3天内做完审批。如果没有按规定时间完成，系统会自动发邮件催促。这个过程可以说非常智能化和自动化，也体现了以人为本。可是提醒批准人批准的邮件没有做到以人为本，邮件标题是"OneSRM: Missing approval / Fehlende Genehmigung"。OneSRM 是这个系统的名称，标题的内容是英文"Missing approval"，即漏了审批。

邮件内容是"This is a reminder. The work item xxx for document yyy of type Purchase Order needs to be processed."意思是"这是提示邮件。工作序列号 xxx 所对应的采购订单 yyy 需要处理。"

从程序上来说，这个做得很好，能够提示并催促流程上的批准人赶紧批准。但问题在于，任何人收到这样的邮件之后根本不知道哪一项审批单没有被及时审批，因此不得不打开 OneSRM 系统查找，增加了麻烦。这可能是资历比较浅的软件工程师所研发出来的系统，资深的工程师应该考虑顾客使用的方便性。其实也不难，就是直接把需要处理的系统链接直接链接到邮件内容里面，鼠标直接单击就可以打开处理单进行处理。

考虑顾客的使用方便性或良好体验，就是以人为本的重要体现。我不仅要求自己能够尽可能考虑这方面的要求，而且在刚开始任部门经理时就要求部门同事也要考虑。比如，有时候发邮件的时候需要链接某个公共盘上的某个文件，然后把这个链接地址要显示在邮件内容里面，如" \\O \ Quality \ Problem solving \ 2015 – 09 – 20"。如果这个目录只是文本的，收件人不能直接打开。但如果是超链接，把" <u>\\O \ Quality \ Problem solving \ 2015 – 09 – 20</u>"放在里面,收件人就可以直接打开了。这样方便了顾客,顾客会想到你的好,后续工作沟通与合作也更便利一些。

5. 不要过激地指责顾客的错误

即使顾客有错也不要过激地指责他,以平和、理解和支持的态度与之沟通。否则,指责顾客的错只会使事情变得更加复杂,甚至导致事情的恶化。

案例 12

质量部门工作为 0

我部门参与的一次某协调新产品生产的项目,项目经理发了一封电子邮件,标题是"质量部门的工作在 ZDX 项目中为 0",然后邮件里说"ZDX 产品马上要组织新产品试生产验证,通知所有相关的人员先对自己的问题进行汇总,并且组织了第二天的会议。但是质量部门将要参加会议的人员对马上要生产的产品一无所知,所以她就不用来参加会议了"。

我当时收到这个邮件之后简直惊呆了,但还好,很快稳住了情绪,因为我相信下属人员在我的管理下责任心还是非常强的,也许工作有不到位的地方,但不大可能像这封"投诉"邮件所说。于是我就找当时负责的质量工程师,她告诉我"首先,我做了应该承担的工作,如检测工装、检验指导书、检验记录,并把发现的质量问题也写了总结报告等;其次,我当时还在忙于解决另外一个十万火急的质量问题,所以没有及时与该项目经理沟通进度和问题"。我是比较理性的人,不是脾气暴躁和个性强硬的人,所以劝她客观地回复这封邮件,并安抚她的情绪。但她在气头上,所以也"以暴制暴"地回复了邮件。最后这个争吵上升到了人事经理和总经理那里去了,我和对方的经理都分别劝解各自下属才算平静。

就因为邮件标题和内容都充满了指责,才造成了诸多不必要的纷争,造成过多不必要的管理浪费和情绪浪费,双方在短期内存在的芥蒂也都难以愈合,工作合作受到影响。反之,如果该项目经理以平和、理解和支持的态度与质量工程师沟通,那么双方之间的理解、信任与合作都不会受到影响。

6. 系统全面地思考人性问题

要对以人为本有清晰的认识,即只要涉及人的问题就必须得系统和全面地思考,不像处理产品和技术那么单纯。

当人与物交互作用的时候,物的表现很简单,你对物理设置做什么输入,它就输出什么。比如,机加工的车床或数码机床,设定什么参数,机器就按照设定的参数运行。再比如抛硬币,往空中一抛,硬币掉到地上,要么是正面,要么反面,极个别情况可能是立着的,过程和结果都非常简单。而一旦涉及人与人之间的交互,过程和结果就变得异常复杂了,就得系统和全面地思考了。比如,将一种产品的价格降低5%,我们看看会发生什么。这比抛出一枚硬币复杂多了。降价这个单一的动作可能会引发许多不同的结果:有可能导致销售量的增长(按照最简单的经济逻辑),也可能触发一场价格战,价格战之后又可能导致不同结果。一是,不仅没有使公司有效占领市场,反而导致利润损失,最糟糕的是可能导致公司在价格战中彻底败下阵来,被竞争对手收购或倒闭;另外,也可能在价格战中战胜了对手,从而巩固了公司的实力,不仅赚得盆满钵满,也有可能吞并竞争对手。还有许多其他可能性,而所有这些就是因为单一事件——产品降价。导致所有这些不确性,是因为降价不仅涉及价格这个商品因子,还涉及消费者、竞争对手及公司各相关人等,在面对降价这个策略所做的不同思考和对策。

质量管理主要是与人打交道的工作,因此质量管理必须以人为本,要考虑人性,并且针对不同的人考虑不同的"交互作用"。否则,处理不好人的问题,那么很简单的技术问题或管理问题就会变成人与人之间的不信任或矛盾,甚至导致冲突、好心办了坏事。如果了解了人性及处理人员关系的系统性,那么做质量管理工作也是蛮有意思的,因为你可以因人而异地灵活处理各种问题,而这样的工作充满各种变量、丰富多彩,与具有较强规律性的技术问题很不同。下面就举一个例子加以说明。

> 案例 13

解决质量问题是单靠技术的吗？

在工作中，我曾碰见了一个并不复杂的质量问题，处理方法本来也非常简单，但因为人员沟通问题影响了团队合作。后来，虽然工作都没有耽误，但是造成了团队之间来来往往地争吵，不仅牵涉了许多精力，还影响了合作氛围及管理效率。

问题是这样的。某颗塑胶外壳因为尺寸设计不合理导致组装过程费力，因此会增加一部分生产工时。车间主任比较体谅生产线员工，于是就向质量工程师索要额外工时。质量工程师没有及时回复，或者是他不知道如何处理所增加的工时而暂未回复。车间主任就认为，既然原材料有质量问题，而供应商质量工程师也不提供额外工时，他就（擅自）决定停线不生产这个产品，临时改变做其他产品。这让物流人员着急了，物流部门马上反映说销售那边催货很急，得赶快生产。

于是负责生产的总监坐不住了，亲自到生产线确认物料质量问题，并判断产品质量不受影响，只是组装不方便，会造成一定的额外工时。但他考虑顾客急需，因此就亲自告诉组长和车间主任不要停产，根据顾客需要安排生产。车间组长和主任都同意了，大家应该可以继续工作了,但质量工程师不知道生产总监已经做了安排。所以,当物流人员发邮件催促安排生产之后,他看到车间没有回应,于是坐不住了,站在质量的角度再给车间经理发邮件劝车间生产,不要影响交货。并且,他还替车间算了一笔"经济账",说一个月损失的工时也就是三百多块钱,认为不是问题。同时,小伙子也好心劝解,说这样的问题"我认为达不到停线的地步,而且停线也解决不了问题,还有可能带来了负面的影响,不利于事情推动解决"。他还进一步解释道"我们都有必要站在公司的利益去考虑问题,尽可能不发生老板不乐意看到的事情。"其实他说的都没有错,但邮件发给大家后却招来意想不到的结果。这个意外不是来自车间经理的回复(因为邮件是点名车间经理来写的),相反是来自车间主任的反击。

第二天车间主任上班看到这个邮件后就开始反击,说"你的站位很高,非常值得我学习和景仰"。这看起来是夸奖,其实是一记"左勾拳";再进一步,他说自己是"一个小小的车间主任"(表达了不满情绪),更关注每件小事情的解决;并强调说"哪怕一个月下来总共小于 10 个小时的工时损失,对车间来说也是非常重要的"(站在车间的角度也是对的。但是解决问题的时候不必过于计较某一个具体的时间点或一起具体的质量问题,应该从整体和长远计议);然后毫不客气地批评质量工程师是,"打着站在公司利益的角度唱高调,还不如做点实事,只要给个成本中心什么事情就顺了"。

这样一石激起千层浪、你方唱罢我登场,来回发着邮件,还抄送给几个其他部门的同事。之后,有同事找到我,我才知道这个事情,从中调和了一下。

如果我是车间主任或质量工程师,不会选择吵来吵去,因为"方法总比问题多"。但为了让质量工程师能够接受我的观点,我先安慰他,先表达了我对车间主任的看法。我这样说的,"如果我是车间主任,我不会纠结于是否立马给成本中心,为了满足顾客需求会先安排生产。但为了公平起见,也为了一线工人利益,我会根据流程办法与质量工程师商量如何处理问题。车间付出的额外工时可以先记录下来,等讨论好结果后再补上,没必要吵"。这让质量工程师感觉我在为他说话。但接下去,我告诉他,"如果我是负责处理该问题的质量工程师,我可能会面对面地去找车间主任或车间经理交涉这个质量问题的处理,因为已经有邮件说明了,但还是没有共识,所以面对面的交流是最有效的。实在找不到人也可以打电话。但通常不会发邮件去商量这种有争议的问题。即使发邮件,也不会在邮件里面'唱高调',因为那样会让收件人感觉发件人是教育他应该学会'站在公司的利益考虑问题',会有被指责的感觉，会感觉很不爽。这次虽然作为收件人的车间经理没有反击你，但心里面也会不舒服。但作为车间一方，同时作为车间经理的下属的车间主任出面反击，说明这个邮件适得其反，哪怕你并没有说错，本意也是想解决问题"。

我再进一步给他分析，"这位车间主任平时本来就比较较真，这样比较敏感的邮件更是激起了他的'斗志'。所以，要与这样性格的伙伴合作，我们得有智慧，并大度一些。"然后，我拿出了南怀瑾老师的一本书《孟子与万章》给他，并跟他分享了禅宗大师赵州和尚的待人处世的故事。

赵州和尚有个皈依弟子是唐代的一位宗室赵王。一天赵王去看他，他正在打坐，有人向他报告，但他依然闭着眼睛打坐，直到这位王爷到了他跟前，他才睁开眼睛请赵王坐下。他是以对待弟子的态度接待的这位王爷的，当然他随后仍然讲了客气话："自小持斋身已老，见人无力下禅床"。赵王当然说师傅不必客气。赵王回去后第二天派太监送礼给他师傅赵州和尚，小和尚在山门外看见就报告师父。赵州和尚立即出门向太监的来路方向去迎接。小和尚们看见这情形还以为师父怎么这么势利。等客人走后，小和尚们问师父为什么这样做。赵州和尚就说，你们这些人不懂事呀，如果不好好接待，他们回去乱说一顿反而会破坏我和赵王之间的道义之交!

　　我再进一步跟这位年轻的质量工程师说,"你这封邮件如果是点名发给我,我不会生气,因为你讲的是对的,当然心里多少会有些不舒服。同时,我还会反省。不生气是因为我性格使然,平时还算比较大气,心胸也还比较宽大,自我反省的意识和能力也不欠缺,虽然看到这样的邮件心里面多少都有些不舒服,但绝不会再来反击你。但你发的邮件的对象中有这位车间主任,他平时就比较容易急。所以沟通上不是说要哄好他,但至少你要站在他的角度思考问题。而你发的邮件虽然内容正确,但确实有些唱高调,这样无形之中就容易让人联想到是指责他不对,那么他肯定要反击。所以,做质量不仅包括各种细枝末节的技术问题,更多时候是为人处世,必须要懂得这些道理,懂得人性"。

　　最后我开导他,"如果你能够把这位车间主任的问题搞定,那么当你与其他人员沟通合作时就应该没有问题了。车间主任发脾气还是在理的。比如,他提出对额外工时的成本如何处理。这是合理的,因为车间要考评生产效率,额外工时会直接影响工人的利益。只是他有点得理不饶人,个性比较冲,有时候也没有换位思考,只是更多地考虑了自己和一线工人的眼前利益。当然,解决问题的方法也有不恰当的地方。但是，如果你理解他了，然后想办法沟通，并解决好他的问题，那么车间主任就不是你的对手，更不是敌人，相反他是促进你反思和改善的合作伙伴！到头来你还应该感谢他！"

这位工程师听后没有再说什么，在日后工作中改善很多，与这位车间主任沟通合作方面也顺畅多了。

7. 想法弥补人性短板

要通过合理的管理机制和流程及科学的技术手段，从心理和生理上遏制人性的负面因素，或者说克服人性弱点；充分发扬人性中的正能量，或者说发挥人性的优点。

案例 14

喝水的和尚与分粥的和尚

我们都知道一个经典的寓言故事——"一个和尚挑水喝，两个和尚抬水喝，三个和尚没水喝"。这是人性的一种体现，一个和尚没得选择，只能自己挑自己吃。两个和尚为了互相不吃亏，平分劳动，就抬水吃。三个和尚就不好分配了，一个挑肯定不干，还有两个人呢；两个抬，那边还一个没事闲着呢。这个是有一定道理的。

再比如出游，一个人无所谓，边走边看，照顾好自己就一身轻。两个人路上有个照应。四个人大概旅途会更有趣，更丰富些。而三个人出游很容易忽略其中一个，造成某个人疑心或委屈，而使其不愉快。当然如果三个人都非常熟悉，并相互信任，一般也不会有问题。

三个和尚就一定没有水喝吗？如果大家不懂点管理的脑筋，让人性弱点主导了局面，确实容易造成没水喝的情况。即使有水喝，如果机制不合理，也容易导致三个和尚之间闹矛盾，心里不舒服。所以，我们必须动点脑筋想想以人为本的办法。

第一种解困之道很容易想到，即三个和尚轮流挑水，从而解决吃水的问题。

第二种破题之法还可以再进一步分工、合作，即三个和尚分别承担挑水、砍柴、做饭之责，并充分发挥几个和尚的不同优势，做到 $1+1+1>3$。并且，在三个和尚分工合作过程中，还可以锻炼大家的管理、协调和领导能力。

上述两种办法是通过管理机制实现的，非常不错。但管理的最高境界其实应该是塑造主人翁责任感和担当精神。所以，我就在想，既然都是和尚了，难道和尚的觉悟还是和普通人一样没有差别？还不能把人性弱点克服掉吗？和尚应该是佛家弟子的代言人，倡导慈悲为怀，至少应该团结友爱、相互关心和支持吧，三个和尚应该争先恐后地挑水才对呀，而不是互相耍小心眼，计较自己有没有吃点小亏等小事情上。在相互请缨挑水之后，没有机会挑水的和尚也会主动地想其他办法为团体做贡献，绝不是坐享其成。万一某个和尚没有机会为团队做贡献，但分享了其他和尚劳动所带来的果实，这个和尚也应该感到惭愧和自责。这才是和尚应该的本能表现。如果和尚们不是这样想、这样做的话，那么就要想想这个寺庙的教育、氛围、文化是不是出现了问题？这才体现管理的本质，寻根究底、溯本追源。

下面再说说和尚分粥的故事。我在《创造价值的质量管理》中也引用这个故事，来论述写质量程序文件时要考虑流程和做事方式的"防错"功能。故事是这样的，在饥荒的年代，七个和尚天天喝粥，天天要分粥，粥有稠与稀，分粥也会有多与少，粥又不够喝。所以，公平分粥对大家而言就非常重要。

和尚们先后采取了四种分粥方法，也没能解决分粥公平的问题，抱怨不断，大家头都大了。方法一，指定一个和尚负责分粥事宜，这容易造成分粥不公。于是采取了第二种方法，大家轮流主持分粥，每个和尚一天。结果每次主持分粥的和尚能吃饱，其余六人只能吃一点儿。大家认为这种办法更不行，于是又采取了第三种办法，大家选举一位信得过的和尚主持分粥。开始这位品德尚属上乘的和尚还能公平分粥，但不久他开始为与自己溜须拍马的和尚多分。看来这个方法也行不通，于是又采取了第四种方法，众和尚选举一个"分粥委员会"和一个"监督委员会"，实行民主分粥，并形成监督机制。这样，公平基本做到了。可是由于监督委员会想让分粥更公平些，分粥时常常提出各种议案，而分粥委员会主管分粥，一般都会据理力争，等分粥完毕时，粥早就凉了。这样一来，弄得众和尚经常肚子不适。

众和尚意见纷纷，于是只好解散两个委员会。经过诸多折磨，大家最后商讨采纳方法五。每个和尚轮流值日分粥，但是分粥的那个和尚要最后一个领粥。令人惊奇的是，这个办法果然有效，虽然没有称量用具和有刻度的容器，但碗里的粥每次几乎都一样多，就像用仪器量过一样，以后众和尚倒相安无事，因为大家觉得都公平了。

上面五种分粥方法，方法四看起来很科学、很公平，但仍然无济于事。方法五看起来不起眼，也非常简单，但却最懂人性、最以人为本。所以，只要涉及人员相关的活动，在做决定的时候，只有充分考虑了人性，并尊重人性的一些规律，做出的决定才可能是科学的。

上述两个例子都是从人性的心理层面例证从管理方法上克服"阴暗面"，这样的"阴暗面"不分男女老少、不分民族、不分肤色、不分国籍，是人都可能存在，包括自私、贪婪等。只是，不同的人有不同的自治力，并且不同的文化、生活环境、工作环境等都会导致不同的表现。因此，要克服人的心理层面上的东西，得从管理方法上入手。

除了管理人心理上的弱点，还要懂得生理上的某些弱点，这些弱点是与机器相比而言的，因此需要用科学的技术手段来弥补。做同样的工作，时间久了人就会分心，精神就会不集中，甚至感到乏味、烦躁、犯困等，当然就可能出错。而就制造业而言，我们在设计产品的时候就要考虑可制造性设计（DFM）。其中很重要的一点就是，要考虑人的弱点及各种可能的失误，并通过技术手段合理地避免或者减少失误的机会。

前面举的被投诉的案例 10 就说明了人性的弱点。其出现失误的具体点就是，工人扣下工装的时候可能忘记按测试按钮，然后去取下一块等待测试的 PCBA，再回来取工装当中的电路板时也看到指示灯是绿色的；他毫不迟疑地把没有下载和测试程序的电路板取出来，放到合格品当中。几乎所有人都可能犯这样的错误，只是出现的几率有所不同而已。也许有极少数的"圣人"能避免这样犯错，但我们生产上不可能都要求人人是"圣人"。能够顺利生产的前提条件是，普通人就能够胜任工作。既然要求普通人就能够胜任工作，那么在设计产品和工艺的时候就要考虑普通人的心智特点、普通人的弱点，从而想法子避免错误。

要防止上面提及的下载程序和测试过程上的人为失误，也不是难事。并且，在设计过程中就应该考虑可能的人为失误。彻底解决上述问题的方法也不难，如在PCBA下载程序并被检测出程序成功下载后，LED灯显示为绿色并且3秒钟后熄灭。3秒钟熄灭的原因，一是工人可以有足够时间看到LED灯的绿色状态（当然如果失败，则显示红色）。另外，当工人看到灯的颜色并判断产品是否成功之后，他还需要把产品取出来放好，并重新取下一块再放进工装，这个过程要大于4秒，此时LED灯已经熄灭了。这样工人如果忘记按下功能键下载程序，他会发现灯没有亮，工人按下功能键、确认亮绿灯而不至于失误。这样就考虑了人性的弱点，并可以避免人为失误。

除了从心理上遏制人性弱点、从生理上弥补人性弱点，还要从整体解决方案上疏导人不正确的做法，就像大禹治水那样，疏而导之，引导人们朝着正确的方向前行。有一则"燕人导行"的故事：燕国有个叫赵礼的人，他在路边有一块田，这条路下雨积水，行人只好从他田里绕道走。赵礼为了不让行人踏坏庄稼，插了个"禁止通行"的牌子。但行人并不遵守禁令，他气愤之下挖了一条使人难越的深沟。可是，这不但没有阻止人们踩庄稼，反而使行人绕大弯从田里通过，踩坏了更多的庄稼。这个事故告诉人们，堵而抑之，不如疏而导之。

可是，很多时候我们却是用围堵的方法解决问题。比如，有的单位为了急于改变落后面貌，急于求成，一口气制定了"几十个严禁"；有的单位发现什么了不良苗头，就禁止什么，哪里出了漏洞，就堵哪里，但得到的结果往往事与愿违。

另外，在疏导的时候也要考虑人性需要。有一次我告诉行政部门，在户外建设一个吸烟亭，以便大家能够到吸烟亭去吸烟，免得在公司的洗手间吸烟。当时行政部门说建吸烟亭不用考虑凳子，说吸烟就不要想舒服地吸烟了，免得吸完之后还坐在凳子上不离开。于是行政部门就这样建立了一个吸烟亭。

但是公司员工并没有如设想那样到吸烟亭去吸烟，他们大都在吸烟亭外两米处的马路牙子上坐着吸烟，吸完之后把烟头随地扔到草地上。为什么员工们不去专门修建的吸烟亭吸烟呢？原来是因为到那个吸烟亭去吸烟的很多是工人，而工人们本就是站立工作的，连续站立两个小时会感到疲劳，因此在休息期间当然想坐着吸烟，但吸烟亭却没有凳子。因此，后来就在吸烟亭里建了凳子，这样员工就都去吸烟亭里面吸烟了。

五、以人为本的前提是了解人性

说到人性,还得明确人与人是不同的,人的某些性格、心理特点及人生追求等也是不同的。这与人的身心情况、家庭环境、生活环境、社会环境、所受的教育及人生经历等都有关系。儿童、少年、青年、中年及老年,不同阶段有不同的心理需求;不同家庭、不同民族、不同国界的人,也各有不同;男女的心理需求也不同。即使是双胞胎兄弟或姐妹也多是外貌相似,但是性格迥异,所以就更不用说社会上的人和人之间的区别了。

当然,不同之中也有共性。比如,多数人都愿意得到尊重,或者说好面子;多数人都不愿意被批评,包括自我批评,更不愿意被当众批评;多数人都喜欢被表扬,即使是稍微过分点的表扬;"爱美之心人皆有之",即使长得并不漂亮,但也希望美化一下自己;多数人都是自私的,虽然自私的方式可能有所不同;"情人眼里出西施"也不仅是中国人才有的,西方人有过之而无不及……

另外,不同年龄段也有共性。比如,幼儿,比较喜欢声光类的玩具;儿童,在某个年龄阶段可能会喜欢臭味,甚至还喜欢闻臭屁人;老年,喜欢回忆过往。男女也是有不同的兴趣特点，男人们比较喜欢谈论天下大事，女人们则喜欢谈美食养颜的话题。

在了解了人的共性的基础之上，再去了解人与人的不同，才比较好展开工作。比如，有的人喜欢夸夸其谈，有的人则倾向脚踏实地；有的人说话比较容易夸大，有的人说话则比较保守和谨慎；有的人可以张口拍胸脯乱承诺，有的人则不会轻下断言；有的人爱嬉笑怒骂，有的人则严肃刻板；有的人喜欢打打闹闹，有的人则喜欢安安静静。

那么，在工作中执行以人为本，也有一个前提就是自己要心态良好、心思放正，不要让对方感到心理伤害或扭曲，输出让对方能感受到的正能量。比如，工作中正常的表扬和肯定，这对接收方而言是正确的鼓励和激励；但是，如果表扬过度，被表扬者就可能无法正确地认识自己，变得飘飘然。在公司的生存环境中，确实有人故意夸大赞誉某人，甚至拍马屁，这违背了以人为本的原则。拍马屁的，违背了自己的良心；或者，是为了从被拍者那里获取某种好处、心有所求，而自己低三下四，心理就不健康；被拍的，有可能被"惯坏"，甚至助长了歪风邪气。

以人为本，并不是说就不批评人，如果确实做得不对，应尽量避免当众批评，私下里找机会批评和教育。恰当的批评似良药苦口，利于被批评者正确地认识错误并加以改正，这恰是符合以人为本的。比如，小孩子做错事了，如果不理睬和不干预的话，小孩子还以为是对的，那么久而久之就养成了坏品性，等长大了意识到错误想改正就太难了，也太晚了。同理，公司里的员工做错事了，如有的员工上班喜欢看手机、出问题喜欢找借口、办事推三阻四爱抱怨等，上级不及时加以批评指正的话，那么这些员工即使再有才华，这些消极的做事方式也会慢慢地抹杀掉其光芒。这不仅害了员工，其实对公司更有害。上级没当好"教练"，成为了不合格的上级。

案例 15

让你走是为了你好

我曾供职的一家公司，某年因为组织架构合并从别的部门转过来一名员工。他是做质量检验的技术员，当时月工资有四五千，比其他检验员高出差不多两千块。但是我发现他工作积极性反而不高，好像也不开心，工作内容与大家也相差无几，甚至听说上班有早退迟到的现象。于是我把他叫到办公室，先寒暄一下，后问了他工作情况，然后直接开门见山地问他工作开心吗？他喜欢自己的工作吗？

他打开了话匣子，表示不开心，也不满意，并且向我报怨招聘他进来的那位总监没有实现承诺，让他去做设备维修及维护工作。他是大专生，学的机械，想干技术活。我觉得他的想法可以理解。在质量部门，我确实没有这样的工作安排给他。另外，公司里其他部门当时也都满员，并且在岗的那些工程师及技术人员也是合适的。但他又不想就这样浑浑噩噩地混日子，也不想从事这个没有技术含量的质量检验工作，而我认为他也确实也不适合目前的工作。所以，我直接建议他，应该到外面去找一份自己喜欢的更有前途的工作，哪怕开始工资不一定满意或条件不一定好，但只要能够学到一技之长，从长远来说就是好的。并且我告诉他，如果他在这里混日子，不仅我不满意，而且周围同事对他也不满意，公司对他也不满意；更重要的是，他自己也会因此变得压力很大，也不开心，可能身体都会出问题。他不开心也会影响他的家庭。从长远来说，他也很难取得任何进步，甚至会退步。

一番肺腑之言后，他有些犹豫，因为人要脱离熟悉的安逸的工作环境，并不那么容易，但他眼睛里闪着光芒，好似看到了憧憬的未来。不过，我还是基于以人为本，告诉他不要担心会马上让他走，他可以在合同到期前的几个月慢慢找，并祝愿他能够找到一份满意的工作。但我同时告诉他，在这几个月里面要遵守公司的各项制度，上班时间要好好完成工作，该对得起每时每刻，好好工作也是一种修行。虽然他不喜欢现在的工作，但我告诉他要在工作中磨炼自己的，并且要干得出色。这样他去找工作的时候，用人单位才更愿意信任他。最后，我又给他定了个目标，就是在合同期满之前能够找到合适的工作；即使没有找到，公司也不会与他续签合同，除非他能够踏实、满意地干好当下的工作，而且还得接受降低工资，不然我就是对其他检验员的不公平。他也默默点头认可。最后他真诚地感谢了我，主动与我握手。他在合同到期前找到了一份满意的工作，及早跳出了令他不愉快的"沼泽地"。

以人为本，不能完全将就人"喜欢美"的那一面，也要用正确的委婉的方式揭开"丑陋"的那一面，来促进员工积极、健康地发展。这是以"顾客"的成长和长远发展为本，而不是以眼前的舒服为本。如果只以满足下属或晚辈的眼前利益或舒适，而不考虑正确的做人道理，也不考虑长远的发展，那么人就容易被"惯坏"，这也是人性的规律。通过观察公司不同部门经理的管理风格，我也发现真是严师出高徒，严格管理的部门的工程师们比管理松懈部门的斗志更高，能力更突出。

六、以人为本离不开正心修身

要做到以人为本，还得正心修身。《大学》有云："所谓修身在正其心者，身有所忿懥，则不得其正；有所恐惧，则不得其正；有所好乐，则不得其正；有所忧患，则不得其正。"一句话，如果心不正，则有偏见，这是不利于以人为本的，如此则可能产生几个心理问题："人之其所亲爱而辟焉，之其所贱恶而辟焉，之其所畏敬而辟焉，之其所哀矜而辟焉，之其所敖惰而辟焉"。这里的"辟"，是指偏僻、偏差，甚至有病癖的意义。关于因为亲爱、贱恶、畏敬、哀矜和敖惰这五个方面问题导致心理偏差的故事，南怀瑾先生在《原本大学微言》中举了几个非常经典而又生动的例子。下面我就借用他的一个例子。

案例 16

由"亲爱"而产生心理偏差的故事

关于"人之其所亲爱而辟焉"的历史故事，便是《战国策》记载的触詟（zhe，二声）说赵太后。在战国的末期，燕赵两国西邻秦国，都是秦国想吞并的。这时赵惠文王死了，其子孝成王即位，年纪很小。赵国处于寡妇孤儿的困境，只好由能干的赵太后亲自出来掌握政权。秦国看到这个时机，就出兵急攻赵国。赵国没办法，向齐国求救兵。齐国又把握机会要挟赵国，让赵国必须派遣赵太后最宠爱的小儿子长安君来做人质，齐国才会出兵救赵。赵太后不肯，大臣们极力劝谏她赶快派遣长安君去齐国，否则来不及了。赵太后公开表示，如果再有人说要派长安君到齐国去做人质，我老妇"必唾其面。"

大家正束手无策，赵国的一位官拜左师的老臣触詟，忽然求见太后。太后想，他偏要倚老卖老来见我，一定和这件事有关，就很生气地等着他。但触詟是赵国的老臣，威望又高，所以虽然生气，但不能失礼。

触詟老态龙钟，慢慢地一步一步走上来说，"老臣病足，走得不快，请太后宽谅。我因为很久没有来晋见太后了，担心您的身体，所以想来看看太后您啊！"太后说，"我坐辇驾走动，还算不错。"触詟又说，"胃口还好吧？"太后说，"老了，平常只吃些稀饭。"触詟说，"我真老了，不想多吃东西。不过，每天勉强自己出去散步，走三四里，算是运动。这样，胃口就稍好一点，身体也舒服多了。"太后听了便说，"老妇不能"。讲到这里，太后态度就变缓和，心里也放松了。她觉得触詟这个老头子，完全是和自己说些闲话而已，大概不会讲要长安君去做人质的事，也就放心了。

跟着触詟便说，"老臣贱息舒祺，最少，不肖。而臣衰，窃爱怜之。愿令补黑衣之数，以卫王宫。没死以闻。"这是说，他有一个最小的儿子，名叫舒祺，很不像自己少年时努力用功。不过，人老了总是疼爱自己的小儿子。希望太后开恩，叫他来补个王宫警卫队的队员。有了一个位置，触詟也就安心了，所以就不怕死直接说出来。求求太后准许吧！太后一听，说，"好吧！他几岁了？"触詟说，"他只有十五岁，虽然还小，但我怕自己快要死了，'愿及未填沟壑而托之'，所以要抢时间来请求太后。"这一段，活像眼前看到一个很啰唆的老头子，唠叨着为儿子求职说话。

太后说，"大丈夫、男子汉，也会如此爱怜自己的小儿子吗？"触詟说，"哦！男人们比女性还过分呢！"太后说，"女人和男人不一样，爱是真爱。"触詟说，"我看太后你爱你那个嫁去燕国的公主，比爱长安君还厉害。"太后说，"哪里能比，我实在最爱长安君，他实在还太小啊！"触詟说，"做父母的爱儿女，都是要为儿女长远的前途打算。太后送公主嫁到燕国去的时候，一步一步跟在她的后面，一边又流着眼泪，担心她嫁得太远。我看到了，真够难受的。但她出嫁了以后，您常想她，还随时祷告老天保佑，不就是希望公主在燕国生个儿子，可以继位为王吗？"太后说，"那是当然的，是这个意思。"他和太后的谈话到了这里，触詟便说，"如果细算三代，我们赵国前面历代的赵王，能够继位的后代子孙，好像也没几位吧！"太后说，"都没有了。"

触詟说，"其实，不只赵国，其他各国的诸侯后代，能够继位的，有很多吗？"太后说，"我没有听说过还有多少。"

触詟便说,"此其近者祸及身,远者及其子孙。岂人主之子孙,则必不善哉!位尊而无功,奉厚而无劳,而挟重器多也。今媪尊长安之位,而封以膏腴之地,多予之重器,而不及今令有功于国。一旦山陵崩,长安君何以自托于赵。老臣以媪为长安君计短也,故以为其爱不若燕后(指公王)。"

　　这段话是说,那些目前看得见的诸侯子孙们,闯了大祸,本身受了报应。有些虽然迟了一点儿,大家也眼见他们的子孙没有好结果。难道这些子民的主君,王公贵族的子孙们,都不是善人吗?其实,不是这样的。这些高贵的子弟们,家庭出身太好,生来就自然有高贵身份的地位,但对社会、国家并无半点功劳,而且因为出身不同,生活"自奉"得很富厚、奢侈、骄纵。得来容易,习惯了不劳而获,并且方便要挟,取得贵重的资产也太多了。例如太后您,现在就这么封小儿子为"长安君",又给了他许多田地房地,把好的东西都给他,还有特别的权利。您不趁现在叫他努力做一点对社会、国家、人民有贡献,做有大功劳的事情。如果有一天,您像山崩一样倒下去了,那么长安君又如何向赵国的老百姓做交代啊?所以我认为你爱长安君,是不及爱出嫁燕国的公主那样深!

　　讲到这里,赵太后全明白了,便说,"好吧!我懂了,随便你怎样办吧!"于是,为长安君"约车百乘,质干齐。齐兵乃出。"原文写到这里,后面还附带一段很有深意的论述"子义(赵国人)闻之曰:人主之子也,骨肉之亲也,犹不能恃无功之尊,无劳之奉,以守金玉之重也,而况人臣乎!"这段是说,赵国人子义,听到了这件事的经过,便说,"你们看,这些君主的子孙,也就是他们的亲骨肉,不能只靠地位而没有功劳,也不能只管享受不干事情。不然,你虽然尊贵,满堂黄金宝玉,也无法守得住的。何况我们普通老百姓,有财富,就一定可靠吗?"

南怀瑾先生用这个历史故事说明"人之其所亲爱而辟焉"的道理。他后面还继续为贱恶、哀矜、畏敬、敖惰分别举了扣人心弦的例子,让我一口气读完,直喊过瘾。

那么,我们应该怎么做呢?一方面,要尽可能严格要求自己避免各种心理偏差,虽然很难,不一定做得到,但时常反思并尽可能做到,是善莫大焉;另一方面,就是要理解周围的亲戚朋友所存在的这些"问题",并判断这些"问题"是否会导致严重后果。如果有问题,要以同理心去劝解,但得注意技巧。触詟在这方面堪称大师,他理解赵太后的因为"亲爱"而舍不得儿子,更深知如果直接告诉太后不应该过于偏爱她儿子,那么结果会是两手空空:一边是耽误了劝解太后的大事;另一边则可能丢了自己的脑袋。

触詟成功了，成功的前提是做到了真的以人为本！首先，他理解赵太后，这是懂得人间真情的以人为本；第二，懂得如何劝解太后才不让太后生气，不让太后杀他，还能够把太后说服，这是沟通的以人为本；第三，他没有私心，一心为赵国和赵太后着想，所以才能够打动赵太后，这是正心修身的以人为本！

七、以人为本少不了好情商

正心修身对以人为本很重要，还要避免忿懥、恐惧、好乐和忧患等不良影响。但因为情商问题，人有时候会犯一些自己都意识不到的错误。有人情商低，说话容易得罪人，但他并不是故意的。所以，以人为本得考虑在与人沟通的时候尽量让对方感到舒服，当然并不是通过溜须拍马等不良手段，而是将心比心地说话，尽量说话得体。

你可能又会问了，如果下属或晚辈做错事情，是不是也不要指出来，因为这样会让对方不舒服。不是的，该说得说，只是需要考虑沟通技巧，既要说出问题，也要让对方能够客观、坦然地接受意见和建议，就像前面举的触詟的故事一样。但这确实需要比较高超的技巧，当然也需要好的情商。

触龙的故事不仅说明了赵太后"人之其所亲爱而辟焉",同时也说明了触龙的情商非常高。下面举个日常生活中情商低所造成不愉快的例子。

案例 17

是实话,还是情商低

作家晚情写了这样一个故事:女孩第一次去男朋友家里,拎了不少补品,希望能留下良好的第一印象。到了之后,她把补品递给男友母亲说,"阿姨,您多吃点补品,不然肯定会生病。"

原本男友母亲笑得亲切慈祥,听到这句话后,笑容顿时不自然起来。

巧合的是,一个月后男友母亲真的生病了,她又买了一堆补品去医院探望,见面第一句说,"阿姨,我上次就跟您说要多吃补品,不然会生病,您看,这下真的生病了吧?"

男友赶紧把她拉出医院,一个月后,男朋友告诉她,妈妈不太喜欢她,还是分手吧!

她无法接受,问她的朋友,"我男友的妈怎么回事啊,我又是买补品,又是去医院看她,她凭什么还不喜欢我啊?"

她的朋友深知同学不会说话的毛病,就叫她改一改,她一扬脖子说,"我说的都是大实话啊,你看,应验了吧，果然生病了，她应该感激我……"

这位姑娘如果把补品递给男友母亲的时候这样说，"阿姨，您多吃点补品，把身体养得更健康，退休以后好享受幸福和健康的晚年生活，好不好？"这样的话，她男友的母亲会一直笑得亲切慈祥，心里美滋滋的。但她情商不高，说话好似在邀功，感觉如果她没有送礼品的话，男友的母亲就真会生病似的。人如其言，她自己也可能有不太好的潜在心理，认为她送了东西一定想让对方知道她送的东西是好的，接受方应该感激她。这样的想法当然不对，表现出来就是情商不高。但她自己却以为蛮有道理，并没有意识到不对。

八、以人为本绕不开心理学

不管是懂得顾客的需求也好，还是站在顾客的立场思考输出物也罢，以及与人合作所需要的良好沟通等，都需要具备基本的心理学常识。

什么是心理学呢？我不是专业人士，按百度百科粗略地解释一下：心理学是一门研究人类的心理现象、精神功能和行为的科学，既是一门理论学科，也是一门应用学科。

它包括基础心理学与应用心理学两大领域。具体的研究范围包括几十种类别。表 6-3 给出的是常见的十二类。

表 6-3　十二种常见的心理学类别

认知心理学	应用心理学	社会心理学	医学心理学
实验心理学	心理病理学	发展心理学	工业心理学
临床心理学	人格心理学	教育心理学	管理心理学

我不是专门研究心理学的，只是在大学期间选修过管理心理学，其中包括马斯洛需求理论、激励理论、公平理论等，感觉也蛮有意思。工作之后也偶尔读一些心理学方面的书籍，工作中也经常琢磨同事们究竟在想什么。所以，我觉得这方面的知识挺有用的。结合企业管理及质量管理的实际工作，我认为就心理学而言主要是搞懂对方究竟在想什么，背后的真实需求是什么。这样才可以对症下药解决问题，否则就可能是对牛弹琴。这也算是我个人对工作中心理学应用的理解吧。

质量管理大师戴明就把心理学放到非常高的位置，他对现代管理制度的诸多缺失痛下针砭，从而提出将"渊博知识体系"作为彻底改弦更张的理论根据。渊博知识体系涵盖系统概念、变异的知识、知识的理论、心理学四大层面，这也是戴明管理思想的精髓。可见，心理学对质量管理非常重要。质量管理界也有一位老师李正权于 2012 年出版了一本书《质量心理学》，算是质量管理学当中的"阳春白雪"。

回归到企业管理的现实情况,心理学确实有用。不懂得心理学,不懂得员工和同事心里面想什么,即使你的决策再英明、正确,也很可能流产。下面借用李开复博客分享的两个亲身经历的故事来说明一下。文字是直接来自李开复文字的节选,括号里面的内容是我的理解、备注。

案例18

李开复讲述的心理学经历

平等的第一个要求是重视和鼓励员工的参与,与员工共同制定团队的工作目标。这种鼓励员工参与的做法可以让员工对公司的事务更加支持和投入,对管理者也更加信任。虽然不代表每一位员工的意见都会被采纳,但当他们亲身参与到决策过程中,当他们的想法被聆听和讨论,那么,即使意见最终没有采纳,他们也会有强烈的参与感和认同感,会因为被尊重而拥有更多的责任心。(这就是心理学的力量。——作者注)

多年以前,我接管一个部门时,为了提高效率,我在一个星期内定下了团队的工作目标,并召开会议宣布了我的所有决定。但没想到,会议进行得很不顺利,有的员工一片茫然,有的人没精打采,有的人则对我的计划百般挑剔。我一下子明白过来:自己选择目标时过于武断和草率了。于是我对他们说:"很显然，我对未来太天真了。现在，让我们重新来过，一起制定出大多数人认可的团队目标。"

我当场把计划撕掉，然后宣布成立三个员工小组，分别解决部门面临的三大问题。一个月后，这三个小组各自呈上他们的报告，然后我和三个组长一起定下最后的目标。这次，全体员工欣然地接受了新的目标。（李开复能够在下属面前做自我反省，这样给了员工很大的安慰，同时也给了员工的最大面子，很容易得到员工们的认可和接受。——作者注）

有趣的是，新的目标与旧的目标之间，除了措辞方面的差异外，几乎一模一样。我的助理向我抱怨说："我们浪费了一个月的时间，又回到了原地。"但我对他说："不是的，此前我是靠直觉选择了目标，没有调查数据的支持，无法令员工信服。现在，经过一个月的工作，大家都有了信心。更重要的是，旧的目标因为没有员工参与，即使实施起来，他们也很难全身心投入。"（决策的内容很重要，这决定了正确性；但决策的形式和过程同样重要，这决定了执行力。而决定执行力的关键，是理解员工的心理状况，是要加以正确引导变为行动的。——作者注）

平等的第二个要求是管理者要真心地聆听员工的意见。作为管理者，不要认为自己高人一等，事事都认为自己是对的。应该平等地听取员工的想法和意见。

在复杂情况面前，管理者要在综合、权衡的基础上果断地做出正确的决定。

不善于聆听的领导无法获得员工的支持和信任。例如，我在苹果公司工作时，公司一度面临经营上的困难，需要调整方向。当时，董事会新请来了一位以有战略眼光著称的首席执行官（CEO）。这位 CEO 刚来公司时，就告诉所有员工："不必担心，这家公司的境况比我以前从鬼门关里救回的那些公司好多了。给我一百天，我会告诉你们公司的出路在哪里。"（这位 CEO 如此自大、自傲，我想只要有想法的员工都不大喜欢这样的领导。这位 CEO 自大到连心理学的重要性都搁置一边，当然也没有把员工们的心理和想法放在眼里，为失败埋下伏笔。——作者注）

但是，这一百天里，他只和自己带来的核心团队一起设计公司的"战略计划"，而重来不倾听广大员工的心声。一百天后，他果然推出了新的战略计划，但是，公司员工对该计划既不理解也不支持，他自己的声望也开始走下坡路——因为员工觉得他虽然能干，但是很自大，不在乎员工的想法，所以员工们并不真正信服他，也没有动力去执行他提出的战略计划。（这位 CEO 不尊重员工，不管员工的心理，员工当然也不配合他。这难道不就是人之常情吗！——作者注）

半年后，公司业绩继续下滑，这位 CEO 召开了一次全体员工大会。他不但不从自身找原因,反而在台上指着所有员工说:"你们让我很失望,大家没有努力执行我的计划,今后,我绝不允许你们再犯类似的错误。"结果,这次大会后,他失去了大多数员工的支持,不久就被董事会解雇了。后来,有人这样评价他:"他以为他可以用智慧和经验改变公司的一切,他做了战略决定后就直接开始执行,却没有花时间寻求所有员工的支持。其实,他的战略方案不无道理,但他做事的方法是完全错误的——他不是一位懂得倾听、懂得理解的好领导。"(这位CEO看来把心理学用在如何赢得高层的支持上,但没有关心员工。同时可以看出,他的人品是有问题的,遇到问题不敢直面错误,反而嫁祸于人。——作者注)

九、为什么质量管理要以人为本

　　前面论述以人为本的方方面面并不是全部围绕质量管理的话题展开的,还有沟通管理、人事管理、制度流程及变革管理。这些管理确实都要充分考虑人的因素,需要体现以人为本,也需要展现领导力。其实质量管理必然涉及沟通管理、人事管理、制度流程和变革管理等,因此质量管理需要以人为本,需要展现领导力!质量管理甚至比总经理从事的企业管理更具挑战性,更有难度。因为总经理有权力,总经理有资源,总经理有考核权,所以,总经理具备比较充分的条件来推动企业管理。质量负责人重视质量管理,其他人就重视质量管理吗?显然不一定,因为质量负责人的资源、权限都需要依靠总经理及其他各部门负责人来保障,所以质量负责人推动质量管理从这个角度来说更考验以人为本的能力,更考验领导力和影响力。

　　质量负责人首先要影响总经理,只有总经理支持了,至少总经理不唱反调,质量负责人才可能影响其他部门的合作伙伴一起重视质量。其次,质量负责人要能够影响同僚,获得同僚的支持和参与,只有全员重视质量,各级部门领导重视质量,质量管理才可能做好。所以,质量管理离不开以人为本的沟通、合作、支持,离不开以人为本的工作方法,离不开工作能力强的全体员工,离不开精诚合作的团队。所有这一切的前提是以人为本,要具备强有力的领导力和影响力!

　　企业管理如果没有以人为本的领导力,企业是不会长期成功的;质量管理如果没有以人为本的领导力,质量管理是难以做到优秀的。

第三篇
质量领导力之执行

第七章　始于领导层的质量管理领导力

一、质量管理之定位 …………………………………………… 349
　　1. 跨国公司西门子的质量愿景 ……………………………… 350
　　2. 两家著名中国企业对质量的看法 ………………………… 352
二、质量管理之标准 …………………………………………… 360
　　1. 产品质量标准 …………………………………………… 360
　　2. 管理质量标准 …………………………………………… 366
　　3. 工作质量标准 …………………………………………… 370
三、质量管理之本质和顶层设计 ……………………………… 373
　　1. 向"质量三剑客"学习质量管理思想 …………………… 373
　　2. 向任正非学习质量管理体系建设 ………………………… 376
　　3. 始于管理层的质量文化 ………………………………… 383
　　4. 卓越绩效模式 …………………………………………… 416
四、质量管理之经理负责制 …………………………………… 421
　　1. 安监局之经验 …………………………………………… 421
　　2. 领导说，如何做 ………………………………………… 423

领导力当然离不开领导层的远见、关心和支持，所以这里就单独谈谈领导层如何认识质量管理，如何支持质量管理，如何参与质量管理，如何从顶层设计一套卓有成效的质量管理运营系统。

一、质量管理之定位

要搞好质量管理，首先领导层心里要对公司的产品质量有一个清晰的定位。因为质量是非常重要的，卖产品给客户的时候，客户只认识质量、价格、交付时间及服务等，没多少客户知道公司的战略是什么、人力资源管理如何、企业文化如何等。所以，质量是非常重要的卖点。一分钱一分货说的就是产品质量，这是说的价钱高低大概与质量高低成正比。当然，其成立的条件是产品质量在某个范围，超过这个范围，也可能不成立。比如，质量非常差，那么你即使贱卖产品，也卖不出去多少，大量卖不出去就等于价值（价格）为零。另外，产品某些特性的质量指标非常好，但客户可能用不着，价格也上不去，那么所谓的好质量也卖不上好价钱。还有一种质量特性是，客户没有意识到，其他竞争对手也没有，但你想到了并做出来了，只要质量指标没有问题可以使用，客户就开心得不得了，并愿意花高价购买。这个质量特性表现出价格与质量的指数关系。这个价钱与质量的关系可以借用 KANO 模型来分析。

领导层除了对产品或服务的质量有清晰定位之外，还需要对质量管理有清晰定位，这就是质量愿景。质量管理之愿景是质量管理的灯塔，公司长期发展过程中遇到产品质量的争议也好，质量管理原则也罢，但在质量管理资源配置等方面都应该不忘初衷，也就是公司最高层定下的质量愿景。相比质量愿景更具体的描述，就是对产品或服务质量的定位，定义质量原则，设定质量战略。

下面列举几家著名企业的质量愿景或定位，可以看出领导层对企业质量的高度认识及积极参与，为顾客满意的产品及企业的稳健发展打下了长久的坚实的基础。反之，那些企业一把手漠视质量，很多喊着"质量是企业的生命"的企业却是在赚廉价劳动力的血汗钱，质量管理水平低下、员工满意度低下、客户满意度低下，公司就算可持续发展根基也不牢。

1. 跨国公司西门子的质量愿景

"西门子代表世界级质量！"这是西门子高层发出的声音，也是从领导到员工的共同认识。有一次，我与西门子瑞士公司的一位资深研发工程师在交流关于过程控制时，他冷不丁地把我的工作证拿起来。我不知道他葫芦里卖的什么药。他很骄傲并慎重地告诉我，"我们做产品和过程控制要对得起西门子这个品牌!"这样的工程师并不是特例,西门子有很多工程师包括中国的工程师对待质量方面都非常严谨。

西门子除了设立这个清晰的质量愿景外,高层在年度的全球质量大会上还明确指出,"过去、现在和将来,质量都是西门子品牌的重要支柱"。西门子非常明确地表明了一直会坚定世界级质量的决心和行动。当然,有了这个愿景,也限制了西门子能够拓展的行业和产品,决定了西门子做不好快消品。西门子做的那种厚重、结实、耐用的手机就被市场淘汰了。但西门子在工业、能源及医疗等需要稳定质量的行业和产品中,西门子确实凭借质量和创新,凭借多年累积的经验,一直走在世界前列。这也是西门子能够屹立 160 多年还依然健康的原因。

在这个清晰的质量定位下,西门子各个集团事业部、各产品业务单元及各工厂都非常重视质量。不管是针对欧美中高端市场,还是针对发展中国家的中低端市场,它的产品质量都是一视同仁的。产品差别主要在于功能不同,中高端产品的功能会更多一些,中低端的产品功能会简单一些。另外,某些技术质量特性的标准可能有差异。但产品质量和可靠性要求都是一致的,即,要符合产品所设计的功能及外观要求,以及符合当地法律法规要求,符合产品对不同使用环境的要求,也要具备持久耐用的特点。

当然也并不是说西门子就不会出现产品质量问题。对待出现的问题,西门子的态度是明确的,该召回就召回,该报废就报废。西门子不同的业务单元还会根据具体情况选择质量改进项目,如有的单位会选择精益六西格玛作为质量改进方法,有的单位会选择零缺陷文化作为质量文化理念和质量改进工具,有的单位会选择质量VDA6.3年度审核做质量体系审核等。就拿零缺陷文化来说吧,最高领导层会亲自参与推动,不是喊口号就结束了;先是从上到下进行培训,增强质量意识;然后从研发、生产等各业务成立几个质量项目,如硬件稳健性测试、生产标准化流程、设计可制造性等,并形成标准化和流程化,然后长期推广和深化;同时,培训和推广几个适用的重点质量工具,如预防为主的FMEA和防呆法、解决问题为主的8D和PDCA/A3等工具。培训过程中需要用实际项目来演练,然后推广、跟踪和普及。各种质量项目都是为了满足顾客的需求,满足"西门子代表世界级质量"这个愿景。

2. 两家著名中国企业对质量的看法

(1) 长寿企业同仁堂的质量定位

欧洲、日本那些长寿企业无不例外地把质量和诚信放在了重要的位置。当然,公司要永续经营,没有质量万万不行,当然光有质量也不行。

我国的长寿企业比较少,比较有规模又比较出名的更少,但同仁堂就是一家。北京同仁堂是全国中药行业著名的老字号。创建于1669年（清康熙八年），在300多年的风雨历程中，历代同仁堂人始终恪守"炮制虽繁，必不敢省人工；品味虽贵，必不敢减物力"的古训。这古训其实就是同仁堂的质量标准，是创始人乐显扬的三子乐凤鸣，在创业第33年提出的质量管理思想和原则。正是这个质量管理的最高原则，确保了同仁堂从成立之初到现在都长盛不衰，产品行销40多个国家和地区。即使经历了由盛及衰、被外敌入侵的清王朝时代，军阀混战时代和新民主主义革命的沧桑历史，同仁堂却依然健在。

同仁堂在"遵肘后，辨地产，炮制虽繁，必不敢省人工；品味虽贵，必不敢减物力"的质量管理原则下，提出"修合无人见，存心有天知"的信条，制药过程严格依照配方，选用地道药材，杜绝以次充好。同时，严格遵守药品的工艺规范，从不偷工减料，都是该炒的必炒，该蒸的必蒸，该炙的必炙，该晒的必晒，该霜冻的必霜冻。像虎骨酒和"再造丸"炮制后，不是马上就卖，而是先存放，使药的燥气减少，以提高疗效。虎骨酒制成后要先放在缸里存两年，再造丸要密封好存一年。

（2）规模巨大的企业富士康对质量的态度

大家应该都听说过富士康，其员工人数已达到120万，是制造业中的翘楚。

在我出生的前一年，1974年2月20日，郭台铭以资本额9 000美元创立了"鸿海塑料企业有限公司"，主要生产黑白电视机旋钮。在成立30周年的时候，富士康首度跻身《财富》全球500强，位居第371位（2005年公布排名）；在成立40周年的时候，排名《财富》全球500强第31位。可以说，它是世界企业发展史上的一个奇迹。

"富士康凭什么这么厉害？富士康究竟卖什么？谁答对了这个问题奖励5 000元人民币。"这句话看起来像玩笑，又确有其事。我在富士康工作的时候，董事长郭台铭在一次大会上就这么说过。郭台铭之前在公司大会上曾经说过富士康卖什么，但绝大多数人可能都记得不牢固。有好几个人站起来回答但都不正确。后来有一位员工终于答对了，郭台铭非常高兴，当场就兑现承诺，奖励了5 000元人民币。富士康卖什么，"速度、品质、工程服务、弹性、成本"。这是早期的版本，后来的版本是"速度、品质、工程服务、弹性、成本+附加价值"。现在，富士康将之改为"我们的核心竞争力：速度、品质、技术、弹性、成本"。富士康把工程服务和附加值精简为技术，这也是富士康的发展趋势，定位也更精准。因为富士康在创业前些年主要为全球各大电子企业做代加工，工程服务及附加值是其特色。但随着富士康的发展壮大，要提供好的工程服务和附加值必须得有一技之长，所以技术就成为必需的要素。掌握了技术，特别是核心技术，才能够更加主动，不仅可以满足客户想到的需求，可以提供客户想到了但没有能力实现的，甚至可以推荐并提供客户没有想到的。所以，有了技术才能够更好地谈服务和附加值。富士康虽然是制造业企业，但确实有技术，包括必要的核心技术。不然，光凭加工不可能发展那么大，因为客户很容易找到替代的加工厂。从富士康网站可以查到，"截至2016年年底，集团全球专利申请已累计142 100件（大陆申请52 800件），核准量达到79 600件（大陆核准28 400件）。2005～2013年连续9年名列大陆地区专利申请总量及发明专利申请量前列"。

下面再继续讨论富士康的五个核心竞争力之一——品质（即质量）。富士康非常重视品质，重视品质的基因也是从上到下的。也正是因为有了品质保证，客户才可能选择富士康。否则，富士康不仅毁了自己的声誉，也影响客户的品牌，至少会影响客户的产品交期，从而影响客户的生意。比如说手机，这是一个快速变化的产品，速度慢半拍就可能错过市场机会。而富士康如果为客户新产品提供的材料达不到质量标准，就会影响客户的产品上市时机。所以，保障富士康第一核心竞争力——速度，需要好的品质保障。

（3）从CEO到一线员工，郭台铭是如何贯彻质量意识的

做一个品质优良的产品也许不太难，但是将质量意识融入到企业文化，融入到员工的血液，融入到公司的每一个环节和流程，让品质成为核心竞争力就不是一件容易的事了。

要将强烈的品质意识植入企业的肌体和血液，在企业发展期有所作为最为重要。为了打造富士康的品质体系，郭台铭从创业之初就开始着力，并且常抓不懈。现在富士康的高品质就是郭台铭那些年用心血换来的成果。郭台铭身体力行，算是楷模。本书第四章"文化为魂"就列举了很多关于郭台铭积极推广质量理念及富士康的质量文化建设案例。

为什么富士康的质量意识能够深入人心？除了郭台铭到处宣讲质量的重要性之外，还采取了很多具体的管理办法。

富士康案例 1

质量出问题，给你送蓝旗

1997年3月1日，早晨7点多钟，寒风刺骨，富士康昆山厂的几千名员工整齐地站在餐厅大堂里参加"1997年品质改革宣誓大会"。

春节前，在集团总部的年终大会上，郭台铭颁给昆山厂一面蓝旗，上面写着"质量很重要"。当然，这不是优胜旗帜，其背后的意义是非常沉重的。

在集团总部的年终大会上，只是厂领导接过了蓝旗。但是，昆山厂要再颁发一次，促进全体员工知耻而后勇，今后务必把质量做好。会议开始，张副总率领全体员工举行品质改革宣誓："我以富士康员工之名宣誓，自1997年3月1日起，秉承爱心、信心、决心，绝对要把品质'第一次就做好'，时时不断寻求改善，将品质做到顾客完全满意，达到产品'零不良'、机器'零故障'、安全'零意外'之目标，保证今年勇夺富士康集团品质金奖。"

接下来，张副总代表郭台铭授蓝旗，李经理代表I/O产品事业处接旗。李经理在会上又宣布了1997年具体的品质目标。李经理又将蓝旗分别颁给电镀生产部、各间接单位、各零件生产部、二期厂、一期装备部等单位。这些单位的领导也分别上台接旗，并宣誓。

除了颁发蓝旗，针对质量问题富士康还有一些惩罚措施。对一些小的质量事故，进行集团通报、会议检讨；对一些大的质量事故，惩罚措施就格外严厉，如取消"参加会议资格"。1998年9月，集团的月度动员大会上，郭台铭就宣布，有个事业群的最高主管因为质量问题不能解决，因此不能参加会议。还有一次大的会议，一个事业群的与会者因为质量问题被集团罚站45分钟。另外，如果哪一个单位质量经常出问题，新产品就不给它做，已有的产品也可能转移出去给别人做。更重要的是，年终奖和年度绩效奖等也与质量挂钩。

富士康案例 2

失败经验交流会

"他山之石,可以攻玉;他山之石,可以攻错。"这是郭台铭整治质量问题的另一招。

富士康每月都有月度动员大会,以前是集团集中召开,然后各个事业群再召开。后来,郭台铭做了改进,在每月集团的集中大会上,由各个事业群展示自己在质量方面的问题,并进行具体分析,找出改善的方案。

过去讲问题,是事业群内部自己讲,现在要在集团众人面前亮丑揭短。郭台铭把这种会叫做"失败经验交流会""他山之石交流会"。

有时候,郭台铭还嫌干巴巴的会议介绍不生动、不过瘾,就要求把介绍错误和改善的过程进行整理,表演出来,重现一遍。让大家看到错误出在哪里,后来又是怎么改正的。

郭台铭认为,很多错误经验可以是"他山之石",应该让大家分享。把"事情为什么会做错,有什么样的办法把它做对"的经验告诉大家,可以让大家吸取教训。

> **富士康案例 3**

总裁亲自向客户道歉

20世纪80年代初,美国的一家笔记本式计算机公司对使用的富士康连接器提出质量投诉。这是全世界早期做笔记本式计算机的公司,当初因为竞争对手遇到技术和品质难题交不出货,富士康才获得了这个订单。

接到投诉,郭台铭提着包、坐飞机亲自去到美国芝加哥密歇根湖畔的这家公司。当时天气非常寒冷,有零下二三十摄氏度。到了现场他发现,产品在美国的冬季才出现问题,在夏季没有问题。出现质量问题的根本原因,是没有充分考虑客户的各种使用环境。

郭台铭先做检讨,然后到工厂生产线上把全部有问题的产品挑出来,再马上生产低温测试过关的产品。三天后,合格的产品已经空运到美国公司,两个星期内把货全部换完,没有耽误客户的生产,满足了客户的要求。这也说明富士康的技术实力和速度是让许多竞争对手望尘莫及的。

郭台铭曾在富士康的大会上说,品质是生命,是尊严,"我们的很多干部在处理品质事件方面都有非常难忘的经历,都有有失尊严的体会,因为一次一次的质量问题,客户对我们的质疑总是使我们陷入相当难堪的境地……"

那么怎样才能有面子，有光彩，有尊严呢。郭台铭认为，"客户愿意出两倍以上的价钱来买你的产品，回去还很高兴，认为物有所值。这就是品质。"。

二、质量管理之标准

1. 产品质量标准

（1）是遵从还是超越国标或行标

对于管理层而言，在设定质量愿景之后应该真心去落实。但在落实之前，首先得明确公司的产品质量标准。明确产品质量标准不仅是质量管理的内容，更是公司战略的一项重要内容。因为，不同的质量标准对应着不同的客户群及品牌定位，也决定了不同的产品定位和价格定位。

很多公司认为产品质量只要符合国家标准（国际标准）或行业标准即可，这只是入门门槛而已，产品质量只是及格。如果只是满足这样的标准，产品在很多时候是满足不了客户的全面需求的，甚至在某些使用情况下容易出现质量问题。所以，那些有志于做大做强的企业都不会止步于国家标准或行业标准，而会超越这些标准来提产品需求，如华为、格力和万达等。

从事质量管理多年,我常有这样的疑问,难道我们的企业就只能生产低端产品吗?其实现在有相当多的消费者想购买质量好的产品,高质量标准的产品也有广阔的市场。高质量标准不仅能够倒逼企业创新,利用新技术、新工艺,同时也能够提高企业管理和质量管理水平及企业的经营利润水平。富士康就是典型的制造业企业,就是通过高质量标准赢得客户和赚取利润的。不然,郭台铭也不会说,"客户愿意出两倍以上的价钱来买你的产品,回去还很高兴,认为物有所值。这就是品质。"当然,高质量标准、高产品品质也有代价。事实上,很多来找富士康代工的中小型企业,都觉得富士康的费用比一般的高,而富士康一般也接不到中小企业的代工业务。

但是我认为,到目前的社会经济阶段,提高产品质量标准,淘汰落后技术,摒弃低质、低价的竞争和生存模式,走高品质的道路,是我国诸多中小型企业的出路,大型企业更应该当仁不让。以前是卖方市场,只要产品做出来就可以卖得掉。现在早已是买方市场,并且国人的钱包也渐渐鼓了起来,地摊货已经越来越没有市场了,也几乎没有什么利润。高标准的产品质量更受消费者喜欢,更容易建立企业品牌,也更容易让企业赚取利润和存续。

(2)王健林的质量标准

王健林是我的四川老乡(尽管他不认识我),他那么强悍、成功，但我并不嫉妒他，相反我感到很开心。我非常认可他的很多做法，并将其中一部分作为我的案例。我的理论和实践思考虽然来自电子行业和高科技行业，但是经过提炼、总结和案例对比，希望对于如王健林所从事的建筑业及商业或我的另一个老乡、海底捞创始人张勇（离我家乡100公里，也不认识我）所从事的餐饮业，都是适用的。因为从本质上讲，质量管理是以人为本的管理，涉及的是企业管理奖惩制度、团队合作，以及如何发挥人的主动性、规避人的惰性等，任何行业的质量管理都是人的管理。

成立于1988年的万达从一开始就注重诚信，注重产品质量，诚信和质量本来就是一对孪生兄弟。万达一开始就设立了高标准。

先谈诚信上的案例。1989年上半年，万达第一次开发项目，开盘前王健林去销售部检查，销售经理向他汇报，"主管副总经理交代卖房时每套房子多算点面积"。王健林问为什么？她说现在市场就这样，这算加得少的，反正也没人管。王健林一听，觉得这种做法相当于欺骗，赶紧制止，要求按实际面积老老实实卖房子。过后王健林思考，这种市场环境下，企业更要坚持诚信经营。管理上的诚信，说白了算是一种高级的管理标准。

王健林对诚信如此看重，质量标准也高，因为质量的本质就是诚信。1990年，万达开发大连民政街小区。当时房地产行业工程质量普遍很差，万达决心把质量抓上去，要求四家施工单位把工程质量全部做到市优以上，结果都不愿干。当时国家规定施工单位获市优可以晋升资质，好事为什么没人愿干？调查后才知道，如果做市优工程，用工就多，每平方米成本要增加10元，做省优每平方米成本要增加20元；而国家规定市优工程每平方米只奖励2元，省优工程每平方米只奖励4元，做优质工程反而赔钱。于是万达自己出台制度，做到市优每平方米奖励10元，做到省优每平方米奖励20元。四家施工单位全部签协议同意做优质工程。这个制度执行后，市建委找到万达说破坏了当时的行业环境。万达解释这是奖励做好事，而且只在公司内部执行，才没给处罚。奖优制度调动了施工单位的积极性，结果是，民政街小区中的四栋楼获评市优工程、四栋楼获省优工程、两栋楼被评为辽宁省样板工程，民政街小区成为全国首个工程质量全优小区。1992年，由国家多部委共同组织的首届"质量万里行"活动在全国开展，看到民政街小区工程质量全优后很震撼，并还对住户进行暗访，百姓反映也都非常好。因此，尽管"质量万里行"活动没有颁奖的先例，但组委会还是决定破例颁发给万达全国唯一一块"优质住宅工程"奖牌。

万达一直坚持优质、优价制度。1996年年初，万达在全国房地产行业首先提出"三项承诺"：第一，保证商品房不渗、不漏，发现渗漏，赔款三万元；第二，保证商品房销售面积与产权证面积相符合，面积不符，缺一赔三；第三，从买房到竣工入住六十天内，自由退换房。"三项承诺"也在全国引起极大震动，媒体纷纷正面报道万达的做法。2000年6月，当时的国家建设部会同中国消费者协会等六家单位，在北京人民大会堂召开一千多家房地产企业负责人参加的大会，推广万达销售放心房的经验。

万达高标准的建筑质量，其实没有让万达的利润下降，反而获得了客户的信任和喜欢，也确保了销售价格及销售速度。总之，高标准的产品质量不是企业的负担，反而是企业的一张名牌！而反观"楼倒倒""楼歪歪"这样的质量事故，更衬托出万达品质的魅力。

总之，企业最高管理层应该在全公司树立高的产品质量标准，并让全体员工都理解和支持高标准的产品质量，就像王健林所拿出的决心和行动那样，就像张瑞敏拿锤子砸掉有瑕疵的次等品一样！高产品质量标准可以带领企业走向高标准管理，低产品质量标准会导致松散的管理。如果整个公司从管理制度，到精神面貌、工作环境和行为习惯等，都是"差不多"的标准，那么这样的企业是没有理想和抱负的，也不足以支撑中国的经济建设，很难培养出优秀的人才。只有高标准，才容易激发大家的斗志和创造力，产品也才更加具有竞争力！

（3）中国制造大而不强的原因之一就是质量标准低

进入2015年，低端制造和代工类企业逐渐丧失了产业发展的土壤。这足以给"中国制造"敲响警钟，制造业企业面临的是产业的变迁，是人力资源、土地等要素完全改变环境下的一个挑战。

2015年年初，中国制造的重镇东莞出现倒闭潮。东莞市战略性新兴产业研究中心主任龚佳勇，把这种现象称为"搭便车"时代的结束。他认为，过去这些年，低端加工制造为中国经济贡献了原始积累，但也消耗了大量的廉价劳动力、土地、环境等要素。过去是中国工业起步的阶段，很多方面都存在短缺现象，所以低端也有市场。那些低端企业年复一年重复低端，技术没有升级、管理没有升级、人才没有升级、产品质量没有升级，一切都还在原地踏步。即使企业每年的产量在增加，但是利润率在逐年下降，企业的经营质量从本质上说是没有进步的。这样的企业当然会随着时代的进步逐步被淘汰，低端工业产能逐渐过剩，制造业已经到了买车票的阶段，需要提升技术和质量标准。这样才能满足中高端制造业的需要，也才能够满足我国乃至世界的消费者的需要。

我们再去看那些常青树企业，不管是超过一百六十多年的老牌西门子，还是年青身的强力壮的富士康、华为、万达、格力等，从开始就设立了高于国标的产品标准，追求自己设定的高标准产品或服务要求、高标准的管理水平、高标准的人才要求，并且追求持续改进、持续创新，所以才能够活下来，并且还活得不错。即使遇到一些金融危机或产业危机，或者华为所说的冬天，这些企业也挺了过来。

相反，没有较高的质量标准、管理标准及人才标准等，很多中小型民营企业在经济形势不好的冬天就经受不住考验，甚至夭折。

2. 管理质量标准

美国沃尔玛公司喊着"天天低价（Every Day Low Price）"的口号，但其产品质量并不差，管理质量还很高。可以说，沃尔玛的管理是企业争相学习的标杆。

二战结束后，结束服役的山姆回到故乡向岳父借了2万美元，加上当兵时积攒的5 000美元，他和妻子海伦在纽波特租到几间房子开了一家小店。就是从这家小小的便利店开始，经过半个世纪的发展，沃尔玛成为《财富》五百强之首。虽然我国有大量的天天低价的超市、商店或菜市场，但还比不过这个强悍的对手！背后离不开高标准的产品质量要求和高标准的企业管理。

首先，让我们看看沃尔玛的质量标准。沃尔玛的商品采购自供应商，所以供应商的质量水准就基本决定了沃尔玛顾客所购买商品的质量。沃尔玛有着严格的供应商质量管理程序和要求，它不仅看重产品，也看重供应商。或者可以说，它先选中供应商，然后才会看中供应商能提供的产品。也就是说，先符合管理质量标准，再看产品质量标准。

沃尔玛将供应商分成两种：具有成熟度和缺乏成熟度。沃尔玛全球采办中国区域杂品部总经理黄育才先生说："成熟供应商具备自有创新的能力、技术的能力,且管理结构非常好;而缺少成熟度的供应商,不但没有设计能力,也没有补货能力。"

沃尔玛对供应商的要求近乎苛刻,不仅针对产品质量。沃尔玛对供应商的考察非常全面,如企业给不给职工买养老保险,消防设施是否齐全,工人有没有饮水处,食堂环境如何,厕所是否干净等。这些因素都可能成为沃尔玛拒绝采购的理由。例如,沃尔玛曾经发现有家工厂工资发放不及时,因此没有让其通过考核。沃尔玛也增加了"绿色工厂"方面的评估要求,要求供应商注重环境保护。

沃尔玛选择供应商的周期一般是3~6个月。通常沃尔玛先搜集信息,如有进一步意向,会去工厂考察生产流程、质量控制、管理环节等,然后以一个小单进行试行生产,如考察合格,才会进行大单采购。

对于供应商的挑选,沃尔玛首先进行初试,高达2/3的供应商被淘汰;然后,对剩下的1/3做进一步的考察,又刷下一大批"含水分的供应商";最后,符合要求的大概只剩下1/10;而这1/10当中,未来可以长期合作的可能只有1、2家。沃尔玛的"严格"可见一斑。当供应商成为沃尔玛合格供方之后,为了确保采购质量,沃尔玛主要会采取以下措施:

1)沃尔玛和供应商之间有一个不成文的规定,如果供应商提供的某商品在单店中出现质量问题,供应商需赔偿5 000元左右;如果是多店或是造成重大损失,沃尔玛可能会通过法律途径索赔。

2）沃尔玛的供应商大多是经过筛选的长期合作商业伙伴。每增加一种新产品，除了采购部把关，法律部也将参与审核，包括审核该商品的商标注册证或授权证书等文件，以确保商品的合法性，防止假冒产品。

3）为了杜绝供应商和采购员"勾结"，避免采购人员对商品把关不严而造成损失。沃尔玛还有几个部门专门对供应商进行长期培训，防损部给供应商上课，告知如何拒绝采购员的索贿，以及如何投诉等内容，同时也要求供应商不得行贿、请客吃饭或给沃尔玛员工家属提供便利；财务部会教沃尔玛的供应商如何快速结账；采购部的商品行政部负责培训供应商使用沃尔玛的网络电子工具等。

任何公司都不可避免出现质量问题，关键是出现之后如何处理。沃尔玛对出现的采购质量问题也是非常严格进行处理的。例如，深圳的"问题童装事件"出现后，根据惯例，沃尔玛防损部马上调查供应商，并调查采购部是失误还是过失，政府事务部也会马上进入危机公关阶段。不管怎样，沃尔玛和该供应商的合作马上就会结束，采购负责人和店长可能都会受到相应处罚。

所以，沃尔玛虽然喊着"天天低价"的口号，但其品质管理却非常严格。除此之外，沃尔玛其他方面的企业管理水平也非常高。很多人都知道，沃尔玛数据库是世界上规模数得上的民用数据库。借助这一信息系统，沃尔玛与供应商建立了紧密联系，从在计算机上开出订单到商品上架，沃尔玛商店比竞争对手平均快 3 天，节省成本为 2.5%。1996～1999 年，沃尔玛的销售量增加了 78%，而库存仅上升了 24%。沃尔玛也并没有满足于 4 000 家实体店的销售，战线也拉到了互联网上，借电子商务将业务拓展到世界各地。这就是它的企业管理水平的一个淋漓尽致的体现。

　　沃尔玛的信息管理非常优秀，其他方面的管理也非常优秀，如人性化的平等管理。沃尔玛创始人山姆坚信"仆人领导"的理念，觉得沃尔玛的员工不应该对他唯唯诺诺，反而认为自己要给员工提供一个当家做主、发挥自己才能的空间。他会实际去了解员工、尊重员工，会发自内心地去维系人际关系，会真诚关心沃尔玛的员工，而不是只把关心当作有效的管理技巧。他也十分务实，会贴近员工个人的工作、生活，用心了解员工内心的真实想法，于是员工会觉得领导人真心关注自己的需求。

　　企业对员工的尊重，是通过平等相待做出来的，而不是依靠媒体宣传。在总部办公楼前的停车场，即使山姆本人也没有固定的车位。这就是地位平等。不像其他大公司领导人那样拥有超级办公室，他的办公室约 20 平方米，他任董事长的儿子的办公室才 12 平方米，并且他们的办公室都是敞开的，对员工是开放的。

　　沃尔玛除了人员管理水准非常高之外，在以下两个方面的管理模式也坚持高标准，并且严格执行。这两个标准化管理保证了客户满意的购买体验，也算是高标准的服务质量。

1）店面设计标准化。所有新开业的零售店的店址选择都按统一标准，店铺面积大小、店铺装饰、商场货架尺寸、商品摆放位置、商标牌放置等都由公司统一规定。店铺的内部装饰、店面商标要求及商场货架尺寸，都由公司统一设计和制作。为了方便顾客挑选商品时看价格标牌，公司一律要求所有商品的价格标牌都挂在货架上。

2）管理程序规范化。沃尔玛在管理上要求执行三个标准：一是日落原则，即今天的工作必须于今日日落之前完成，对客户的服务要求在当天予与满足，不可延迟；二是比满意更满意的服务原则，给予客户更好的服务，这种服务超过客户原来的期望；三是10英尺（1英尺=0.304 8米）原则，要求员工无论何时，只要顾客出现在10英尺范围内，员工必须看客户的眼睛，主动打招呼，询问是否需要帮助。

3. 工作质量标准

任何一家公司只有设定高标准的产品质量标准，并运用高标准的管理标准，才可能确保最终的产品质量。但是，如何达到和满足高标准的产品质量和管理要求，这就要通过高标准的工作质量来保证。

高标准的工作质量是非常有意义的那样才能提高和推进我们的工作。我们的文化和习惯中有一种差不多情节。近百年前，胡适也忍不住为此创作了一篇传记题材寓言《差不多先生传》，以此讽刺当时社会中那些处事不认真的人。鲁迅也曾经说过："中国四万万的民众害着一种毛病。病源就是那个马马虎虎，就是那随它怎么都行的不认真态度。"我们一定要注意避免和克服这个病症，就可以依靠工作上的高标准。其实，日常工作中有太多"差不多"现象了。比如，一句话里面的几个标点符号，有的人会一部分用中文格式的，一部分用英文格式的。我参加同一场会议活动，也会碰到有的人把我名字的汉语拼音一会儿写成 Guo Bin，一会儿写成 Guo bin，再一会儿又写成 guobin 或 Guobin 等。有人在处理 Excel 表格时，同一列的内容有的左对齐，有的中对齐，有的下对齐。这些都是不严谨的表现。我还算是一个比较认真的人，周围也有很多人，非常认真。无论如何，工作和生活中都需要随时注意细节，随时警惕差不多的问题。比如，在日常生活中我们接触到的公共建筑、公共洗手间、公交系统或公共菜市场等，很多标准都不高，有的连清扫和清洁都做不好，有的甚至已经破旧不堪。这些都会影响大家严谨的生活态度和习惯，进而影响工作习惯。

环境很重要，所以有实力的企业一定要把办公大楼建好，不一定豪华，但建筑质量和装修质量要高标准。我去过西门子在德国法兰克福的区域总部大楼，也去过西门子在德国的一家工厂、西门子在瑞士的楼宇科技集团总部及两家工厂。我发现这些楼房的质量都很好，餐厅的质量过硬，洗手间的管理也过硬。我还发现德国法兰克福的区域总部大楼的那些门的质量特别好，特别结实，特别有感觉。在那样的地方如果工作马马虎虎，真就觉得对不住工作环境。在中国，我们实力强、要求严的企业，如华为，我也去过，并仔细观察过，其建筑质量、装修质量、门的质量和洗手间管理与西门子在德国法兰克福的办公楼的不相上下。相反，我去过一些供应商的工厂，有些工厂的建筑质量非常一般，装修质量比较低下，办公环境也不尽如人意，洗手间就更不入眼了。在那样的环境下如何让大家用高标准来要求工作质量呢？这些企业的老板也许算计到了装修和办公环境可以省下的银子，但没有考虑糟糕的环境会影响工作的严谨性，会影响工作质量，这是省下的银子远所不及的。

无论如何，我们应该警惕马马虎虎的陋习，西方也有谚语说"魔鬼藏在细节中"，说明他们也有细节上的问题。在差不多这个现象上，有些欧洲人也确实有清晰的认识，还要学习日本人的认真。在西门子的一次会议中，一位在公司内级别比较高的德国人分享了他心目中关于欧洲与日本的质量标准的比较。他拿蓝天举例子，说日本人心目中关于蓝天的标准是天蓝蓝的，没有白云，这才算蓝天；然后说欧洲人心目中的蓝天是只要天是蓝的，即使有白云也算蓝天。他还说日本人在工作质量上是一丝不苟的，只要认可的事情，就一定做到位，欧洲人也自叹不如。我也只有自嘲，现阶段我们的蓝天是能看得见蓝天，空中有没有云不要紧，就算有些雾霾应该也算蓝天吧。

其实，就我个人经验来说，欧洲人特别是德国人的工作标准是非常高的。要买耐用的产品，德国货还是不错的选择。德国人建房子、搞装修或厨房用具等，都是朝常年使用看齐的，相反我国的标准情况还有差距。

三、质量管理之本质和顶层设计

1. 向"质量三剑客"学习质量管理思想

戴明、朱兰和克劳士比三人，都是世界质量管理运动的领军人物，特别需要学习他们的思想体系和方法论。

他们三人的著作我早年都拜读过。早期学习六西格玛的时候，觉得戴明的漏斗原理和红珠子实验很有意思，对统计学很在行。后来，读到了戴明博士的渊博知识体系（包含四部分，即系统的理论、变异的理论、知识的理论和心理学的理论），以及戴明十四条。我觉得他是一个颇有思想而又懂管理学的质量大师。我对朱兰印象最深的是二八原理及质量三部曲。我觉得朱兰博士更注重方法论的研究，这可以从《朱兰质量控制手册》这本合编的巨著看出。我也接触到了克劳士比的著作。可以说，他的著作最多，也最会演讲和推销。我认为克劳士比在质量管理的技术上肯定不如戴明和朱兰，但克劳士比在领导力和营销方面是一位大师。我实际接触到的质量管理人员大都非常低调、务实，但多不善于推销自己的观点，即使肚子里再有货，酒香也怕巷子深呀。但是，克劳士比虽然在质量实操技能方面稍逊一筹，但在零缺陷理论方面有突破创新，具有思想力，更重要的是他的影响力和推销力。不然，哪里有今天如此广泛的零缺陷质量文化。当然，克劳士比也是创业家、作家和演说家，算是走的企业家道路。而戴明和朱兰更偏向于学术道路。

纵观三人各自的质量管理思想，可以发现，他们的思想有异有同。三位大师根据各自特点提出的质量管理思想，都已经成为质量管理发展史上的宝贵财富。

不可否认，三位大师的质量管理思想有着惊人的相似，主要表现在以下方面：

第一，对质量内涵的理解。三人都认为质量不仅意味着相应的规格和标准，更重要的是顾客的需要。戴明认为，真正的质量是立足于用户需要，追求不断提高用户满意度而形成的。朱兰提出了质量的"适用性"这个概念。克劳士比认为质量要符合要求,而这个要求就是用户的需求。

第二,三人都认为质量不能完全依赖检验。戴明和克劳士比都提出了事先预防的重要性。不同的是,戴明侧重在组织中建立系统改善;克劳士比提出用"零缺陷"这个工作标准来实现;朱兰则认为检验对于质量的提高没有决定性的意义,他认为质量的人事方面是关键。

第三,三人都认为主要的质量问题是源自系统,而不是源自工人的。戴明认为85%的生产失误责任在于管理者而不是操作者。据说,美国福特公司曾经派质量副总裁去请戴明做顾问,却被戴明拒绝。拒绝的原因是,戴明认为质量是高管层尤其是总裁决定的,所以他有一个规矩,非总裁来请决不出山。朱兰的80∶20法则也是针对管理者因素提出的。克劳士比也认为零缺陷管理最重要的是自上而下推动,高层领导负有不可推卸的责任。

第四,三人都提出质量改进是一个持续的过程,不是头疼医头、脚疼医脚和一朝一夕的短期工作。戴明认为,解决当下问题并不是改善,充其量不过是恢复常态。克劳士比设定的预防过程,就是一个持续的质量改进过程。朱兰的"质量环"和"突破历程"也论证了这一点。

第五,三人都强调质量改进应该打破部门隔阂,把企业当作一个整体。戴明管理十四点中的打破部门之间的隔阂,朱兰的质量环及三部曲,克劳士比的零缺陷管理和四项原则,都从不同角度印证了部门之间的合作对质量改进的重要性。

第六,三人都强调质量改进过程中"人"的重要性,都反对见物不见人的传统质量观。

有关具体内容,请大家系统学习大师们的著作吧。总之,这些著作虽然没有涉及具体的质量管理技能,但可以说其中的管理思想、原则及方法论则是经久不变的灯塔。对于大师们著作中的很多内容,还是需要具备一定的工作经验之后才能够真正领悟的。

相比于上面三位质量大师的著作和思想,至今为止很少有能够出其右的质量大师了。这些质量大师就包括费根堡姆、石川馨等人。而在我国比较著名的质量大师,有质量管理之父刘源张院士,著有《刘源张自传》,但很少人知道;另一位是我国质量零缺陷之父杨钢博士,他有企业高层经验和哲学思维,有比较高的知名度。

2. 向任正非学习质量管理体系建设

对质量管理的深入认识,难道只有质量管理人士才有吗?非也。其实有许多优秀的企业家就有,当然他们多不是因为质量管理出名的。但是,他们作为最高层,视质量管理为公司经营和管理的有机成分,是站在整个公司的经营、管理和所涉及的战略、人才、组织架构、制度、流程、技术等全角度来思考质量管理、认识质量管理和布局质量管理的。这一优势比质量总监和质量大师们强太多了。2015

年11月我有幸读到了华为创始人任正非的一篇文章，是在华为的质量工作汇报会上关于质量管理的讲话。任先生是我非常佩服的企业家，只要有他的文章，我几乎都会第一时间阅读。我认为任先生也是全球范围内顶级企业家中的哲学家和思想家。他每次讲话基本上不局限在具体的内容上，不是谈今年要开发哪些新产品，要设多少研发中心，要招多少人，要做多少销售额等具体指标，而是关注哲学层面、思想层面及企业文化等。这与绝大部分企业家或职业经理人都不一样。当然，任先生本人布局完高端的战略规划后，华为有大量优秀的职业经理在深化和执行。

本来我想把任先生的演讲再提炼精简的，但读了几遍都觉得太经典了，所以还是原汁原味地保留下来。我也建议有兴趣的读者可以"重要的内容读三遍"。

二十年前我去阿联酋迪拜，当飞机降落时，西亚非洲司司长告诉我，下去就是中东的香港。当时我不相信，下去一看，然后就写了一篇文章《资源是会枯竭的，唯有文化才能生生不息》。迪拜是没有一滴油的沙漠，现在比阿联酋还出名，这就是文化造就沙漠上的井喷。

华为公司也要加强质量文化的建设。目前公司在质量问题上的认识，仍然聚焦在产品、技术、工程质量……这些领域，而我认为质量应该是一个更广泛的概念。我们沿着现在的这条路，要走向新领域的研究，建立起大质量管理体系。

首先，大质量管理体系需要介入到公司的思想建设、哲学建设、管理理论建设等方面，形成华为的质量文化（我认为这点几乎比所有质量大师理论对质量的定位都更高，包括克劳士比的零缺陷文化。——作者注）。你们讲了很多"术"，我想讲讲"道"。你们看，法国波尔多产区只有名质红酒，从种子、土壤、种植……形成了一整套完整的文化，这就是产品文化，没有这种文化就不可能有好产品。瑞士的钟表为什么能做到世界第一？法国大革命时要杀掉那些有钱人和能干人，这些人都跑去了瑞士，所以瑞士的钟表主要是在法语区，其中很多精密机件是德语区的。我再讲一个例子。德国斯图加特工程院院长带我去参观一个德国工学院，大学一年级入学的学生，他们都在车间里面对着图纸做零件，把这些零件装到汽车上去跑，跑完回来再评价多少分。经过这一轮，再开始学习几何、理论力学、结构力学等学科，所以德国制造的汽车永远是无敌天下。

每个人都愿意兢兢业业地做一些小事，这就是德国、日本的质量科学，没有这种文化就不可能有德国、日本这样的精密制造。我们为什么不能有这种文化？我们要借鉴日本和德国的先进文化，最终形成华为的质量文化。如果公司从上到下没有建立这种大质量体系，你们所提出的严格要求则是不可靠的城墙，最终都会被推翻。

其次，我们要建立起大质量体系架构，在中国、德国、日本建立大质量体系的能力中心。日本的材料科学非常发达，你们不要轻视京瓷，氮化镓就是陶瓷，那是无线电最主要的材料。我们要用日本的材料做全世界最好的产品；德国人很严谨，工艺、管理非常优秀；中国人善于胡思乱想，构架思维问题。我们把三者结合起来，就能支持华为全局性的质量。而且我们用工具、手段来代替人，购买世界上最好的工具，做出别人不可替代的产品，做到无敌，最后就能世界领先。

质量文化、质量哲学问题，其实德国、日本都是开放的，我们什么都能看到，为什么还是生产不出德国、日本那么好的产品呢？我们要敢于在这方面加快发展。即使我们的表格被别人拿去了，他们也不一定能读得懂，不要在非战略地方浪费力量。我在达沃斯讲话，说我自己"不懂技术，也不懂管理，也不懂财务"，有人就说我装萌。但是后面我说"提了桶糨糊，把十五万人粘在一起，力出一孔、利出一孔，才有今天华为这么强大"，他不看后面这句话，看不懂，因为他不懂儒家哲学，也不懂妥协、灰度这种文化。我不像西方公司 CEO 什么都要懂，因为任务就简单明了的那么几句话，然后就是目标，具体做事是业务部门的事情。其实我们的目的很简单，形成一种文化，共同奋斗构建公司，再加上质量管理。我们现在口号很厉害，大家很兴奋，要把这种热情转到积极的文化当中去。

华为最重要的基础是质量（请注意任正非关于质量的

定义和范围。——作者注），我们要从以产品、工程为中心的质量管理，扩展到涵盖公司各个方面的大质量管理体系。

第一，质量不能仅仅涵盖产品、工程，你们现在是基础性理解，这点我已经同意了，你们就先把这一阶段推出去。质量目标我不反对，质量方针"华为承诺向客户提供高质量的产品、服务和解决方案"这句话太有局限性，把我们约束起来了（任正非的思想太妙了，指出了很多公司在制定质量方针上的问题。——作者注）。我们的操作可以局限性，但是口号不能有局限性。比如，IT汇报提纲第一句话就应是"要想富，先修路"，这就是IT部门的纲领，要超前各个部门的需求往前走。

你们写好几篇文章，贴到网上去给大家"洗澡"，然后我们再来讨论第二阶段——涵盖华为整体的大质量体系。华为的所有方面都要以效率为中心，都要以质量为中心，一个要多产粮食，一个要产好粮食。我愿意跟你们切开来讨论，先讨论思想体系，形成务虚，执行体系再讨论。达成共识后，目标就清晰了。

第二，华为不能只有一个首席质量官，应该涵盖很多领域。比如国家层面、BG层面、产品线层面等各级组织都应该有首席质量官，把相应的权利授给他，尽量把责任制落实到基层。这点你们的想法和我是一致的，我认为很好。

第三，在质量问题上，要永远记得七个反对（任正非的七个反对，不是局限于产品质量来反对的，而是基于经营和管理质量的需要，当然也包括了产品质量。——作者注），而且要坚决反对。我们要继续贯彻七个反对，反对完美主义，反对繁琐哲学，反对盲目创新，反对没有全局效益提升的局部优化，反对没有全局观的干部主导变革，反对没有业务实践经验的员工参加变革，反对没有充分论证的流程进入实用。我们讲的是端到端的质量管理，要反对局部优化影响了全局优化。现在每个部门都在讲自己的优化，但如果妨碍了全局优化就不是优化。

高级干部与外部理论家沟通的德国、日本质量文化，参加沟通的人都去写篇文章，贴到心声社区上去，对全员开放，来推动华为公司的文化进步。高级干部要善于写心得，不用通篇大论，就讲自己的理解。我们在很多方面有共识，只是表达方式不一样，争取把表达方式标准化，然后传播出去，要让大家都在这里吸取能量，让年轻人可以成长。今天的士兵里有"明日之星"，"明日之星"就是明天的将军。英雄不问出处，只要能做好，我们就用你。现在有些高级干部基本不读文件，公司文件凝聚了多少领导心血的结晶，每句语言都是经典的。如果只凭自己的经验工作，迟早会被历史淘汰掉。（任正非把质量文化扩展到整个公司的企业文化，并要求从高级干部做起。非常特别的是任正非强调高层要写心得、读公司文件。看来，任先生把文化、学习和写作都看得很重。——作者注）

当然，我们的新生一代能成长，也不能让时代抛弃老一代。要让他们去参加训战结合，接受新的方法赋能。训战结合就是新老混合班，地区部总裁、代表处代表和小青年一个班。地区部总裁、代表进入循环赋能后，不是要把他一定变成专家，只要他明白我们这次变革的意义，会讲"要得，按刘司令的办"，用领导的推动力能支持专家去变革就行。

华为公司最宝贵的是无生命的管理体系，以规则、制度的确定性来应对不确定性，争夺大数据流量时代的胜利。

五千年来，世界文明古国巴比伦垮了，罗马垮了，但中国没垮。因为五千年的儒家文化，使中国拧成了一个面团。

华为公司最宝贵的是无生命的管理体系，因为人的生命都是有限的。我们花了二十多年时间，终于明白了西方管理。只要公司不垮，就能无敌天下，如果公司垮了，这个文化就报废了，管理体系也没用了。我们要维持管理体系能有活力的持续运行，保持有动能，所以我们要保持盈利，逼大家不能搞低质量、低价格的经营。当然，也不能强调大幅度的激进改进，提出些莫名其妙的口号来。现在全世界没有哪家公司像华为一样，凝聚了十五万人团结起来冲锋。未来的大数据流量越来越恐怖，我们代表人类争夺大数据流量未来制高点，一定能在全世界取得胜利。

但是我们要高度关注刚刚提到的几个问题，因为支撑着华为的命运承载。华为已经走过了农民时代，正走在正规军的路上，我们要学会发射"火箭""大炮"等，提高我们对战略的认识、对战术的理解、对具体操作技术的能力，这是时代赋给我们的使命。公司没有 IT 支持的时候，我们就是健忘型组织，因为依靠人来固化一个东西，可能上个厕所就忘了。我们现在有了流程 IT 支持，那肯定是一步步改进。我们公司一部分以规则、制度的确定性来应对任何不确定性，逐渐走上正路。其实我们现在已经走在正路上了，只是还需要走得更好一些。

3. 始于管理层的质量文化

质量管理是全员的质量管理。与产品相关的人员，从产品经理、研发团队、采购、物流计划，到生产团队、质量管理人员、销售、售后服务、安装调试，甚至包装运输等，都会影响产品质量。所以，仅产品质量管理大概就涉及企业超过 90% 以上的人员。其他人员，如财务和人力资源，对产品质量也有不小的间接影响。再扩展到工作质量和经营质量的话，则必定是 100% 的全员参与质量管理。

我多年从事和研究质量管理及企业管理，可以说，企业在迈过温饱达到一定规模之后，还想进一步做大做强的，或多或少都会建设自己的企业文化，特别是想做强的企业。这些企业中还有一部分会在企业文化的基础上进一步开展质量文化建设。或者，有的企业可能不怎么高谈阔论企业文化，但因为公司需要较高的产品质量，所以会单独开展质量文化。当然，质量文化是企业文化的重要组成部分。

除了企业文化或质量文化之外,企业很少会再开展其他分支文化,如财务文化、人事文化、销售文化、研发文化等。可见,质量多么重要,质量又多么难以搞好。

企业文化是全员的,质量文化也是全员的,只是与产品直接相关的部门会更加强调质量文化。相比企业文化而言,据我的观察,质量文化更具体、更务实。只要公司高层下定决心开展质量文化,他们就会在不同场合经常讲,并且配合必要的质量举措,包括必要的奖惩措施。

为什么会这样呢?因为企业文化是软性的,如企业家精神、责任心或追求卓越等。这些绝对重要,但不容易衡量。质量文化其实也强调大家要提高质量意识,重视工作质量和产品质量,注重方式方法,以及应用质量工具,看起来比较虚,但是结果比较容易直接衡量:一是,从公司内部的不良率和返工率或直接不良质量成本,可以比较直观地看出来;二是,从客户的投诉及客户的满意度,甚至市场召回等严重的质量事故,可以看出来。有的客户甚至会直接向公司总经理投诉,或者直接叫总经理去客户处解释和处理质量问题。因此,公司最高管理层很容易知道这些不好的消息。当然,这要求公司管理处于健康的状态,公司还能够公开透明发布各种质量数据及报告。质量问题会影响公司利润、客户的满意度和产品竞争力,会直接刺激最高管理层的神经。最高管理层一旦认识到了质量的重要性,认识到了全员参与质量管理的重要性,认识到了质量文化的重要性，认识到了一切都是人和管理的问题，而不是某个人、某个部门的问题，那么会发现要解决棘手的质量问题或想把质量水平提高到一定高度，就离不开先进的质量文化。并且，最好由最高层亲自推动质量文化，宣传和弘扬质量文化，再委任质量文化推进组长及领导小组。后面的事情就是策划质量文化，宣传和培训质量文化，制定质量文化管理措施和奖惩措施，再配合具体的质量改进措施，推行适用的质量管理方法和质量工具，定期评审质量文化的成果和不足，持续改进质量文化各方面举措。这样，质量文化终会生根发芽、开花结果。

质量文化是企业文化的重要组成部分，也能够体现总经理的意志和想法，质量文化如果只是凭质量副总或质量总监来发起是不够的，也难以深入人心。质量负责人可以担当质量文化推进组长，给出质量文化建议方案，总经理可以修改和采纳。但最重要的是，总经理亲自发起和宣传质量文化，并定期评审质量文化的成果和不足，更新和优化最新管理要求。虽然占用一定的时间和精力，但这些工作不能授权。找到推进质量文化的方法不难，但要取得成效，最重要的是领导参与，并且长期坚定地参与和支持。推动质量文化不是短期就可以取得实效的，坚持、坚持再坚持，直到质量文化生根发芽。这个过程视企业规模和复杂程度而言，短则两年，长则不少于五年。

（1）格力的质量文化

西门子的技术和质量一直位于世界同类企业较高水平,就得益于其质量文化。而我国一些企业也比较重视质量文化,如格力就是坚持技术和品质为先。在格力电器的官网上,曾经在相当长一段时间里,可以非常明显地看到格力着重强调技术创新和质量优秀这两个重要的元素,并在"关于格力"这个网页下面有五个主题——企业简介、发展历程、企业文化、核心科技、品质见证。一般公司的介绍页面都会讲前三项,但格力把核心科技和品质见证放在这里,说明了格力注重技术创新和品质管理。尽管在行业发展进入了调整期,格力作为行业领军企业仍保持了强势的上扬态势。至2017年,其家用空调产销量连续22年位居中国空调行业第一,连续12年位居世界第一。作为中国人,我也特别喜欢格力于2015年发布的"让世界爱上中国造"的口号,并且格力用科技和品质去一步一个脚印地在实现这个理想。另外,在格力企业文化所宣扬的使命和核心价值观中,也明确了质量的重要地位。并且,格力企业文化定义的愿景、使命和核心价值观也是高瞻远瞩的,为格力的管理及产品设定了高标准。

愿景:缔造全球领先的空调企业,成就格力百年的世界品牌

使命:弘扬工业精神,追求完美质量,提供专业服务,创造舒适环境

格力核心价值观:少说空话、多干实事　质量第一、

顾客满意、忠诚友善、勤奋进取　诚信经营、多方共赢、爱岗敬业、开拓创新　遵纪守法、廉洁奉公

为了把质量真正落地，光有口号和理想是不够的，最能够体现格力在质量方面的执行力非当年的"总经理十二条禁令"莫属。据报道，1994年格力当时的总经理朱江洪在意大利进行用户调查，一台正在试运行的空调发出哗哗的响声，意大利客人自然把问题抛给了朱江洪。面红耳赤的朱江洪亲自拆机检查，罪魁祸首居然是一块搭落在风叶上没有粘紧的海绵！

回国后，执拗的朱江洪立即起草了"总经理十二条禁令"。是年，一位曾经被评为先进个人的员工，违反了禁令第八条"严禁违反制冷系统防尘防水操作规范"，尽管同事一再为他求情，最终他还是没能继续留在格力。

经过几年的调整，格力"总经理十二条禁令"升级为"总裁十四条禁令"，之后经过不断发展又有所增加。下面将格力不同时期的各种禁令做了汇总，供大家参考：

一、违反以下禁令之一者一律辞退，触犯法律的送司法机关处理

1. 严禁人为破坏、盗取公司财物。
2. 严禁利用职务之便故意刁难、打击报复、敲诈勒索。
3. 严禁威胁、报复检举监督管理人员。
4. 严禁聚众闹事、赌博、打架斗殴。
5. 严禁违反公司保密规定。

6. 严禁勒索、受贿。

7. 严禁在公司内外公开场合、报刊杂志、大众传媒及互联网上恶意散布或张贴有损司形象和声誉的言论文字。

8. 严禁违反公司消防禁令。

二、违反以下禁令之一者一律辞退

1. 严禁违反充氮焊接工艺。

2. 严禁擅自减少工序、改变工艺、改变技术参数和工艺参数。

3. 严禁未经检验或经检验不合格的零部件转入下道工序。

4. 严禁违反生产过程的制冷剂回收工艺。

5. 严禁强拉电机、电器导线。

6. 严禁未经评审合格的产品上线批量生产。

7. 严禁违反真空氦检工艺。

8. 严禁擅自改变调整专用工具、检测仪器。

9. 严禁擅自更改成品包装箱。

10. 严禁安排未经培训或培训不合格人员直接上岗。

11. 严禁安排关键重点岗位无证上岗。

12. 严禁造谣生事，恶意诽谤。

13. 严禁非对外人员未经批准与供应商往来。

14. 严禁撕毁、伪造标识、伪造或擅改记录、伪造签名。

15. 严禁在供方公司兼职。

16. 严禁虚报、瞒报、弄虚作假。

17. 严禁违反海绵粘贴工艺。

18. 严禁违反制冷系统防尘、防水操作规范。

19. 严禁违反压缩机过载线插接工艺。

20. 严禁违反控制器防静电工艺。

三、违反以下禁令之一者，一律降低一级工资

1. 严禁在工作场地追逐打闹。

2. 严禁违反标准机定期清洗工艺。

3. 严禁野蛮摔打产品或零件。

4. 严禁安排未经评审的生产线生产从未生产过的新机种。

5. 严禁未经批准安排验收不合格的磨具进行批量生产。

格力在质量方面是出奇严格的，如现任董事长董明珠要求公司的质量检测部门要想办法把产品测试到死机，目的是要求产品设计和制造能够经得起严苛考验。但格力在质量文化方面并非都是冷冰冰的禁令，光靠总裁令是不足以让格力变得如此优秀的。格力也采取了诸多质量创新及全面质量管理方法，包括六西格玛、零缺陷工程、QCC等。据"IT168"报道，2015年4月22日，"2014年度全国质量技术奖励大会暨第十二届全国六西格玛大会"在杭州举行，格力电器凭借"T9全面质量控制模式的构建与实施"项目获得中国质量协会"质量技术奖"一等奖，这是格力电器第七个获得"质量技术奖"的项目。该管理体系的核心是董明珠女士提出的"顾客需求驱动（C）→检测技术激发

(T)→失效机理研究（F）→过程系统优化（P）"的 D-CTFP 质量创新驱动环。D-CTFP 优选了各环节中非常有效的质量工具与方法，为质量技术创新提供了一个高效的途径和模式。

据介绍，格力电器 T9 全面质量控制模式，是一种以用户需求为导向，以"检验触发"为核心，以追求零缺陷完美质量为目标，结合六西格玛、TSQ[⊖] 工具的系统性运用，来构建并实施的创新质量控制模式。自该模式实施以来，格力电器获得质量技术类技术专利（检验检测、防错防呆）数量大幅增长，仅 2013 年就获得 545 项。其中，发明专利 241 项，实用新型 304 项。通过检验技术创新、质控体系建设完善，格力电器售后故障率下降趋势明显，2013 年售后故障率下降了 25.2%，到 2014 年 9 月份售后故障率下降了 27.8%。

质量，是企业的生命。格力电器董事长董明珠多次强调："对质量管理仁慈，就是对消费者残忍。如果没有质量做支撑，营销就是行骗。"

早在 1995 年，格力电器就成立了行业独一无二的筛选分厂，对所有外协外购零部件提前进行筛选检测，依靠这

⊖ TSQ 是工业和信息化部电子五所提出的理论和实践，TSQ 技术"面向管理、面向技术、面向返修"，以"需求（问题）→诊断→策划→导入→实施→规范"为工具运用流程。它具备"中心可靠、前伸后延、软硬结合"三大特点：强调以可靠性为中心；从单项技术走向技术整合；从检测（合格）走向问题解决（方案）。

种"笨办法"打造出"格力质量"的金字招牌。为了追求更极致的产品质量,实现"八年不跟消费者见面"的目标。格力电器根据用户对产品可靠性和安全性的需求,制定了远高于国家标准和行业标准的"格力标准"。有供应商对格力采购人员诉苦,"在其他地方,我的货是特等的。在格力,我的货怎么连一等都排不上?"

多年来,格力电器在质量管理上的严苛要求逐渐演变成一套科学严谨的全面质量控制体系,8万格力人都是质检员。产品在设计开发过程中,要经过"五方提出、三层论证、四道评审";每一个新产品都要经过上百种验证,在各种模拟真实恶劣环境中进行长期试验;对生产工序和工艺操作进行合理配置和规范要求,严格执行产品工艺质量;利用科学的信息化系统,掌控最新的产品质量动态;出台"总裁禁令",制定"八严"方针,推行"零缺陷工程"等,从产品设计到零部件采购,从生产线到包装箱,从物流运输到安装维护,全过程实施严格的质量控制,格力电器像修炼生命一样修炼质量。高标准、严要求,格力电器将产品做到极致,打造出全球出色的空调。格力也因此先后获得"全国质量管理先进企业""全国质量奖""全国质量工作先进集体""出口免检"等多项质量领域的顶级荣誉。

格力的成功离不开其严格的质量文化,而格力的质量文化显然来自于格力前后两任董事长的亲身设计和推行。由此可见,要想成功推动先进的质量文化,是离不开最高层的参与和支持的。

(2) 正泰电器质量月

2004年，在正泰成立20周年之际，获得了第四届"全国质量管理奖"，可见正泰很早就注重质量管理和质量文化。2001年"全国质量管理奖"评奖的第一年，正泰就导入卓越绩效模式和标准，来要求和促进质量管理进步。

据《正泰报》记者刘孙峰报道：2014年8月25日，国家质检总局党组成员、副局长陈钢率国家质量工作考核小组一行，在浙江省政府副秘书长陆建强、温州市副市长胡纲高及乐清市副市长王剑文等相关领导陪同下调研正泰，听取了正泰集团党委书记林可夫、正泰电器常务副总裁陈国良等领导的工作汇报。

座谈会上，陈国良汇报了正泰这些年来的质量工作情况。他指出，正泰通过认真贯彻落实国家《质量发展纲要》与浙江省"质量强省"、温州市"质量立市"的战略方针，引领了正泰新一轮的质量发展，并始终坚持以"人尽其责、精管严控、求变创新、以质取胜"为质量文化统领；通过切实履行企业质量主体责任、持续创新质量管理机制、不断夯实质量管理基础、全力实施质量提升工程四大方式与途径，努力达到国内领先的质量管理水平。林可夫介绍了改革开放30年来以正泰为代表的温州民企在质量建设工作方面的历史脉络及其关键节点，阐述了正泰致力于打造质量意识全员化的企业文化建设的心得体会。正泰电器副总工程师、质量管理部总经理王先锋针对考核小组关心的相关问题进行现场互动。

正泰在创业早期就构建质量第一的经营文化。为了强化全体员工的质量意识和提升企业质量管理水平，营造出"人人关注质量，人人重视质量"的氛围，自1995年以来，正泰将每年的5月定为正泰的"质量月"，开展系列活动，把"负责任地做好产品"这一理念贯穿于正泰研发、生产、销售等各个环节，形成了质量第一的经营文化，提出了"宁可少做亿元产值，不让一件不合格产品出厂！"的质量宣言，并郑重承诺"恪守质量保证，持久地为国内外用户提供质量可靠的电器产品！"下面就通过2014年关于正泰第20个质量月的报道来看看正泰的管理层是如何构建质量文化的，如何推进质量月的，如何把产品质量引申到工作质量和经营质量的。

据《正泰报》报道：2015年5月5日，正泰电器第20届"质量月"活动动员大会在科技楼三楼报告厅隆重召开，各单位负责人及员工代表200余人参会，公司常务副总裁陈国良主持会议，董事长南存辉出席并做重要讲话。质量月主题为"强化责任，从我做起，精管严控，全力提升"。

会上，公司副总工程师、质量管理部总经理王先锋作了质量管理提升方案报告，重点从质量管理提升的动因、当前存在的主要问题、质量管理提升举措三个方面进行阐述。报告指出，为持续强化质量管理，加强质量队伍建设，提升质量管控能力，有效落实质量责任制，从机构调整、指标完善、队伍建设等方面采取八项举措。

下面是《正泰报》刊登的张小媚理解的董事长南存辉在质量月的讲话和工作部署。

丢了一个钉子，坏了一只蹄铁；坏了一只蹄铁，折了一匹战马；折了一匹战马，伤了一位骑士；伤了一位骑士，输了一场战斗；输了一场战斗，亡了一个帝国。

这个故事所折射的"魔鬼藏在细节里"的道理，成为南存辉在2014年正泰电器"质量月"活动启动大会上最语重心长的一句话。

"今年是公司第20个'质量月'，也是甲午战争120周年。"在对公司的质量工作和所取得的成绩给予一番肯定、鼓励之后，在正式切入主题之前，南存辉首先从甲午之战的历史角度向大家警示了武器装备质量对于一个国家、一个民族的重要性。

"国家正在提出要从制造大国向制造强国转变，在2020制造强国战略规划中，正泰有幸位列其中，这是'中国梦''强国梦'所赋予我们的沉甸甸的时代责任、发展责任、安全责任以及带头责任。"南存辉指出，在大的战略格局之下，要在世界市场中经受住考验，必须重视企业全面经营管理质量的提升，必须重视细节的改进，真正实现从"小质量"向"大质量"转变。

为了说明质量的可提升空间，南存辉向大家罗列了几条来自欧洲市场对公司产品的反馈，涉及"产品质量的均衡性问题""满足市场需求的响应机制问题""产品的材质、工艺、标签问题"及"与国际接轨的标准条码化管理问题"等。

"外观尺寸是否方便用户安装，性能参数是否真正为市场所需，标签条码是否满足客户电子化物流管理的需求。这些问题看似不大，但却是我们在市场响应、研发设计、信息化管理等方面的不足综合作用于产品质量的结果，必须高度重视、认真对待。"

随后，他又从产品质量过渡到工作质量，列举了几个有关厂房租赁、技改评审、设备拆迁等基础工作细节不到位的案例。

"我举这些例子，讲这些不足，不是在否定大家，不是在吹毛求疵，而是希望大家一定要清醒地意识到，在这个信息化时代、大数据时代，容不得我们居安唱高调。"南存辉进一步强调，这些细节上的瑕疵，也许短期内不会对企业造成太大的影响，但长期下来，或许会成为影响企业发展的重大"隐患"，能在悄无声息中摧毁企业品牌形象的基底，也可能演变为决定事业成败的关键因素。

"魔鬼往往藏在细节里。对细节不敏感，不关注细节改进，我们怎么能把质量大厦托起来，怎么能在撑起中国工业质量的脊梁中尽到自己的责任？"

南存辉有感而发，语重心长地说，因为细节导致失败的案例不少,并重申了质量安全的细节管控与风险防范对企业发展的重要性。

"质量不仅代表一个国家、一个民族、一个企业,也代表一个人的尊严,再深入一层,还可以延伸到我们每个人生命的价值质量。"最后,他希望大家不唯上、不唯书、只唯实,坚定方向、赢在细节,以问题为导向,时刻把正泰的质量事业放心中,以高度责任感和使命感抓好质量、做好产品,创造性地建设制度,为企业的可持续发展提供强有力的质量保证。

大家不要以为正泰电器是因为质量管理不好、产品质量不好,才导致最高层如此反复强调质量管理及质量文化的重要性。正泰电器已成为名牌,其质量管理系统也是先进的,在质量上更是不断追求的。

(3) 西门子零缺陷文化

可以说,西门子代表着世界级的质量,这也是西门子自身对质量的定义。西门子的产品质量好,是指用户在使用西门子产品时所感受的。就公司自身而言,也一样要面对质量问题,也存在设计上的失误、供应商原材料的质量问题、制造过程中出现的质量问题,甚至运输所产生的质量问题,以及用户在使用过程中的质量问题。任何公司都会面临不同的质量问题,但我所见到的西门子对用户的态度是负责任的。我在西门子工作期间曾经处理过一起质量事故:有一个星期某产品大概有3%的产品功能测试失败,刚开始质量人员和工程人员都没有发现根本原因，都认为测试合格的产品是好的，把不合格产品的某个失效元器件更换就好了；同时，我们把被更换的元器件送给供应商分析，供应商分析发现失效元器件受到了非正常电压而损坏的。

公司内部结合供应商的分析再进一步检查、排除和试验，最后发现该产品因为测试程序被错误地更改，导致该元器件受到不应该施加的24V电压的"电击"。既然测试程序有问题，那么每个产品，包括通过测试的产品，也都被"电击"过。但为什么只有3%坏了，绝大多数都没有损坏？这主要是元器件生产工艺过程长又复杂，元器件之间有差异，虽然都是"健康"的，但某些方面有差异。于是，我们从那些被电击过的但测试仍然合格产品上取下该元器件，再请供应商分析该元器件是否有损伤。供应商分析和测试之后认为元器件仍然符合质量要求。于是我们自己又对被电过但还合格的产品再做各种测试，包括EMC、高低温老化及与该元器件相关的各种耐久性测试。所有测试结果仍然符合产品要求！

我想绝大多数公司在上述各种保守的测试和检测之后都会判断为合格品直接出货。因为所有测试从结果来看与正常产品并无二致。但我们还是不放心，决定把价值三十来万的产品从海外仓库拉回来报废，并且拍下报废过程！

西门子并不是仅对客户负责，还得对股东负责，对员工负责。这就要求除了质量之外还得要保证效益，这个效益从何而来？就需要在客户需求、产品调研、开发设计、生产制造，一直到运输发货、安装使用等各个环节都做完美无缺！这就是零缺陷文化所倡导的理念。在这样的理念下，集团 CEO 签署了质量管理九要素，并下发到各个子公司贯彻执行，并且每隔一段时间针对九要素的执行情况进行跟踪审核。各个不同的业务集团或单位，在九要素的基础上进一步制定了特定的零缺陷文化管理项目。比如，工业集团的驱动业务单元与楼宇科技集团下面的消防楼控业务单元的零缺陷文化内容就不一样，不管是零缺陷文化准则，推进管理方式，还是具体的质量改善措施，推广的重点质量工具都有差异。但宗旨都是为了提高工作质量、经营质量及产品质量，尽可能提高第一次把事情做对的能力。

下面是我写的一篇文章《零缺陷文化的策划与落地》，获得了 2015 年中国质量协会质量文化建设优秀论文，大家可以看到西门子在推进零缺陷文化方面以人为本，以结果为导向的务实、认真的态度和做法。

零缺陷文化的策划与落地

摘要：零缺陷文化自克劳士比提出以来后风靡全球，很多公司都是基于他的零缺陷四项基本原则和内容在推广和尝试。是否可以有不同的推广模式和改进内容？北京西门子西伯乐斯电子有限公司质量总监从公司和自身的实战经验讲述零缺陷文化的策划与落地，包括如何从公司的最高层到一线工程师和工人进行推广；如何策划零缺陷文化的推广路径和内容；如何把质量文化的改变落到实处并坚持不懈。

关键词：零缺陷　文化　策划　落地　推广路径　评价

我们公司从2014年开始启动质量改善活动，到总部正式推广质量改进项目"零缺陷文化"，一路走来汇聚了各级经理和员工们的智慧，以及在实践过程中不断摸索和碰撞归纳的经验总结，加之管理层的持续关注和追踪，因此我们的"零缺陷文化"才算是一步一个脚印地走在了路上，坚实而有力量。我们在实践中不断评审、总结和优化，虽然还没有到达完美的状态，但远比零缺陷口号或者零缺陷海报宣传来得实际。这可以从大家的工作质量意识、合作文化、遇到问题的态度，还有工作的严谨性、持续稳定的产品质量等各方面都可以看出来。

一、零缺陷文化的培训

零缺陷文化首先从业务单元的总部最高层，再到各个分支公司的管理层开始培训，在培训、研讨和实践中提炼出零缺陷文化原则，便于全球宣传、讨论和实践。与此同时，从研发、生产、质量和采购等主要部门抽调骨干人员参加具体的零缺陷质量预防和问题解决等质量工具的培训，并运用到日常工作中。为了真正落实质量工具的运用，各个公司也根据具体情况组成质量工具技术委员会，对工具的应用加以辅导，并定期跟踪应用情况，定期汇报给公司及总部管理层。总体说来，这一次零缺陷文化改进活动是认真和务实的，不仅各级管理层积极参与，各级员工也都参与了零缺陷文化的调查、问题讨论和质量工具具体应用的培训。

从一年多的实践和经验来看，成果还是比较显著的。首先是多数员工的质量意识有所改变，并且很多员工都针对零缺陷文化原则进行了自我反省，制定了改进方向，这将积极影响公司的长期质量意识。其次是一些质量工具正在真正地得到落实，比如 FMEA、硬件稳健性测试、8D 等。而通过这些质量工具的运用，我们比之前更早地发现了一些质量隐患，也更早地避免了质量损失，或者对质量问题的分析更加透彻，增加了更多的预防措施。另外，越来越多的同事在工作中公开地谈及和讨论零缺陷原则和行为，并作为工作标准和行为标准。绝大多数经理们都认为推广零缺陷文化是非常有价值的，不管是从质量意识还是具体措施都取得了积极的效果，也需要持续长期地推广，至少坚持 5 年继而把零缺陷文化变成工作习惯。

二、零缺陷文化的内涵

世界质量大师克劳士比所开创的零缺陷文化有一个核心：第一次就把正确的事情做正确。有四个基本原则：质量就是符合要求；预防的系统产生质量；质量的工作准则是零缺陷；必须用质量代价（金钱）来衡量质量表现。很多公司都是围绕这个核心和四项基本原则在开展零缺陷活动，当然具体执行过程中也有诸多不同。我认为，这些理念和原则在几十年前还是管用的，因为那时候大家对质量的定义都存在分歧，对质量管理的观念也还在泰勒的检验及休哈特的质量控制阶段。但随着社会的进步、管理理念和方法的不断演化和进步，大多数具有现代化管理理念的公司都知道这些原则，并且在用不同方法实践。但如何实施预防系统，以及如何达到零缺陷标准却不知如何着手。因此，克劳士比先生的零缺陷原则需要在社会发展中得到更新与发展，更多围绕解决人及管理系统问题进行展开。

零缺陷文化的内涵究竟是什么呢？任何零缺陷文化的目的都不是为了使产品缺陷达到数学意义上的真正"零"，它的目的是为了树立正确的质量意识和观念，养成良好的工作行为和习惯，并通过有效的零缺陷质量方法、工具和各种其他好的方法降低甚至避免工作失误，特别是低级错误，从而提高工作能力和工作质量，最终降低工作失误及产品缺陷。我们公司也不例外，具体来说我们的零缺陷文化强调的是以人为中心，强调员工的正确工作意识和态度，强调能力提升及质量方法和工具的运用，强调团队合作及团队工作质量。

企业培育零缺陷文化是一段非常漫长的旅程，是需要习惯和工作方法上的改变，然后慢慢地一点一滴地积累好的工作方法和习惯，最后从长远来看会有积极的变化。零缺陷文化不是不允许大家犯错误，而是帮助大家减少错误；零缺陷不是用来指责或者考评员工的业绩或者能力的标准，质疑员工"为什么没有达到零缺陷？"。零缺陷文化更不是阻止大家积极做事（事情做得越多出错的机会越多），也不是阻止大家开拓创新（创新更有可能失误），它是帮助大家提高工作质量，更早地发现问题，更快地解决问题，更全面地预防问题。零缺陷文化不仅适用于产品质量的管理，也适用于各个岗位工作质量的管理。比如，市场调研质量不好、把控客户需求质量不准，虽然没有不良品但导致产品卖得不好甚至卖不出去，由此产生的质量缺陷率可以说是 100% 的不良，远比生产过程的 1% 不良率及市场返修率 0.5% 等问题更严重。零缺陷文化不仅注重个人能力，也注重团队合作以及团队工作质量。零缺陷文化鼓励大家暴露问题，开诚布公，并采取有效的纠正和预防措施。零缺陷文化不仅是质量工具和质量文化，也是企业文化重要的组成部分。零缺陷文化不仅是具体的质量工具和质量流程等具体措施的"术"的层面的落实和改进，也非常注重员工的心智、态度和能力等"道"的层面的改善。总之，我个人认为公司的零缺陷文化相比于克劳士比先生提出的零缺陷原则更加注重以人为本的管理内容。

三、零缺陷文化的重点质量工具

公司零缺陷文化主要从具体的重点质量工具及改善举措、质量文化及局部的组织架构优化三方面开展，其中局部的质量组织优化主要发生在业务总部。这里主要介绍的质量工具及文化方面的改进活动。

零缺陷文化于 2014 年在我们业务单元全球范围的培训

开始。首先是管理层的质量意识培训，然后针对生产、研发及质量等部门开展质量工具培训。生产系统的质量工具有 A3（一个解决质量问题的方法论，即用一张 A3 纸就把质量问题的描述，原因分析，纠正措施及后续的跟踪、验证和标准化等总共 8 个步骤的内容分析和表达清楚，适用于生产现场分析问题并讨论解决方案）；P – FMEA（Process Failure Mode and Effect Analysis，即生产过程中的失效模式及影响分析，目的是为了辨别生产过程中可能出现的关键潜在质量风险，并采取预防措施以便在新品导入阶段遏制甚至"消灭"引起潜在质量风险的根本原因，或者增加有效的检测手段）；Poka – yoke（来自日语，对应的英语是 Error proof，即防呆法。目的是针对人为的不小心失误，特别是生产过程中的安装、测试及各种手工劳动。当然非生产领域也有许多地方可以运用，比如计算机的 USB 接口就会防止你反方向插，因为反方向插不进；比如当你要删除某个文件的时候计算机程序会提醒你再确认以免失误；再比如乘电梯时只能在电梯门关闭后升降等）。研发和质量系统有 8D（另一个解决质量问题的方法论，来自于汽车工业，由美国福特公司首先设计使用。这 8 个步骤包括问题描述，临时围堵措施，根本原因分析及确认，预防措施及跟踪评审等），当然，8D 也被用在分析客户投诉及跨职能部门或者跨区域质量问题。此外，研发还有 D – FMEA（Design Failure Mode and Effect Analysis，即研发过程的失效模式及影响分析,目的是为了辨别产品各模块可能出现的潜在设计质量风险,并采取预防措施在设计阶段遏制甚至"消灭"引起潜在质量风险的根本原因,或者考虑可测试性能够把问题检测出来)。

除了上述几个质量工具培训之外,生产系统在全球推广统一的制造关键过程的质量及工艺标准,比如测试程序的下载及管理,波峰焊和回流焊工艺要求等,以及 FPY(一次合格率)及测试覆盖率等定义和要求。在新产品导入到生产过程中,规范质量管理要求及评价指标。研发系统在推广其他质量工具或者统一的质量方法及标准流程,比如 APQP(Advanced Product Quality Plan,公司根据自身的产品特点把汽车行业强制要求的 APQP 工具量身定制成自己的质量管理要求,并融入到研发流程中)、HW robustness(硬件设计的设计指南及实验指引,主要是预防设计缺陷,并在设计阶段测试出设计缺陷以便缺陷遗留到批量生产过程)。在供应商及原材料管理过程导入 FAIR(First Article Inspection Report,即首件检验报告,其实质主要是公司与供应商需要做好新原材料的前期的技术及质量沟通,以便供应商能够设计出符合公司要求的产品,并在批量供货前由公司及供应商共同做好新原材料质量的测试及验证)。

上面介绍的质量工具在 2015 年都已经通过培训、试用,现在已经处于成熟的运用阶段,并不断通过所累积的经验加以持续改进。有一些工具还形成了使用规范或者嵌入质量流程当中。还有几个质量改进活动在试运行过程中，今后还会根据实际情况继续加强已有工具的实施质量，以及新推必要的质量改进措施。

四、质量文化的隆重推出

各项具体的质量措施是零缺陷文化的"拳头"，但要发挥作用，关键得靠大脑的思考和指挥。零缺陷文化所涉及的质量理念、原则及行为习惯就是零缺陷文化的"大脑"，这也是零缺陷文化最核心，最难也最关键的部分，也是最考验管理层以及零缺陷推进委员会的部分了。但，我们公司从总部到子公司做事都是认真和严谨的，也不是只挑软柿子捏，只要对公司和客户有益，再硬的骨头也得上。这就是零缺陷文化所推广的文化改进和落地，做不好就都是虚的了，要做好就得把虚的落到实处。

在做完质量意识培训、质量工具培训和落实之后，大家对零缺陷文化有了一些基本认识，质量意识也有所提升，也知道公司各级管理层都非常重视质量工作。但这还不够，零缺陷文化还得有一面高举的"红旗"，这也是我在2014年业务单元的总部质量会议上所提出的一个建议。这与总部管理层的想法不谋而合。2015年4月，总部在全球范围正式发布了零缺陷质量文化原则及行为习惯，见下图。主要论及的是个人如何做好工作以及如何与团队合作。我很喜欢这四个精简的原则及其对应的十二条行为习惯，又特别喜欢这四条原则所用的几个符号，简单而又深刻地表达了每项质量原则的意义：第一个符号是"爱心"，表达用心工作，用心负责；第二个符号是发光小灯泡，表达用脑思考，聪明地工作；第三个符号是握手，意指与人协同合作；第四个符号是奔跑，意指行动起来，不仅要践行上述三条质量原则，同时发现任何问题的时候都要勇于说出来以便使问题透明，并加以改进。

我用心对工作负责
- 我信守承诺，说到做到
- 我努力第一次把事情做正确
- 我不接收缺陷，不传递缺陷

我聪明地利用既有流程和方法
- 我明白日常工作中最重要的事项
- 我一贯地运用相关质量方法
- 我彻查每个缺陷的根本原因并采取纠正措施

我与大家协同合作
- 我知道其他人对我工作成果的期望
- 我公开分享自己的知识并在他人需要时提供支持
- 我把整体成就置于个人利益之上

我有问题就说出来并作必要的升级
- 我为工作进展及风险提供透明性
- 我公开地指出问题并在必要时升级
- 我感谢并支持所有作出升级反馈的同事

这四条准则的主语都是"我"，都围绕"我"为中心，当然这是企业当中的每个"我"，这就是以人为本，以人为中心。改变了传统质量管理的观点和做法——以产品为中心，以质量工具为中心，以基层质量小组为中心。也与克劳士比的零缺陷原则有较大区别。我认为，质量管理的好坏程度就是管理质量的一种直接而又主要的体现,而管理质量又不得不基于以人为本。

这四条质量原则看似简单,做起来并不容易。大家对协同合作相对而言是最不满意的,在2015年初零缺陷文化问卷调查时也反映了合作所存在的问题,特别是跨部门及跨职能部门之间的合作是一个挑战。关于合作的重要性毋庸置疑,在2014年初我们公司发布的公司行为准则中有一条就是协同合作。看来任何地方、任何公司都非常重视合作,但合作质量也是一个挑战。我们公司各级人员也都意识到合作的重要性,各部门经理在5、6月份组织员工围绕上述四项质量原则进行讨论的时候,也在很多地方提到了要加强合作,加强沟通,避免抱怨,很多人对自己也提出了明确要求。我想,只要人类存在的地方就离不开沟通合作,沟通合作就会成为永恒的改进话题。沟通合作的质量会影响团队的输出质量,也会影响个人的输出质量,公司的零缺陷文化把这项内容纳入四个原则之一也是非常明智的。这也反映了质量管理在很大程度上就是企业管理当中关于人的管理。

四条原则除了合作非常有挑战性之外,"有问题就说出来并作必要升级"对很多人也非常困难。我们公司也非常重视公开透明,直言不讳的坦诚沟通的企业文化。特别在"好好先生"的文化环境下,要当面指出问题对很多人来说都是不容易做到的。另一方面,我们的文化环境也需要更加包容，公司在敬业度调查中，也有很多员工给出了一些有益的建议。各级经理也很坦诚地听取了建议，并采取了积极的改进措施。第三就需要兼听则明，不仅喜欢听好消息或者好听的，也要愿意听坏消息或者批判的声音。通过全面听取各种不同声音来获得更全面的信息并做出判断，帮助进行业务或者管理改进。当然，我们也应该鼓励提出问题的同事尽可能主动地去解决问题，在解决问题的过程中遇到困难再向上反映，寻求帮助，避免因鼓励"有问题就说出来"而演变成另一种问题——抱怨。

第一、二条质量原则主要依靠个人主观能动性，同样也不易。很多员工在讨论中也有反思和改进，比如用心工作、对工作负责、说到做到，对任何人反复强调都不为过。正因为如此，才需要宣传和强调，并随时记住这把标尺。对于第二条原则——要求彻查根本原因，看起来非常自然，也是理所当然。但在实践过程中发现，如果我们不敢于面对问题并承认错误，就不可能深入查找根本原因。所以，查找根本原因看起来是技术分析，其背后也隐藏着人的心理和态度等诸多因素。

总之，这四条质量原则全面而具体，也是基于以人为中心的零缺陷文化：涉及了个人的工作标准，也扩展了与团队协同合作的原则；明确了工作所最需要的态度，也指引了聪明工作的方法；强调了个人要尽量第一次把事情做正确，也指出了万一出现失误应尽力避免把缺陷传递给下游,或者发现上游的问题要公开透明地指出来。零缺陷文化的质量原则不仅要概括得好,更重要的是多数员工能够积极地应用这些原则衡量和反思自己,并逐步加以改善。

五、质量文化的生根发芽

零缺陷文化所离不开的"核心精神"但又"虚"的文化推出来了,如何落实呢?这是核心当中的"战斗机"!

要想把文化落地是很艰难的事情,这是各级经理人的共识。但管理层并没有退缩,而是逐步按照既定思路和步骤从总部到各分支公司逐层推进。在公司正式推出零缺陷质量文化原则及行为习惯的时候,是通过各公司 CEO 的邮件下发到每个员工的邮箱中的。同时,公司为每位员工下发了零缺陷质量文化原则及行为准则的小卡片,可以放进钱包里或者置于办公桌随时翻看。在我们北京公司则进一步制作了中文的宣传海报,并贴到各个楼层办公室和实验室。

有了强烈的宣传攻势,之后如果就偃旗息鼓的话,文化就只是墙上的东西,很难落地的。所以公司最高管理层制定了具体的落地措施,我在消化理解之后又为公司的每位经理召集会议作进一步介绍,然后每个部门经理在理解零缺陷文化原则及行为准则的内涵之后,带领部门成员一起研讨对零缺陷文化的理解。并针对行为准则以及具体的工作实际情况指出自己什么方面做得还不错,需要继续坚持;哪里做得不足,还需要加强甚至重新启动怎样的行为和做法,则需要马上开始改进;哪些做法或者意识违背零缺陷文化，对工作不利，则需要尽快停止。

通过这一轮的零缺陷文化大讨论，每个部门都制定了针对质量意识和行为准则层面的改进措施，许多个人也制定了改进措施，这些措施也需要经常地回顾和反省。以此才能不断地加强文化落地，也才能够把文化之芽浇育成长。

除了个人和部门"关起门"拿零缺陷质量文化原则及行为习惯这面"镜子"反观自己并改善不足之外，企业跨部门之间的合作文化也至关重要，这也是这面"镜子"所期望的。但自己反思合作方面有可能下不了狠手，于是总部又推出了进一步的措施，要求以研发项目为对象讨论跨部门的企业家合作精神。通过具体分析几个研发项目当中所存在的典型问题和困难，剖析各个部门之间存在的合作问题。每个部门首先反思自己的不足，然后再倾听其他部门指出来的问题，回去再采取改进行动。每个部门都打开心胸，听取意见或者建议，然后再分析原因，采取改进措施，促进跨部门的合作和沟通。这种以公司利益为重的大前提下，大家用开放和坦诚的方式相互直言建设性的意见和建议，取得了非常好的效果。

六、质量文化的评估与改进

零缺陷文化采取了如此之多的行动，既有顶层的文化导向，也有具体的质量工具和流程应用和改进，那么效果如何呢？我们得通过调查问卷和零缺陷工具技术委员会及经理人组成的评审团进行评估和跟踪。

2015年初，业务总部在全球开展了零缺陷文化调查。结果发现大家的质量意识确实有所提高，但普遍反馈沟通与合作需要改进。各公司也根据调查结果制定了相应的改进措施，我们也每半年追踪一次直到改善结果。这项措施是为了监控零缺陷文化改进的效果，听取员工的呼声，以督促持续改进零缺陷文化这项改进活动。2016年中我们还会计划再跟踪调查一次，我想这样的调查需要坚持到零缺陷文化真正茁壮成长起来。

零缺陷文化第二个评估措施是监测质量工具的应用和落实，通过长年累月应用质量工具，并监督质量工具的应用质量和效果，督促大家逐渐接受质量工具，并认真应用质量工具，慢慢形成工作习惯，养成正确的质量意识，无形之中为文化的改进提供了坚实的基础。同时，从2015年开始，公司每年对零缺陷文化的落实和推广做一个评比，把零缺陷文化改进当中表现优秀的部门、员工、质量改善项目、质量工具应用项目等评选出来，给予物质和精神奖励，并树立学习标杆。在评选过程中大家就是一种再学习和经验交流的过程，评审中发现的不足就加以改进，发现好的则继续坚持。这对持续深化零缺陷文化提供了制度和方法上的保障。

第三项质量文化跟踪和改进活动就是通过定期的审核加强执行力。一是每年有总部的零缺陷文化审核，总部根据零缺陷文化原则和质量工具、质量流程去各地审核，监督各地的具体落实,并督促改进。二是公司从2016年加强对质量工具应用的监督和审核,根据大家应用的FMEA、8D和A3等措施,实施100%措施审核,看这些改进措施是否真的被实施了。以此督促质量工具的应用质量,并加强员工的工作严谨性和执行力。

零缺陷文化首先是树立人的正确质量意识和管理原则,从高层开始,说到做到,这是零缺陷文化的"道";其次是教会大家掌握必要的质量工具,配合有效的质量流程,在日常工作中灵活运用质量方法和工具,系统和全面地预防质量问题的发生,这是零缺陷文化的"法";最后是针对产品和流程出现的具体问题具体分析,并有效地快速解决和持续改进,举一反三,形成经验教训,并优化预防措施,这是零缺陷文化的"术"。罗马不是一天建成的,我想零缺陷文化的建成甚至比建罗马还漫长,所以坚持、坚持、再坚持,还要再坚持评估、坚持监督、坚持改进,一个都少不了。

(4) 中兴通讯质量承诺书

中兴通讯从2002年开始启动六西格玛,据统计到2005年共完成了超过1 500个六西格玛改进项目,范围覆盖市场营销、产品研发、采购供应、生产物流、工程服务、质量控制、人力资源、财务管理、IT建设等企业经营管理的所有领域,为企业带来了4亿元直接经济收益。但为什么后面没有再像当初那样大力实施六西格玛了呢?因为六西格玛并不像报道的那么完美,并不能解决中兴通讯所期望解决的所有质量问题及管理难题。因此,中兴通讯第二任六西格玛总监邱模荣离职开创了中兴协力咨询公司;第三任总监谭培波离职,从事 TRIZ 培训和咨询工作;我也是在中兴通讯六西格玛退潮初期离开的。

六西格玛在中兴通讯还是取得了局部的胜利,特别在制造、物流和基础管理的薄弱环节发现了很多"地上的苹果""低悬树梢的苹果",甚至"树梢上端的苹果"。另外,也收获了许多无形效益,改变了聪明的中兴人的决策作风,形成了用数据说话、以事实为依据的做事风格。中兴通讯大部分精力都投入到研发和营销,但研发是新产品设计、项目不重复,研发活动更需要创新。而营销的问题更多是管理和流程的问题,非得要数据来分析,有些牵强。六西格玛最大的好处和长处是发现问题,或是发现需要做数据统计,或是发现试验的问题。六西格玛对研发和营销是有帮助的,至少在发现问题、分析问题和决策的时候。六西格玛另外的局限是那套黑带、绿带的培训机制,以及六西格玛项目存在的先天性缺陷。

六西格玛没有彻底解决好中兴通讯的质量问题,或者没有达到预防质量问题的目标,所以中兴的管理层在开展了两三年后就逐渐冷却了六西格玛,逐渐让六西格玛自寻出路。各个部门根据具体业务情况开展六西格玛,而不再列入管理层的重要议事日程,也不再是质量战略的重要工具。华为有针对性地实施和应用六西格玛，特别是在供应链体系，取得较好的成绩。

那么，六西格玛之外还可以做什么呢？卓越绩效模式是一个不错的全面质量管理。它也需要从上到下的推进，需要调动全公司的人力和资源。零缺陷文化也是一个不错的选择，在零缺陷理念和原则的统筹下，可以主推一些解决问题和预防问题的工具，结合六西格玛项目可以成为一套不错的组合拳。

中兴通讯没有说只采用哪一种方法，只要能够为我所用的就用，曾大力推进六西格玛、引进 CMMI 及创新方法 TRIZ，还引进过类似 IPD 的研发流程 HPPD（High Performance Product Development），TL 9000 也推行。但是，所有这些并未能解决所有问题，中兴通讯又选择了一套简单易行的管理办法，就是让各级管理层签署质量承诺书。这个措施是从 2004 年开始由各个事业部的总经理负责签署。后来，中兴通讯手机事业部于 2006 年第三次签订质量承诺书，并且签署到各个部门。为了配合质量承诺书的实施，在 TL 9000 推进团队和质量承诺书细化落实团队的推进下，手机事业部建立了一整套以客户为中心的质量指标体系，以手机返还率、质量问题按期关闭率、顾客满意度为一级指标，并在此基础上进行层层分解，形成了体系级、部门级、直至科室的可测评的关键质量指标。在精心策划和推动下，被测评部门针对各测评数据，定期对本部门的质量指标进行达标分析，并制定相应的纠正预防措施，开展改进落实工作。

以上这些方法各显神通，各有各的侧重点和用处。并且，怎样发挥这些方法之间的优势、避免方法之间争夺资源甚至矛盾，才是非常重要的。一纸质量承诺书虽然加强了各级管理层的质量意识和责任心，但也不可能万事大吉了。所有这些方法还需要经历引进、推广、实施并固化，一般短则需要两年时间，长则三到五年。但管理层很难一直投入大量精力和资源来管理和协调这些需要大量人力物力的质量方法。但是，中兴通讯成立了以总裁助理为首的质量战略组，来协同和优化这些管理方法，并带动各个部门实施质量规划和战术执行。

真要说全面、成熟的质量管理模式非得卓越绩效模式不可。在这个模式下产生了美国波多里奇国家质量奖（1987年设立）、欧洲的欧洲质量奖（1991年设立）、日本戴明奖（1951年设立），我国于2001年也设立了全国质量奖。中兴通讯在这个潮流下于2003年开展了卓越绩效模式的管理，因为底子非常雄厚，所以并没有费太多精力就大张旗鼓地开展了，主要是在这个模式的框架下把各种质量管理方法进行了整合。当然，卓越绩效模式主要并不是产品质量管理的方法和工具，更多的是"领导""战略策划""以顾客为中心""测量分析与知识管理""以人为本""过程管理"及"经营结果"这七个方面。以中兴通讯的实力，只需要通过一两年的梳理、改善和总结即可获得不错的成果。事实也确实如此，中兴通讯 2005 年以行业最高分获得了深圳市"市长质量奖"。中兴通讯并没有止于此，而把质量奖当做一个审视自身管理不足并找到改进空间的工具，在获奖后继续找差距，并持续改进。之后，中兴通讯又获得了首届"广东省政府质量奖"，显示了中兴通讯在卓越绩效模式管理方面的扎实功底。

4. 卓越绩效模式

质量管理是全面的系统的工程，而不要局限于产品质量检验、测试、返工、挑选，或者质量抽样、质量统计及过程质量控制，或者就质量问题开展 QCC、六西格玛改进，或者质量人员的管理。

可以说，要想搞好质量管理，功夫在质量管理之外，要跳出质量管理来谈质量管理。那些拿着质量工具，穿上工作服，戴上质量袖章到处转，到处找问题的呆板而严肃的"警察"不代表先进的质量管理。先进的质量管理系统包括全面质量管理、零缺陷质量文化，影响力更大更深远的是政商界共同主导并推动的卓越绩效模式。比如，日本戴明奖的委员会主席由经济组织基金会主席担任，成员来自工业界和学术界。美国的国家质量奖是这样的。在 20 世纪 80 年代，在日本产品的冲击下，美国前商业部长马可姆·波多里奇先生召集了几十位经济专家、管理学家和企业家进行研究，以寻找出路；在充分研究的基础上，他们向美国国会提出了设立美国国家质量奖的建议。它每年只授予两三家具有卓越成就的不同凡响的企业。为了表彰波多里奇在促进国家质量管理的改进和提高上做出的杰出贡献，美国国会通过了国家质量改进法案，创立了以他的名字命名的国家质量管理奖。波多里奇国家质量奖是由美国总统授予的，美国商务部是美国波多里奇国家质量奖的主管部门。美国标准技术院（NIST）受商务部技术署的授权来管理该奖（同时吸收了一些民间私人机构的参与）。美国质量协会（ASQ）在 NIST 的指导下，负责波多里奇国家质量奖的日常管理工作，促进与质量奖有关的质量概念、原理和技术上不断发展、改进和提高。欧洲质量奖，是欧洲最具声望的组织奖，是欧洲质量基金组织卓越水平中的最高水平。自 1992 年起，该奖每年颁发一次，由欧洲委员会副主席马丁·本格曼先生倡议，由欧洲委员会、欧洲质量组织（EOQ）和欧洲质量基金组织共同发起。

我国的全国质量奖也同样得到了党中央、国务院的领导和授权。

卓越绩效模式虽然在全球有几个派别，但都是基于卓越的经营绩效管理下的质量管理。日本戴明奖相对欧、美、中的卓越绩效模式，更注重传统的质量管理系统，但也是在最高领导层的重视和推动下实施的。它注重公司整体经营方针及展开、人才开发和培养，以及质量信息的收集、分析与应用。这三方面各占 50 分，在这样的高瞻远瞩下，再评审质量核心系统的运作管理。质量核心系统占 50 分。

欧洲的卓越绩效模式归纳起来就是,全面的管理手段及结果,手段占 50%,结果占 50%。手段其实就是围绕人员、方针和战略及合作伙伴和资源的领导力和领导过程。通过手段达到结果,通过结果再持续创新和学习新一轮的领导力。这个卓越绩效模式体系其实就是经营质量和管理质量,包括产品质量、工作质量这个大质量概念。

再来看美国的卓越绩效模式的波多里奇国家质量奖,这个模式看起来很"高大上",更系统、更有条理性。相对来说,该模式也好似更"势利",因为光经营结果就占总分 1000 分的 450 分(见下图),可见美国人多么认同并践行"成者为王,败者为寇"啊!这一套卓越绩效模式也是大质量的概念,纯粹的产品质量管理内容只占一小部分。

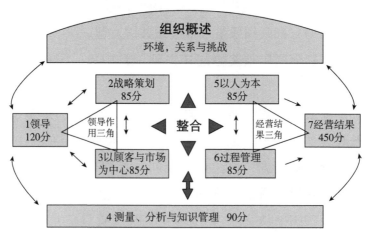

波多里奇国家质量奖的卓越绩效模式

中国在卓越绩效模式的热潮中也没有落后，我们学习了美国人的模式，也是领导、战略及经营结果等七类，但每一类的分值是不同的。在评分项目方面比美国的 19 个又多 3 个，在着重方面比美国的 33 个又多出 10 个。具体的卓越绩效模式内容可以参考 GB/T 19580–2012《卓越绩效评价准则》与 GB/T 19579–2012《卓越绩效评价准则实施指南》。

卓越绩效模式是先进的系统的质量管理体系，但如果公司的基础管理还很薄弱、公司的产品质量基础还很差、公司的人力素质还不够高或公司的业务非常简单的话，要想通过这套管理模式提高产品质量水平、提高经营质量或获得国家质量奖，可能就变成好高骛远或没有意义的工作。

卓越绩效模式是满汉全席式的大餐，但任何公司都有这样或那样的问题，所以我认为每个公司要努力扬长避短，即努力发挥自己的优势，避免自己的劣势，不要各方面平均用力。当然了，如果管理各方面都做得不错，采用卓越绩效模式还是不错的，至少知道自己在哪些方面存在不足，也知道先进的企业在哪些方面做得不错。这样在导入卓越绩效模式的过程中，不仅能发现自己的问题，特别是之前没有意识到的问题，而且还可以知道业界先进的管理方法和管理模式是什么，这也算是用小价钱做了"标杆对比"的战略性工作。

卓越绩效模式本身是一套非常严谨而严肃的质量管理

方法及经验管理方法，获奖只是附属品，不要把获奖看得太重了。千万不要把申请卓越绩效模式看成是写报告。申请质量奖是一个逼迫自己发现差距，向先进学习且永不停滞的过程。美国摩托罗拉公司很早就获得过美国质量奖，但近些年它发展得好吗？所以，获质量奖只能证明当时是优秀的，只能说是在所有申请的企业中比较优秀的，还有很多优秀的企业可能没有申请这个奖项。

无论如何，我还是赞成优秀的企业都应用这个卓越绩效模式为自己的企业把把脉的，顺便开开适合自己身体的药，同时有条件再得个奖项。2001～2015年的这十五届全国质量奖获奖企业中，我特别推崇2013年获奖企业三一集团。这不是因为三一集团起诉美国奥巴马总统在美国巡回法院获胜，也不是因为三一集团的产品质量是最过硬的，而是因为三一集团的企业使命让我感到不同凡响——"品质改变世界"。并且，三一在北京北清路的厂区常年都挂着瞩目的宣传语"品质改变世界"，这让我这个质量人感到非常亲切。我也希望卓越绩效模式能够改变世界的产品质量，而不仅是众多企业的宣传口号！

卓越绩效模式是非常不错的质量管理方法，但是如果你的产品质量都还没有让顾客满意的话，我想你还是先别学习这个。如果你的产品质量管理已经不错了，再申请卓越绩效模式，再想获得更大的经营和管理上的突破卓越绩效模式还是不错的。如果贵司正面临产品质量的困境，或是正在琢磨如何把产品质量提升到一个更高的层次,那么质量管理的两个3P之4P的管理循环是一个全面、系统而又属经济紧凑型的改进项目。

四、质量管理之经理负责制

1. 安监局之经验

2013年11月24日,习近平总书记在山东考察时专程赶到青岛,针对青岛"11·22"事故(2013年11月22日上午10时25分,位于青岛经济技术开发区秦皇岛路与斋堂岛街交叉口处的东黄输油管道原油泄漏现场发生爆炸,造成62人遇难、136人受伤,直接经济损失人民币7.5亿元)强调指出,责任重于泰山,要抓紧建立健全安全生产责任体系,党政一把手必须亲力亲为、亲自动手抓,要把安全责任落实到岗位、落实到人头,坚持管行业必须管安全、管业务必须管安全,加强督促检查,严格考核奖惩,全面推进安全生产工作。总书记的指示对"党政同责、一岗双责、齐抓共管"阐述得非常明确。

安全出了事故,几乎都与管理不善相关。所以,我们通过各种新闻媒体可以看到出了安全事故后,被问责的负责人几乎都是直接管理者，甚至最高管理者。再仔细扒开来看，也有失职的直接操作人员，只是为了新闻效应，被问责的一线操作人员没有被媒体重点报道。比如，2015年11月30日青岛市黄岛区人民法院对青岛"11·22"中石化东黄输油管道泄漏爆炸特别重大事故相关的4起刑事案件一审宣判，14名被告人被判处有期徒刑三至五年；其中，中国石油化工股份有限公司管道储运分公司及其下属单位的相关负责人员8人犯重大责任事故罪，分别被判处有期徒刑三至五年；当地政府相关职能部门的负责人员6人犯玩忽职守罪，分别被判处有期徒刑三至三年六个月。

另外一起发生于2015年的天津港"8·12"重大事故，造成165人遇难，几百人受伤，直接经济损失估计数百亿元。这一起事故根据最高人民检察院和公安部通报，所涉及的政府部门11名相关责任人被依法立案侦查并采取刑事强制措施；瑞海公司及其安评公司有12名犯罪嫌疑人被依法刑事拘留、2人被依法监视居住。而被采取刑事措施的负责人包括相关主管负责人，有各政府主任、局长、副局长、处长和企业董事长、副董事长、副总经理、财务总监等管理人员。

我进一步扩大搜查范围发现几乎所有重大安全事故都是相关责任人被惩处。所以，安监局抓安全算是抓到了点子上。质量管理的道理其实也是一样的，但是在质量管理上出了质量问题之后，是骂基层员工没做好呢？还是让管理者反思管理上的不足呢？当然质量问题也不可能完全像安全管理那样，特别对于创新型企业的创新开发和设计。出质量问题不可避免，但关键是态度和理念。没有正确的态度和理念，任何质量问题都是可怕的。反之，管理者在出了质量问题之后带头审视管理薄弱环节，带头分析问题原因并支持改进，从另外一个角度来看质量问题可能就是宝贵财富和成功之母！当然日常的质量问题不需要管理者亲历亲为，管理者主要针对典型的质量问题和重大的质量问题带头分析即可，对日常质量问题需要组织系统性分析而不是点对点分析。

2. 领导说，如何做

领导们嘴巴上说的或公司墙上挂的，如"质量是企业的生命""质量第一"等，只是形式，关键要看是否落实。如果只是宣传给客户听的或给客户看的，领导者没有从内心上认同或没有投入足够的时间和资源围绕质量开展工作，员工是不会当真的，员工也不会真的重视质量管理，不会重视产品质量，员工遇到时间或成本与质量"话不投机"时，就很可能拿质量来"牺牲"。

那么，作为公司最高管理者该如何参与质量管理呢？首先，就是先要为公司的质量管理定位，即设定质量愿景、原则和质量战略；再为质量管理定标准，定产品标准、管理标准和工作标准；接下来为质量管理规划顶层设计，主要是质量管理的总体框架和管理要求。我曾为某公司策划了质量运营系统十要素，西门子也有质量管理强制性九要素，这些总体框架可以写在质量管理手册里面真正发挥作用。这样可以避免绝大多数公司的常规做法：管理手册没有实质性用处，只是为了满足 ISO 9001 的审核要求而写的。顶层设计可以定义质量文化、质量管理模式或主要质量管理方法等。顶层设计也包括主要的质量管理奖惩制度、质量管理部门和质量人员的规划，如质量管理部门是设置在总经理下面还是某个分管副总下面，是否需要有意地从业务部门优秀的人才当中选拔质量人员以加强质量部门的能力，招聘来的应届毕业生质量人员是否要和研发人员的工资一样，这些都反映了管理层对质量部门的认识和定位。

除了上述内容之外，管理层还要定期地对质量绩效和质量改进进行评审，这样才能持续地重视质量管理，并一级带动一级参与和重视质量管理。另外，管理层要花时间对重大的质量问题亲自过问、参与分析，特别针对管理问题的分析，布置管理措施的改进。管理层千万不要限于质量问题的技术细节分析，这可能是很多技术型高管容易犯的毛病。管理层要把时间花在刀刃上，花在重要的系统性管理问题上并推动改善，这正是许多公司所缺乏的。

以上这些内容管理层都要预留一定比例的时间，虽然很多方案不一定是管理层亲自拟定的，但一定要亲自评审，并给出具体的评价和最终的指导意见。为什么很多公司的质量管理手册没有实质性作用呢，因为编写手册的质量人员可能就是某个体系工程师为了应付外部审核而编写的。如果管理层对管理手册的作用有充分认识的话，那么至少得委托优秀的质量经理或质量总监亲自编写，并且要把管理层的质量管理方针和管理思路融进去，并经过充分讨论和评审才可能成为一份有指导意义的质量手册。

最后再来看看美国著名的管理专家汤姆·彼得斯是如何建议管理层参与质量管理的。在他的名著《乱中取胜——管理变革手册》中用"压倒一切的质量问题""长期被忽视的事实：质量等于利润""质量必须用客户的感觉来评价"等语句来描述对质量现状的诊断，并开出了他的处方：发动一场质量革命！

他说："一场质量革命意味着在吃饭、睡觉和休息时都念念不忘质量。"但是如果不是诚心诚意、全力以赴，即便口头上宣称"质量就是我们的一切"也无济于事；过不了一年半载，所谓"世界级质量"或"卓越绩效模式"就会演变成又一个例行公事式的"本年度计划"，变成一个徒有虚名的花架子。从他的话可以看出，"运动式"变革也并非我们所独有！

他用几年的时间读遍了所能够找到的有关这个主题的材料，并仔细地研究了IBM、泰能、米利肯等公司的质量革命成果，总结出如下世界级质量的12个特征：

1) 管理者着迷于质量。质量是从感情上的依恋开始的，没有"如果""那么"或"但是"可言。

2）有一套思想体系或思想方法作为指导。

3）质量是可以衡量的。

4）质量要受到奖励。

5）每个员工都应在技术上受到培训，以便评估质量。正如日本人所说，质量，始于培训，终于培训。

6）利用包含跨职能部门或跨系统的团队。

7）小的就是美的。

8）提供不断的刺激。创造无止境的"霍桑效应"；质量革命是一场关注琐碎细节的战争。

9）建立一个致力于质量改进的平行组织结构——"影子质量组织"。

10）人人都发挥作用。尤其是供应商，但销售商与客户也同样必须是质量改进过程的一部分。

11）质量上升会导致成本下降，改进质量是降低成本的关键所在。

12）质量改进永无止境！每件产品或服务，每天都是相对地变好或变坏，但绝不会停滞不前的。

第八章　来自中基层的工作质量领导力

一、做好工作提升影响力和领导力·················· 428
　　1. 学习《影响力》 ································ 429
　　2. 成在影响力，病也在影响力 ···················· 431
　　3. 懂得人性，以人为本 ·························· 433
　　4. 敞开心胸，不找借口，天天向上 ················ 435
　　5. 如何第一次把事情做对 ························ 440
二、工作质量大敌································ 445
　　1. 工作就怕差不多先生 ·························· 445
　　2. 质量就怕得过且过、交差应付 ·················· 460
　　3. 致命的侥幸心理 ······························ 463
　　4. 不找问题找借口 ······························ 469
　　5. "人类总是不断重复犯着相同的错误" ············ 473
三、如何挖掘问题当中的"金矿" ···················· 478
　　1. 98%以上的问题都是"好了伤疤忘了疼" ········ 478
　　2. 解决质量问题的几个层次 ······················ 480

一、做好工作提升影响力和领导力

有人可能误认为只有中高层管理者才需要具备影响力和领导力，中基层员工只要干活就行，不需要影响力和领导力。广义来说，任何工作都不是员工独自完成的。普通工程师写的文件要有人阅读和认可才行，不然写出来的文件就成为废纸。任何员工包括中基层员工都需要具备相应的影响力和领导力意识，才能干好工作，产品质量或服务质量也才有保证。

中基层员工的主要职责是把本职工作做好，做到位。只有这样，才可能获得其他人及上级的认可和信任，从而建立工作的影响力。否则，本职工作都没有做好，你就想去给其他人、其他部门提各种要求、建议，或者想要公司为你升职、调薪，那是不现实的。公司要发展并想保持战斗力和竞争力的话，怎么可以容许多少人滥竽充数呢？

最靠谱、最保险，又最光明正大，同时又最有成就感和自豪感的事情，就是凭借能力打天下。能力就带来影响力！员工的能力也应该包含业务能力、专业能力和人格人品等方面表现出来的领导力。展现出你的领导力不仅更容易影响上下游配合你的工作，也影响他们支持你的想法和方案，事业自然就越做越顺，也就比较容易影响上级为你升职、加薪。当你的影响力越来越广、越来越深的时候，也会顺理成章地成为更高级的管理人员或更权威的技术专家。这样你也拥有了更大的领导力。你不仅要干好本职工作，也要影响更多人，辅导和帮助更多人，承担更大的责任，拥有了更大权力和利益。

1. 学习《影响力》

"政治家运用影响力来赢得选举，商人运用影响力来兜售商品，推销员运用影响力诱惑你乖乖地把金钱捧上。即使你的朋友和家人，不知不觉之间，也会把影响力用到你的身上。但到底是为什么？当一个要求用不同的方式提出来时，你的反应就可能会从负面抵抗变成积极合作。"这是美国心理学家罗伯特·西奥迪尼所著的著名畅销书《影响力》的中文介绍。自1986年出版以来，已经卖了300万册给全球各地的政治家、经济学家、经理、工程师、教师等，当然也包括质量管理人员。我即使全力以赴写得头发掉光了也卖不出300万册，原因就在于影响力不如罗伯特！

什么是影响力？就是抓住人的心理特点说服别人，使人顺从，从而达到自己的目的。书中列举了六种影响力：互惠、承诺和一致、社会认同、喜好、权威、短缺。

①互惠。互惠指的是，一旦接受了别人的恩惠，就会想以同样的方式去回报对方，而不要无动于衷，更不能以

怨报德。如果不能以同样的方式回报对方，心理上就会有一种负债感；或者，就会得出一个结论——对方真是个好人呀，而且随着时间的推移，这种负债感或结论会越来越深刻。那么，一旦某天，对方需要你回报的时候，即使远远超越了当初给你的恩惠，你也同样乐意付出。这就可以解释为什么"滴水之恩，当涌泉相报"了。

②承诺和一致。承诺是指导一个人行为的航标。如果一个人的行为违背了自己承诺，他就会产生很大的心理压力，通常这种情况下，会给自己找一个平衡点。

③社会认同。如果一个交警闯红灯，估计后面所有过马路的人都会跟着闯红灯；但是如果一个浑身充满叛逆气息的小青年闯红灯，会有几个人跟他一起闯红灯呢？这就是社会认同原理的影响力。被社会所认同，就意味着是正确的。

④喜好。人往往会答应自己认识和喜爱的人提出的要求。

⑤权威。因为专业，所以权威；因为不专业，所以要相信权威。

⑥短缺。商场打折促销的时候，某种商品每人限购四套和每人限购两套，哪一种更让人有购买欲？事实证明，一个人害怕失去某种东西比希望得到同等价值东西的心理更加强烈。

西奥迪尼博士所写的《影响力》的内容可以应用在每

个人身上，当然也可以应用在质量管理工作中。这其中也免不了有"投机取巧"的成分在里面。路遥知马力，日久见人心，我还是比较喜欢老实做事、老实做人的原则。我认为，除了适当地运用影响力技巧之外，最重要的是通过自己的努力证明自己是可以做事的，是可以做成事的，是可以与大家一起做好事的，并且曾经漂漂亮亮地做成了一些事情，包括做成了一些有难度的事情。这样，你自然而然地就拥有了影响力，你说的员工才容易相信，也容易得到员工的支持。这样的影响力是建立在熟人圈子中的，是建立在长期共事的环境中的。而质量管理就是在大家都共事和熟悉的企业当中谋事。

2. 成在影响力，病也在影响力

李开复算是华人社会知名的职业经理人、创业家，具有较高的影响力。他的成功当然是基于他的能力、努力、态度和方法等。但他在前期对影响力非常追求：不仅追求他对员工及同行的影响力，还执著对粉丝的影响力。这让我觉得有些功利。《中国企业家》杂志刊登了瞿文婷的《李开复 告别大 V》一文，我节选了部分内容谈谈自己的看法。

李开复在多年前身强力壮时去欧洲出差排满了行程：16天内，他飞了 11 个城市，见了 45 个投资人。每天千篇一律的行程雷打不动，4 点起床，赶 7 点的早班机，9 点落地，平均每天见3拨人。看着行程单上的待办事情一项项被划掉，他满脑子弥漫的是世俗又抽象的那个东西。对，就是"成就感"。

事实上，追求影响力是李开复过去极力倡导的，他也是如此践行的。因为他相信，一个人能多大程度上改变世界，取决于自己有多大的影响力。这个逻辑如今看来似乎也无可厚非。

但是如果一个人行事标准都以影响力做标尺，单纯地追求影响力，会是什么情况？过去有学校请他演讲，场地只能容纳200多人，这个数字令他犹豫，最后还是婉拒对方。去某地演讲，有学生追着车子要送他礼物，司机问要不要停下来。他说，不要。有创业者跑到创新工场，虽然很执著，但是他判断不太靠谱，把他拒之门外。

"今天要不要见这个创业者，取决于他的公司有多大潜力；见哪位记者，通过他们面向的读者群多少来决定。"李开复说。

"一场演讲没有一千个人我就不去，每天微博不新增一千个粉丝我就不开心。"这真是对功利世俗的追寻。

我想，就是因为李开复之前太追求影响力了，太想改变世界了，承受着非常大的压力，也许正因此致病，也让他不得不面对癌症。幸运的是，他通过对病理和心理的医治恢复了过来。他的心态也随之变化，此前太过用力的地方他在极力避免。朋友圈和微博没有那么勤奋地更新了，想发就发，没话可说就不发，"顺其自然一点"。

复出后的李开复主要负责创新工场的三个方向：一是团队战略；二是对外沟通，包括社交媒体；三是多参与已投较大规模的公司。这些都是他擅长的地方，自然也会继续做下去。只是相较之前，力度更温和，也是他应该发挥的影响力，而不是去追求虚无缥缈的"个人崇拜"的影响力。

我在此借李开复在影响力上的例子是想说，追求影响力不必偏执于追求个人名利，应该是真正以做好工作为中心，为了公司的利益，为了职业发展而形成和发挥的影响力。不然，大家如果想得太多，势必过火，反而物极必反。

3. 懂得人性，以人为本

不管是什么工作，只要你的输出物是提供给下游顾客或合作伙伴，就必须考虑对方的情况，考虑对方的想法，要换位思考，要以人为本。除非是农耕社会，要做的是自给自足，种了粮食自己食用，这样的劳动不用太多考虑以人为本，也不用怎么深入理解人性；相对更重要的是懂得物性，懂得自然规律，懂得农业技术。

许多中基层工作人员大多数都对技术很感兴趣，不管是工作时间还是在业余时间，都花了不少时间和精力钻研技术。但是，他们往往缺乏对人性的理解和把握，一般只是站在自己的角度去看待事物和人物，更极端的情况是出了问题就认为其他人不对、领导不对、公司不对，自己有一大堆理由。这样是非常不利于自身发展和提高的，也不利于自己的身心健康。

做一件事情容易，但要做好就必须了解客户或合作伙伴的心理需求才有可能。懂得人性，尊重人性、沟通、理解、合作才可能把工作做好。不管是技术工作，还是管理工作，只要有人参与合作、互动的地方就需要以人为本。"质量管理领导力"最核心就是以人为本。这里推荐大家读读中国的经典著作，如《大学》《论语》《道德经》，还有南怀瑾先生对这些经典作品的著述。这些书都是关于做人做事的道理的，对人心和人性琢磨很深，并且这些著作也充满了正能量。大家不要只读一遍，那样也只能学点儿皮毛，甚至会误解。有些人读了之后确实有误解，我多年前刚开始读的时候也有些误解，但结合自己的经历越读越觉得有道理，理解也不一样了，现在有空的时候也会读读这些经典。万达集团最开始推荐员工读的书中就有《论语》。我考察过一个供应商，这个80后的老板也带领员工一起读《论语》。马云在CCTV 2《对话》十五周年特别节目上就说，自己读的次数非常多的书就是《论语》《道德经》和佛经。敬爱的习近平也经常引经据典来说明道理。这些经典并不是教大家多少具体的技术，主要是让大家认识事物的本质，认识人性的本质，知道做人的道理。所以，学理工科的朋友们，千万注意不要偏科，一定要懂得为人处世的基本道理。但是，我劝大家不要去读厚黑学，还是光明正大好一些。

4. 敞开心胸，不找借口，天天向上

"好好学习，天天向上"是大家都知道的道理，并且也在知行合一。但是，如果只是好好学习，但心胸没有打开，把学来的知识用来挑人家的刺、用来反驳其他人提出的不同意见或用来为自己找借口等，反而阻碍了自己的成长。

在不同公司，我发现周围都有比较聪明但却不敢直面问题、不敢承认不足的同事。他们总是有很多借口，导致多数情况下裹足不前、故步自封。即使工作上还有改善空间，但就能听好听的，不想听别人的建议，更不想听意见，那么摆在面前的进步空间和道路就被封死了。更为要命的是，当出现错误了还遮遮掩掩，多找客观原因、外部原因，而主观原因则几乎从来不剖析。如此，那么何来举一反三，何来经验教训。

所以，我认为人要进步，除了好好学习之外，非常重要的是要打开心胸，直面问题，甚至直面批评。也许别人的批评很难接受，但建议一定要虚心接纳。我观察了一下，不管是中国人，还是欧洲人、美国人，只要是在公司里面工作，都很少有人能够放下脸面直接批评别人，因为大家都不想得罪别人或担心被批评者接受不了。所以，很少有人去批评，特别是当面批评。即使要指出别人的不足，也

是非常委婉的。能够直接批评指正下属或别人的人，是非常少的，如任正非、郭台铭等比较"铁腕"的领袖也比较少。

相反，在家庭里，夫妻之间、父母与儿女之间反而直接批评的时候比较多，很多时候伤害了亲情和感情。因此，在公司的生态环境中，我更多是劝大家多做自我反思，要善于自我反思；偶尔有人批评自己，不要本能地直接反驳，反而要感谢、要反省，这样才能不断提高。我们看看孔子是如何对待过错和批评的，子曰："丘也幸，苟有过，人必知之。"意思是，我孔子是幸运的，如果有错的话，就有人会知道并且会指出来。孔子很喜欢他的弟子颜回，但他却认为颜回虽然都能够明白他所教的知识，但是颜回却从来不向孔子提建议或指出过错，因此说："回也，非助我者也，于吾言无所不说。"《论语·卫灵公》中进一步表述孔子对待错误的态度，子曰："过而不改，是谓过矣。"

当然，在公司里提出批评要注意客观、公正、实事求是，不要主观臆断，不要意气用事，不要把善意的批评误解成人身攻击。批评也要尽可能压住情绪，要讲道理，以理服人，而不是以气势压人，更不能以职位压人。特别是在批评聪明人的时候，聪明人都是一点即通的，指出错误甚至暗示即可，如果讲过头了，甚至对一点小瑕疵劈头盖脸地吼叫式的批评，很难从心理上得到被批评者的认同，当然也就达不到本来的目的，反而会有反作用。

"读万卷书,行万里路",在实践中进步最快的办法是从经验教训中反思和总结,所以才会说"失败乃成功之母"。但前提是敢于面对失败,敢于剖析自己的失误和不足,敢于接纳不同意见和建议,获取经验教训,调整方式方法,坚持越挫越勇。历史上的夏桀、商纣王、周幽王、吴王夫差、宋徽宗等被灭国的君王也都有听不得直言进谏的例子。而能纳谏的夏禹、商汤、周武王、越王勾践、唐太宗李世民、武则天等,都是好皇帝或颇具作为。再想想当今世界,哪个国家没有不同的批评声音呢?如果上至国家机关干部,下至媒体、员工和普通老百姓都只说领导的好,不敢指出或纠正领导的错,那么企业和国家就很难反省和进步。中国共产党现在同样也提倡批评与自我批评,同样抓党风建设,自我揭露问题,对违法犯纪的干部决不手软,打破了"官官相护""刑不上大夫"等封建官僚主义惯例。幸而当今,有比较开明的政治体制和广开言路从善如流的胸怀,对于失误、失败,不藏着、掖着;对于贪赃枉法,敢于揭发纠正,能避免积弊难除、积重难返,能做到共度时艰力挽狂澜,这样努力才会实现中华复兴。

个人需要从批评与自我批评中反省和提高,企业和国家也是如此。有的企业就提出并鼓励批评与自我批评,华为是非常典型的一家。华为总裁任正非经常在不同的场合强调批评与自我批评,几乎可以说任正非是强调批评与自我批评最多的企业家。从《华为哲学》中摘取这么几个情节就可以看得出来。他在1995年底提出"一个高度团结、能展开批评与自我批评的领导班子是企业胜利的保证。"即使在1996年华为表彰十大杰出员工的大会上,也不忘提醒员工们不要骄傲自满。他发表讲话《反骄破满,在思想上艰苦奋斗》,对内部泼冷水。两个月后,任正非在华为的市场庆功及科研成果表彰大会上又以《再论反骄破满,在思想上艰苦奋斗》为题发表讲话。令人没有想到的是,1998年任正非在国家邮电部电信管理总局的华为GSM产品鉴定会上居然做的答谢词《在自我批判中进步》。而大多数人在此时都是讲喜庆、和美的话。他在答谢词中提到,"一个企业长治久安的基础,是它的核心价值观被接班人确认,接班人要具有自我批评能力。"之后,任正非在许多不同场合都论述了批评与自我批评的内容,可以说这是他一以贯之的论述最多的主题。这才有了今天的华为。

西门子曾组织过批评与自我批评的活动,我也经历过,可惜的是没有持续下去。并且,批评与自我批评活动的力度也不够大,不够彻底。我认为,需要做批评与自我批评的是那些多年来都没有进步的,没有改进的,那些保守僵化的。而那些不断追求进步、不断改进和创新的同事,虽然没有直接进行批评与自我批评活动,没有那么深刻,但他们心底里是在不断作自我反省和自我否定的,他们也能够听得进不同声音,并能够采取行动。这样,不用批评与自我批评也是可以的。

所以，公司对那些保守僵化的管理者要严格要求，进行适当批评和点拨。受不了批评、受不了委屈的，就应该辞去管理职位；态度端正的，也许还可以做业务专家。而对于长期裹足不前并不能适应岗位需求的员工，也同样需要给予积极的辅导和教育，必要时安排转岗，否则采取必要措施，包括辞退。对态度不好的员工，如果屡教不改，又影响团队士气及合作，有必要辞退。这样其实是对员工负责，并且把理由明白地告诉员工，劝员工及早反省并改正，还可以在下一家公司从头再来。如果对这样的员工不采取果断措施，那么员工一方面被惯坏了；另一方面他也可能没有真的意识到问题，就不会反思和改错，如此这般一辈子就被浪费了。对于员工来说，年纪大了、问题严重了或公司业绩不行的时候，再采取措施，那么后悔就来不及了。因此，及早地对不合格又屡教不改的员工进行辞退反而是在提早地教育他、帮助他，不要难为情。

成熟和健康的企业几乎都有勇气面对批评与自我批评，比较开放和典型的公司就是放开企业内部 BBS，允许员工在非工作时间在内部 BBS 上面匿名自由地发言，可以指出公司的各种管理问题，也可以给出建议。这些匿名消息就可以成为公司管理改进的重要输入。但有些管理不善的公司或有些只想听好消息的企业老板，就不敢开放内部自由论坛。这其实违反了质量管理的原则，质量管理就倡导信息透明，倡导持续改进，没有全面的信息包括内部抱怨的信息，何来透明化管理，何来持续改进呢？

前面论述了有关影响力、了解和掌握人性、敞开心胸、学习和进步等几方面，都是为了提高个人的工作能力。这是中基层员工不太重视的方面，因为中基层员工太重视术了，太注重专业技能，但忽视了人的因素，所以工作很难有突破。当然也有些中基层员工在专业技术上也需要进步，但进步中的障碍可能也与心胸有关，与人性有关。

5. 如何第一次把事情做对

在掌握了人性基本技能之后，下面就结合我自己的经验谈谈中基层员工如何提高第一次把事情做对的能力。

中国有句古语"人非圣贤，孰能无过"，这一说法也许早就在我们的思想里扎根了，所以每当开始着手一个新的挑战，脑海中就会不由自主的浮现出"没关系，第一次做，错了也是正常的""谁会在乎这个呢"等侥幸心理。我们的领导也时常开导员工"我们不怕错，怕的是没有找到根本原因（root cause）或是犯同样的错误"。因此，有了自我开导和领导"安慰"，我们就常在第二次、第三次甚至多次返工后才把事情做对。殊不知，"人非圣贤，孰能无过"是从《左传·宣公二年》中"人谁无过，过而能改，善莫大焉"改编而来，本意是劝解自己的亲朋好友不要为犯错误而烦恼，而不是为自己开解可以犯错的。而领导对错误的安慰，其本意也不是迁就我们的错误，背后也许还有一句潜台词没有说出来,"怕的是你经常犯错""怕的是你比常人犯错的概率更高"。

如果我们不把"第一次把事情做对"当作目标追求,反而为自己的错误找借口的话,不仅浪费了自己的时间,也浪费了别人的时间;损失了效率,也浪费了金钱;自己的工作能力也是日复一日原地踏步。到最后,领导可能也没有耐心再对你说"我们不怕错……"。相反,如果每开始一件事情,我们脑中都能浮现"第一次就把事情做对"这句话。慢慢地,我们也就会条件反射似地养成这个思维习惯,工作会做得越来越好,返工越来越少,直到最后接近"零缺陷"。

树立"第一次把事情做对"的态度非常重要。不同的态度决定了不同的结果,不同的结果又反映出了不同的态度。比如,是想把事情做好,还是将就凑合;是精益求精,还是马马虎虎;是自己把关所负责的工作,还是等待上级或其他部门给我们检查出错误再改正,等等。你的态度在家人、同事及领导眼中都看得清清楚楚。所以,作为家庭成员、社会公民和企业人员,我们都要坚守"第一次把事情做对"的态度,对自己和周围的亲戚、朋友、同事负责,并给他们留下正面的印象。

态度是首要的,因为有了"第一次把事情做对"的态度,就会更严格要求自己,并选择正确的方法;即使不知道方法,可以利用网络查找方法、资料,可以查阅图书或请教他人等。总之,我们总是可以找到方法的,应该以"方法总比问题多"为口头禅,以"没有任何借口"为工作突破口和能力提升的契机。但如果没有这样的态度,那我们就经常需要"错了再改""从头再来",同时也失去了学习的动力。

光有积极正确的态度还不够,还得找适当的方法。"第一次把事情做对"本身包含三层含义:"第一次"讲的是工作效率,是一次,而不是两次、三次才做好;"做对"讲的是运作与执行的工作质量,是要正确地做事,把事情按要求做对;"把事情"讲的是做正确的事,是战略和方向。所以,"第一次把事情做对"准确地说应该是"第一次把正确的事情做对"。

如何才能"第一次把事情做对"呢?首先是做正确的事情,否则南辕北辙。正确的事来自哪里呢?不是我们空想的,应该来自于客户、上级及利益相关方。通常公司的大方向、大目标都不会错,要生存和发展就得追求销售额、现金流和利润等指标。但错就错在影响大目标 Y 的关键影响因素 y,y 下面还有 X,X 下面还有 x。这样可以抽象为 $Y = F(y_1, y_2, y_3 \cdots)$,$y_1 = F(X_1, X_2, X_3 \cdots)$,$X_1 = F(x_1, x_2, x_3 \cdots)$,所以 x 选错了,就影响 X,从而影响 y,再影响 Y。

公司的事情非常复杂,就拿个人的工作范畴来说吧。个人工作的方向当中需要分解 KPI,假设 KPI 制定正确了,那么就需要选择正确的 X,因为 KPI = $F(X_1, X_2, X_3)$。要想取得好的业绩,需要集中精力把 X_1、X_2、X_3 做好。如果我们只做了 X_1、X_2、X_3 当中的一部分,而花了很多力气去做 X_4、X_5,甚至不知道要做 X_1、X_2、X_3,那到年底的业绩是根本无法保障的。当然,影响 X_1,X_2,X_3 下面还有 x_{11},$x_{12} \cdots x_{31}$,x_{32} 等,在此就不展开了。总之,在开始一项工作前一定要问为什么?做这项工作对公司有什么贡献?对个人 KPI 有贡献吗?如果答案是否定的,则可以弃而不做。在企业生态环境中,有些员工在某些时候就不是依照 KPI = $F(X)$ 原则来开展工作的,而是因为看到其他公司在做什么觉得很好,或者是因为个人在某方面有特长甚至个人喜好,或者是看到了某项工作的局部利益但不了解整体可能"亏损",就来开展工作。总之,在没有搞清为什么之前就卷起袖子,"为了做而做",不问投入产出比,不看方向,最后自己的业绩不理想,公司也得不到想要的结果。

　　选择正确的事情来做,是成功的第一步。接下来需要正确的做事,虽说这属于执行层面的工作,但也得有做事的策略、方法和技巧。假设结果为 R,事情为 T,做事的策略及方法为 W,则 $R = TW$。T 和 W 的取值范围是 $(-1, 1)$,所以最后的结果的取值范围也是 $(-1, 1)$。俗话说条条道路通罗马,做事情有不同的方法、不同的路径,但也有优劣。或者说,不同的事情需要不同的方法,关键是合适。做任何事情都需要掌握通用的技能和专业的技能。通用的技能包括，人际沟通、组织、协调、发现问题、分析问题、解决问题、逻辑推理、基本的语文、数学、英语技能、冲突管理、抗压能力、逆商和情商、见识和经验、随机应变等。专业的技能包括，人力资源、财务、软件、硬件、法律、医学、生物、质量、生产、物流等各领域的知识和技能。通用方法属于个人的软实力、软技能，需要长年累月的积累，甚至受个人的背景、生活阅历、价值观等影响，改变缓慢；专业技能属于硬实力，主要是从学校、书本和工作上积累的。我个人认为专业技能和通用技能的关系是，专业技能是基础，通用技能是加速器。总之，我们要想拥有先进的工作方法和技巧，两方面能力缺一不可。有些员工认为自己专业很厉害就够了，所以忽略了通用技能，这其实对个人发展和公司团队合作都不利。

做事的策略和方法直接影响工作质量和效率。做事策略和方法好，可以保证工作做得更有效率、更快，也可以保证最终的工作质量符合要求（不是质量不足，也不是质量过剩）。我们常可以看到，做同样的工作，有的人拖拖拉拉，不得要领，最后好不容易提交了结果，却不是你想要的；而有的人三下五除二，很快就可以提交工作结果，并且还符合要求。这就是工作策略和方法的显著差别。正因为如此，我们的考评方式可能也需要注意，因为通常而言，"第一次把事情做对"的员工绝对是公司的优秀员工，但正因为"第一次把事情做对"，所以也就可能变成了默默无闻的幕后英雄而无人知晓。但是，很多人因为没有"第一次把事情做对"所以不得不常常救火，甚至成为大显身手的"消防员"，受到英雄般款待。当然，优秀的"消防员"也应该受到重视，但要思考，他们是"第一次把事情做对"的英雄，还是在为自己的错误"擦屁股"，或是为他人的无能而在"英雄救美"。

总之，要想提高"第一次把事情做对"的能力，首先要有正确的意识和态度，然后寻找正确的事情，设定正确的目标，再就是学习和积累正确的工作方法。并且，也要常常反思和反省自己是不是可以在各种工作上"第一次把事情做对"。

二、工作质量大敌

1. 工作就怕差不多先生

（1）差不多的习惯和意识

差不多的习惯和意识是最可怕的。很多人没有意识到严谨、细致的重要性，认为差不多就行了，这样就导致了工作习惯上比较任性和随意。我经常观察到很多人在写文档的时候就不注重细节，标点符号有的用英文格式，有的用中文格式；写英文文档，有的首字母大写，有的又忘记大写了；表格的同一列中的内容，有的左对齐，有的右对齐，有的中对齐，有的上对齐，有的下对齐，总之看起来凌乱。这些是工作上的差不多现象，虽然是小事，但也反映了做事的风格和习惯，将就过得去就行。他们的理由看起来还很充分，觉得只要内容对即可，但其实是潜意识里觉得过得去就行。另外，这也折射出了他们设定的工作标准偏低，要求松，与严谨的工作作风绝缘了，影响了工作上的提高和进步。

这样的问题看起来虽小，但影响不小。我自己算比较严谨，在检查下属工作的时候也会比较较真，偶尔会采用"给面子"并"放一马"的"好好先生"的想法和做法。但多数情况，我会给下属指出细节上的问题，特别对有培养价值的下属，而对于下属提交的质量或安全管理的流程文件则更是如此。

要避免差不多的不良习惯，自己就得认真和仔细；对人就得较真，否则你就得忍受其他人的差不多给你带来的危害。当然，马马虎虎也多给他们自己带来不良的结果。较真不仅是一种态度，也是一种能力。因为如果能力不够的话，根本看不出问题来，即使看出了问题，可能也比较肤浅。我想大家在工作中应该有一定的感受。比如，请研发设计的同行进行评审，能够提出深层次问题的同事，一方面是认真负责，另外人家水平还很高。所以，遇到这样的同事,我们应该真心感谢才对,并且真心请教,多向这样的同事学习才对,千万不要认为别人在挑刺。下面节选一位技术牛人写的一段话。他写得非常好,虽然语言激烈,但感情真切,有种恨铁不成钢的那股劲儿。

因为不较真,某人在项目代码里的"shit"要你多加两天的班才搞定,你还认为那事与己无关?如果因为不较真,某人以"意识流"形式所写的文档害你多花了一天时间重新摸索,你还能不问候他亲人?几乎可以肯定的是,每次不较真都会带来一定的副作用,将损害团队中每一个成员的利益。最终的结果必然是团队效率低下,甚至集体无能!如果我们麻木于自己的利益因为不较真而受损,你还指望别人尊重自己的职业?

那较真有什么好处呢?简单说来,这将促使相关个体负起自己该有的责任而避免他的"不作为",进而促使整个团队务实。如果这些道理还太虚,那不妨告诉你我所尝到的一些"甜头"。我因为较真,所以对所提出的质疑要仔细地考虑,并对相关技术做更为深入的研究,这最终使得我掌握的技术知识能更深入,学习新知识也更快;我因为较真,几乎没有工程师在工作中敢在技术上忽悠我;在摩托罗拉杭州研发中心工作时,我同样因为较真,在整个跨国开发团队中指出系统设计的不足而赢得了美国管理层的注意,并在我已离开该项目团队的情况下点名要我回去做架构师。更为重要的是,我因为较真而赢得了很多有技术想法的工程师的信任与认可。

另外，生活中的差不多的现象也比较普遍。我观察到很多男洗手间的小便池就做得马虎。比如，感应器本来都应该正着安装，但设计或施工上的马虎就变成了倒着装，有的甚至是旋转90°安装。虽然没有影响功能，但没有统一标准，比较随意。再比如，在洗手间，很多人洗手后用纸巾擦手，有的人用2张，有的用3张，有的连续扯很多张，用纸没有理性估计，凭感觉。而我一般用一张纸，一张纸刚好把手擦干，比较环保，一点不浪费。这些虽然是很细微的事情，但是如果类似的事情可以做到精确控制，工作任务也会变成非常容易的事。但是，常见的是没什么人深入思考，说明没有量化的思维。如果平常就是差不多的习惯和作风，也就不会想到和注意到这类问题，通常在工作中也就比较容易马虎和大意。

我前面曾经提过，对于不太注重细节、做事马虎大意这件事，胡适先生曾创作了一篇寓言叫《差不多先生传》，讽刺了当时中国社会那些处事不认真的人。从处事不认真到处世不认真，许许多多的人就在"差不多"的圈套里度过一生。我曾经在西门子的年会上组织了同事就胡适先生的这篇寓言进行改编并演出了一场小品，目的也是为了点醒大家在日常工作中不要马马虎虎，要认真严谨。针对中基层的员工，这方面的工作更要着力。这里，我还是请大家读读《差不多先生传》的原文，想想自己还有哪些地方有待改进。

你知道中国最有名的人是谁?

提起此人,人人皆晓,处处闻名。他姓差,名不多,是各省各县各村人氏。你一定见过他,一定听过别人谈起他。差不多先生的名字天天挂在大家的口头,因为他是中国全国人的代表。

差不多先生的相貌和你和我都差不多。他有一双眼睛,但看的不很清楚;有两只耳朵,但听得不很分明;有鼻子和嘴,但他对于气味和口味都不很讲究。他的脑子也不小,但他的记性却不很精明,他的思想也不很细密。

他常说:"凡事只要差不多,就好了。何必太精明呢?"

他小的时候,他妈叫他去买红糖,他买了白糖回来。他妈骂他,他摇摇头说:"红糖白糖不是差不多吗?"

他在学堂的时候,先生问他:"直隶省的西边是哪一省?"他说是陕西。先生说:"错了。是山西,不是陕西。"他说:"陕西同山西,不是差不多吗?"

后来他在一个钱铺里做伙计;他也会写,也会算,只是总不会精细。十字常常写成千字,千字常常写成十字。掌柜的生气了,常常骂他。他只是笑嘻嘻地赔礼道:"千字比十字只多一小撇,不是差不多吗?"

有一天,他为了一件要紧的事,要搭火车到上海去。他从从容容地走到火车站,迟了两分钟,火车已开走了。他白瞪着眼,望着远远的火车上的煤烟,摇摇头道:"只好明天再走了，今天走同明天走，也还差不多。可是火车公司未免太认真了。八点三十分开，同八点三十二分开，不是差不多吗？"他一面说，一面慢慢地走回家，心里总不明白为什么火车不肯等他两分钟。

有一天，他忽然得了急病，赶快叫家人去请东街的汪医生。那家人急急忙忙地跑去，一时寻不着东街的汪大夫，却把西街牛医王大夫请来了。差不多先生病在床上，知道寻错了人；但病急了，身上痛苦，心里焦急，等不得了，心里想道："好在王大夫同汪大夫也差不多，让他试试看罢。"于是这位牛医王大夫走近床前，用医牛的法子给差不多先生治病。不上一点钟，差不多先生就一命呜呼了。差不多先生差不多要死的时候，一口气断断续续地说道："活人同死人也差……差……差不多，……凡事只要……差……差……不多……就……好了，……何……何……必……太……太认真呢？"他说完了这句话，方才绝气了。

他死后，大家都称赞差不多先生样样事情看得破，想得通；大家都说他一生不肯认真，不肯算账，不肯计较，真是一位有德行的人。于是大家给他取个死后的法号，叫他做圆通大师。

他的名誉越传越远，越久越大。无数无数的人都学他的榜样。于是人人都成了一个差不多先生——然而中国从此就成为一个懒人国了。

（2）考虑得不周到、不严谨

有一种考虑不周，是因为没有用心；或者是为了省事、偷懒；或者自以为是；或者只考虑自己的利益，造成对客户、下游或合作伙伴诸多不便。

> **案例 1**
>
> ### 欠考虑的人行天桥
>
> 关于城市交通出行的问题，几乎每座城市都或多或少有些问题。我曾读过太原市九三学社的一篇提案《关于统筹市政建设 优先发展过街人行天桥、地下人行隧道的建议》。该提案把交通问题调查得非常清楚，建议措施也很全面、实际。大家可以找来看看。北上广深这样的一线超级大城市的交通问题更严峻。因此，交通道路及城市建设的规划和设计就更加重要。但是，我多年生活在北京，常会发现交通上存在种种问题，而很多问题就是因为考虑不周到、不严谨造成的。比如，北京西二旗地铁站外50米有一个十字路口，人流、车流非常拥挤，经常堵车，怨声载道。这个路口往西100~2000米的距离就是大名鼎鼎的百度、联想、甲骨文等大公司，著名的中关村软件园就在那里。不仅如此，上地科技园及周边永丰科技园等很多公司的员工都需要坐班车到西二旗换乘地铁，或者开车经过西二旗。而西二旗地铁站外面的道路双向才两车道，加上

自行车道就显得非常狭窄拥挤。这个十字路口 30 米附近还有几路公交车的停靠站，南北各一个公交车站台。上下班高峰期间在地铁门口排队等候地铁的人数瞬间就有三四十人，而地铁站外面的红绿灯十字路口在高峰很快能够攒到七八十人甚至上百人过马路。人太多了，大家也都赶时间，时常有不遵守交通规则的情况。而私家车、公交车在高峰期也非常多，也都赶时间，也常不遵守交通规则。所以，这个地方在高峰期的交通拥堵情况可想而知。

为了缓解这个糟糕的情况，管理部门看到了，并没有袖手旁观，出钱出力于 2014 年修建了一座人行天桥。本意是让行人都走人行天桥，免得密密麻麻的行人去地面与机动车抢路。可实际效果却不尽如人意，这座人行天桥连 5% 的人流都没有分走。

为什么会出现这个问题呢？原因很简单，因为 95% 以上路过此处的人都需要路过十字路口去公司或去地铁站，但是人行天桥修建在离十字路口南边约 80 米处，所以这些行人就不愿意再往南走 80 米，爬天桥，然后再往北走 80 米。即使行人不嫌麻烦去走人行天桥，也最多只能够解决东西向的行人问题，但解决不了十字路口的行人南北向通行问题。

从上可以看出，这座人行天桥修建得多么不符合以人为本的要求。我还与人讨论过，难道人行天桥必须修在公交车站台附近？这显然不合理，因为公交车站台在十字路口的东西南北向都有，难道得在十字路口附近连续修4座天桥才满足要求？我又查询了标准CJJ 69-1995《城市人行天桥与人行地道技术规范》，也没有发现这样的规定。

所以，基于实际情况，基于以人为本，要解决上述问题的办法可以是把人行天桥修建在十字路口，然后东西南北向都可以通过人行天桥。这样，十字路口只通机动车，行人靠天桥通行，不仅可以缓解交通拥堵，而且可以保障生命安全。这会是根据实地考查，考虑交通、行人的最优解。如果没有实地考查，就在办公室想当然地规划和设计，就很容易考虑不周，解决不了实际问题，结果很难得到广大民众的认可。在实际工作中，在任何时候、任何情况，我们都应尽可能站在"客户"的角度思考问题、实地考察，有必要多方征询建议，周到地考虑，科学、人性化地进行设计，尽可能把事情做完美。如此这般工作才有成就感，也算为自己的职业生涯"积德"。

另外一种考虑不周是因为经验或者知识不足、方法不对等造成的。这就需要我们多学习，多向人请教、多做事、多积累经验教训，不断地提高知识、方法和能力。下面这个例子就是因为工程师对于实验设计或者统计方法掌握不熟导致考虑欠周到。

案例 2

欠缺统计知识的设计改进

失效分析（Failure Analysis，FA）工程师发现了某产品的质量问题，于是向研发提出来。研发确认了质量隐患，于是要求对芯片 HT12D 做 100% 筛选才能使用，合格标准是小于 2.7V。FA 认为筛选芯片太费时费力了，于是开动脑筋想是否有办法改进设计来避免筛选工作。经过努力研究和分析，并经过简单验证，FA 建议更改某电阻即可，并向研发提出建议。研发简单分析后认为可行，但需要做一定数量的实验验证。实验是这样做的：随机抽取 500 件 HT12D 芯片用在经过变更过的电阻的电路板上，发现 100% 合格。于是认为更高电阻有效。

之前的不良率为 2%，实验了 500 件产品的不良率为 0%，统计意义显著，证明这 500 件产品的质量确实显著地提高，实验看起来很严谨。于是大家决定更改电阻，不再筛选芯片而直接使用。但问题是那随机抽取的 500 件 HT12D 芯片可能大部分是小于 2.7V 的，极少部分可能在 2.7V 边缘，通过电阻更改，那些轻微超标 2.7V 的芯片也没有问题。也就是说，那 500 件没有被筛选的 HT12D 芯片中没有显著大于 2.7V 的芯片。于是研发下发了设计变更通知单（Engineering Change Order，ECO）到生产部门，生产工艺工程师下发工艺变更通知单（Process Change Notice，PCN）正式实施。

生产线也感到很开心，不用筛选HT12D芯片了，省了不少事呀。但令大家没有想到的是，生产线发现了很多不良品，不良率接近5%。经过对不良品的分析发现所使用的HT12D芯片的电压范围都超过了3V。于是，又经过一番折腾恢复挑选芯片，并且把设计变更重新更改回去。这个过程我们当然不能责怪大家做得不好，因为本意是好的，只是因为缺乏必要的统计知识、考虑不周，才导致一番折腾。

正确的实验方法应该是，随机取100件2.7V以下的及100件2.7~5V的芯片做对比实验，看结果。这就是主动性实验和被动性实验的差异。这是很多做实验的工程师所最容易忽视的共同毛病，包括研发工程师。他们在新品阶段随机做了几十上百的实验，认为行，就把参数定下来了。比如说，供应商的某电容的规格是20~40pF，新品验证的时候也没有通过测量电容器的具体电容量是多少，但是随即做了30件的验证，结果合格。于是就确定这个规格的电容可以应用。但是当批量生产的时候可能就出问题了，因为在做实验的时候，供应商的电容量可能分布在35~40pF之间，但批量供货的时候就有低于30pF的可能性了，而低于30pF的电容器在与电路中的其他元器件匹配的时候可能就出现质量问题，但在研发阶段的时候并没有周全地考虑。当然，某些元器件的参数范围比较狭窄或某些元器件可以允许的容差比较大，这两种情况也不容易导致质量问题。但对于某些关键元器件而言，就一定要注意参数的分布范围。

（3）致命的马虎和疏忽

前面曾经介绍过英国国王查理三世的故事，用在这里也非常合适。"少了一枚铁钉，掉了一只马掌；掉了一只马掌，丢了一匹战马；丢了一匹战马，败了一场战役；败了一场战役，丢了一个国家。"查理准备与里奇蒙德决一死战，查理让一个马夫去给自己的战马钉马掌，铁匠钉到第四个马掌时，差一个钉子，铁匠便偷偷敷衍了事。当查理骑上这匹战马和对方交上火的时候，在大战中差了一个钉子的马掌掉了，国王因此掀翻在地，王国随之易主。

细节差之毫厘，结果谬以千里，真理和谬论往往只有一步之遥。相信大家都有过这样的体验或见闻：一个错误的数据，可以导致整个报告成为一堆废纸；一个标点的错误，可以使几个通宵的心血白费；一个烟头的失误，可以导致一生的努力付诸东流，一生的命运彻底改变。

在这么多年的工作中，我发现不少质量问题或安全事故都是因为小问题导致的，而这些小问题通常不是因为能力不够，却是因为马虎、不小心。我也曾经与在某知名高科技企业从事软件工程师的朋友聊软件质量的问题,他也说除了系统很复杂之外,软件有时也会因为不小心、粗心大意导致大问题。比如,有一次客户抱怨他们公司的某产品通信故障,然后在公司想办法复现、分析问题,花了几个月才找到问题的根源:程序设计过程中有一个循环函数要引用英文字母I,结果不小心写成了7。你说这个马虎的代价够惨重吧。所以,细心是一项非常重要的品质。

案例 3

马虎图丧子

人们都喜欢用"马虎"来形容某人办事草率或粗心大意。这个词的背后,是一则略显残忍的寓言故事。

宋代时京城有个画家,作画往往随心所欲,令人搞不清他画的究竟是什么。一次他刚画好一个虎头,碰上有人来请他画马,他就随手在虎头后画上马的身子。来人问他画的是马还是虎,他答:"马马虎虎!"来人不要,他便将画挂在厅堂。大儿子见了问他画的是什么,他说是虎,小儿子问他却说是马。

不久,大儿子外出打猎时,把人家的马当老虎射死了,画家不得不给马主人赔钱。他的小儿子外出碰上老虎,却以为是马想去骑,结果被老虎活活咬死了。

画家悲痛万分,把画烧了,还写了一首诗自责:"马虎图,马虎图,似马又似虎,长子依图射死马,次子依图喂了虎。草堂焚毁马虎图,奉劝诸君莫学吾。"

世人在马虎面前吃了多少惨重的亏,也没有真正把解决马虎的问题当作一种文化素养来抓,所以生活中经常遇到办事马马虎虎、干啥差不多就行的人。但也有正面的例子,我在西门子工作时,去过几次德国,常与德国同事共事,发现共事的德国人做事真是严谨、认真,包括他们平时写字做笔记或写白板,都非常工整、一板一眼。在这方面,我也是自愧不如。虽然在很多方面我算是比较认真、严谨的。2014年巴西世界杯半决赛上,德国7∶1狂胜巴西的比赛很多人都看了,真令人难以置信、目瞪口呆。或许只有可怕的鼎盛时期的德国队,才能如此蹂躏传统强队巴西。整支德国队,如同一台高效运转的精密仪器,步步为营,所向披靡,根本停不下来。这可以说是典型的德国性格:认真、细致、严谨、处处追求完美。而世上的事,就怕认真两个字。下面我引用季羡林先生《留德十年》中的一则故事,再来说说我曾见到的德式认真。

案例4

德国人砍树

1944年冬,盟军完成了对德国的铁壁合围,法西斯第三帝国覆亡在即。整个德国笼罩在一片末日的氛围里,经济崩溃、物资奇缺,老百姓的生活陷入严重困境。

对普通平民来说,食品短缺就已经是人命关天的事。更糟糕的是，由于德国地处欧洲中部，冬季非常寒冷，家里如果没有足够的燃料的话，根本无法挨过漫长的冬天。在这种情况下，各地政府只得允许让老百姓上山砍树。

你能想象帝国崩溃前夕的德国人是如何砍树的吗？在生命受到威胁时，人们非但没有去哄抢，而是先由政府部门的林业人员在林海雪原里拉网式地搜索，找到老弱病残的劣质树木，做上记号，再告诫民众：如果砍伐没有做记号的树，将要受到处罚。在有些人看来，这样的规定简直就是个笑话，国家都快要灭亡了，谁来执行处罚？

当时的德国，由于希特勒做垂死挣扎，几乎将所有的政府公务人员都抽调到前线去了，看不到警察，更见不到法官，整个国家简直就是处于无政府状态。但令人不可思议的是，直到第二次世界大战彻底结束，全德国竟然没有发生过一起居民违章砍伐无记号树木的事，每一个德国人都忠实地执行了这个没有任何强制约束力的规定。

这是著名学者季羡林先生在回忆录《留德十年》里讲的一则故事。当时他在德国留学，目睹了这一幕，所以时隔50多年，他仍对此事感叹不已，说德国人"具备了无政府的条件，却没有无政府的现象"。

是什么样的力量使得德国人在如此极端糟糕的情况下，仍能表现出超出一般人想象的自律呢？答案只有两个字：认真。认真已经是一种习惯，深入到骨髓中，融入到血液里。因为这两个字，德意志民族在经历了20世纪两次毁灭性的大战败之后，都奇迹般地迅速崛起。

就质量工作而言，类似的问题是，我们有先进的管理理念，也有好的管理人才、技术人才，但质量问题经常藏在细节中，细节导致各种大大小小的质量问题。因此，不管是做质量管理也好，还是任何其他工作，认真、细致和严谨都是需要的，而马虎却是千万要避免的。

2. 质量就怕得过且过、交差应付

工作是用心做呢，还是完成任务交差应付呢。用心做事再差都差不了哪里去，但如果应付了事、不用心、拈轻怕重、不敢啃硬骨头，各种问题就会找弱点、钻空子，最终导致各种问题。就算是小问题，暂时没有导致不良后果，但长期得不到彻底解决就会变成大问题。

案例 5

应付差事，是要还的

有一个产品曾经在成品抽检过程中发现质量问题，抽查的10件产品中有1件产品的LCD显示不良。于是负责分析和改进的工艺工程师就找到质量、生产及设备人员等就该问题进行原因分析和改善。原因很容易

找到，就是焊接不良。但如何改进呢？改进目标如何设定呢？大家大致分析了一下，要彻底解决这个问题不容易。本来应该改进 LCD 软排线的焊接质量，降低生产线的焊接不良率。但是团队认为太难了，所以把改进目标就设定为，完成品检验（Final Quality Control, FQC）发现 LCD 焊接不良的数量为 0。这个目标的设定也是有背景的，是因为之前 FQC 发现不良品之后需要全部返工，所以才成立了这个改进小组。

但是，这个 LCD 焊接不良在生产线是一直存在的，只是因为焊接的不良品几乎都被生产线发现并维修了，所以很少有不良品被 FQC 抽到。因此，从统计概率的概念来说，即使这个小组不做任何改善，在未来一年甚至多年里 FQC 也有可能抽不到一回 LCD 的焊接不良品。一是因为这个产品每个月生产不了几次；二是生产线几乎把所有不良品都给检查出来了，并进行了维修；三是 FQC 每次只是抽检 10 个产品，因此 FQC 也很难抽检到不良品。

虽然团队只是找了个软柿子作为目标，但还是比较认真地做了仔细分析，并发现导致连焊的根本原因有两个。其中一个主要原因是印制锡膏的钢网开孔不当。团队也很快对钢网采取了行动，并大大地降低了 LCD 排线焊接不良率。但是为什么开孔不当就没有深究了，这其实可作为宝贵的经验教训，却没有去挖掘。

焊接不良的另一个原因是 LCD 的软排线偏位，大家没有对这个问题采取严肃的对策，因为偏位这个问题比较难解决，改善"手术"比较大，所以避重就轻了。

偏位问题会导致焊接不良，为了有效地检查出焊接不良，团队采取了一个补救措施，即用放大镜检查。工程师也购买了放大镜放在生产线，在质量改善报告里面也写上了用放大镜检查焊接问题，但并没有把要求落实到作业指导书当中。这个措施从技术的角度来说是对的，但没有被真正地实施。为什么呢？因为员工如果用放大镜一直检查这个软排线的话，眼睛很容易疲劳，所以他们就用肉眼直接检查。

几个月后有一个较真的客户发现了个别产品软排线偏位很严重，于是发投诉信来质疑是否有质量风险。这时候大家再找原因，发现了这个问题其实是老问题，但没有被彻底解决。工程师还认为是因为员工们不遵守他们的要求用放大镜检查焊接质量和排线偏位，所以才导致个别偏位严重的产品流出去了。但工程师们不摸着良心问一问，你出的都是啥主意哟？让生产线员工牺牲眼睛去检查质量是好方法吗？并且工程师也没有把这个要求写进正式的作业指导书中。如果你真要这样写，工人们也不答应呀。

所以在这次被客户投诉之后，大家对 LCD 软排线偏位的问题进行了彻底改进，其实也没有那么难。只是要对以前设计不合理的工装重新改进：一是改进对位的针头；二是在工装上加一个固定 LCD 软排线和 PCB 位置的"机械手"，使其工装旋转到加热焊接的过程中不发生位置偏移。也就是说，通过改进工装夹具来避免 LCD 排线偏移的质量问题；并且，在作业指导书中明确，每次生产员工要对对头 5 件产品用放大镜检查焊接质量及排线位置是否偏移，而这个要求也是可行的。这次改进虽小，但却是一次认真、彻底的质量改进，并且是能够解决问题的，比第一次的"拈轻怕重"的改进强了不少。

如果在工作中或每次解决质量问题的过程中，都能够用心做事，不怕困难，不拈轻怕重，那么很多质量隐患或小的质量问题都会在第一时间得到解决。如果再进一步举一反三地解决和预防更多流程或产品的问题，那么质量问题只会越来越少，甚至让质量问题成为"博物馆的恐龙"。

3. 致命的侥幸心理

侥幸心理是任何工作的大敌。侥幸心理，是人们希冀偶然的成果或面对违规、违法时常有的心态，轻则违规，不遵守规章制度，不遵守流程，重则漠视法律法规。导致的后果，轻则工作没有做好或在工作中受到一定的伤害；重则导致重大安全事故、质量事故，导致公司或社会受到极大损害，个人走进了牢房甚至被判处死刑。

何谓侥幸？《现代汉语词典》的解释是，由于偶然的原因而得到成功或免去灾害。偶然地获益也是常有人怀有侥幸心理的根源。

按照出现事故或违章时人为差错的类型，侥幸心理可分为以下几种：

(1) 经验性侥幸

经验性侥幸，主要是指作业人员的规章制度观念淡薄，有章不循、违章作业、盲目自信、蛮干而导致事故的违章行为。这类人明知违背规定，却凭着"老经验"认为"没关系"，抱着"试试看"的态度或出于某种动机违章蛮干，凭侥幸取胜；还有一些人总结了一些所谓的"经验"，虽然与规定、规程不太吻合，但确实成功过。但是，如果按照这样的经验做下去，势必会出现事故。

(2) 技术性侥幸

技术性侥幸，主要是指作业人员由于其业务素质、工作经验、操作技能某方面的原因导致事故的违章行为。有一种人业务素质较差，学习不求甚解，对工作对象的原理、构造知之甚少，基本不能胜任工作要求。在没有遇到问题时不认为是侥幸，而自我感觉是可以"胜任工作"了，一旦发生问题就显露出了操作技能不熟练、不正确或处置不当等技术低下问题。还有一些人平时学习不认真，对于规程、条例、技术资料学得一知半解，只知道怎样干，不知道为什么这样干，工作中心中无数。也有一些业务素质较好的人员，也经常发生技术性差错，这很大程度上也是因为疏忽或抱有侥幸心理造成的。

(3) 管理性侥幸

管理性侥幸，主要是指各级管理人员责任心不强、管理不善、工作得过且过、遇事相互推诿而造成事故的行为。首先，这表现在对各项法律法规、规章制度的执法不严上。其根本原因就是各级管理者出于经济利益考虑，心怀侥幸。各级人员特别是基层管理人员会存在这种心理，主要是为了降低生产成本或完成生产任务等而盲目采用了一些方法。还有一些人员遇到问题绕着走，对于设备运行前期故障告警或事关安全的警报存在这种心理，没有给予足够的重视或能拖就拖，以至于小事拖大，大事拖成事故。还有一些管理人员或部门对基层反映的安全问题不能及时解决而存在这种心理，不及时反映、上瞒下推、放任自流以致造成事故。基层员工是其所负责的工作内容和设施工具的管理者，也要注意避免管理性侥幸心理导致质量问题。

因侥幸心理导致安全事故的问题太多了。因为心存侥幸先贪小财，再贪大财，最后被抓起来的也不胜枚举。由于侥幸心理而导致工作失误，产品质量问题同样不少，下面就举两个例子来说明。

案例 6

经验性侥幸捅了娄子

这是我遇到过的涉及产品数量最大的一个质量问

题，幸好最后的结果不算太严重。问题是这样的。在偶然的市场返修产品当中，研发人员发现几个不同批次的产品都存在同样的问题，这些产品所使用的软件不是最新的正确的版本。此时，产品已经生产了半年，发货近10万，产品价值数百万！幸运的是，这个不正确的产品软件并不会导致产品功能异常，只是少了个别增强功能，因此，产品不用被召回。这真是幸运天使把产品从"魔鬼营"解救了出来，但哪能每次都这样幸运呢。

这个产品刚开始生产时下载的产品软件还是正确的，但后来大批量生产为什么就不正确了呢？这是因为下载该产品软件的下载器在使用不久后就出现设备故障，维修好之后，要重新安装产品程序。因此工程师需要再次下载产品软件到该测试设备上。但测试工程师没有通过存放产品程序的系统去下载产品软件，而是通过寻找历史邮件查找到该产品软件，但那是过时的软件，于是错误就发生了。这是直接原因。根据"5Why"准则，我继续询问该测试工程师，为什么当时没有去储存该产品软件的系统里面去寻找呢？工程师告诉大家，他心里面认为通过寻找之前邮件里面的产品软件应该就是最新的，因为当时的产品还在新产品阶段，他也是通过邮件向项目经理索要的最新产品软件。并且，他没有安装这个系统，所以他心存侥幸，没有去找其他工艺工程师或项目经理帮忙到系统里寻找这个最新版本的产品软件。问题就这样产生了，这是一部分人所存在的经验性侥幸的心理。而这些偷懒和侥幸正好验证了"常在河边走，哪有不湿鞋"的古话。

案例 7

管理性侥幸带来的遗憾

这个质量问题还引出了另一个"精彩"的质量故事。类似的测试工程师导致的失误，在上面这起事故发生的两年前也出过。某个测试工程师在更改完某产品的测试程序之后，不小心打开了某个不该打开的"魔鬼"，然后导致某些产品经受不需要的"电压打击"而导致质量问题。在针对那次质量问题做 8D 分析过程中，预防措施就是增加对测试程序变更的管理。而变更管理的行动是需要测试工程师在变更过后找质量工程师和工艺工程师确认和签字。但实施两年来效果并不好，生产过程中常有测试工程师更改测试程序而没有经过质量和工艺的确认。一是因为某些测试工程师认为，他们更改后再找工艺和质量工程师确认和签字很麻烦；二是认为即使找工艺工程师和质量工程师确认也是走形式，因为工艺和质量确实在大多时候不能检查出测试程序是否有问题（只要测试程序没有检测出产品质量异常，那么即使测试程序本身有问题，工艺和质量工程师作为外行也查不出问题）。

而当时为什么要加上这一项要求呢？因为当时的测试部门经理有一点"私心"，他认为既然测试部门在变更测试程序之后找了工艺和质量部门去双重确认，那么即使测试工程师出错了，也还有工艺和质量人员负有连带责任。这位测试部经理同时也可能存在另一种侥幸心理，即认为测试工程师再犯类似的错误概率应该不高，再加上有工艺和质量工程师再次确认，所以测试工程师也会更严谨。

但殊不知，测试工程师在很多时候都不会去找工艺和质量人员确认，所以他还是比较自由地凭经验来控制质量。而测试经理的算盘和侥幸心理没有避免这次质量事故。后来，这个测试经理承担了更大的职责，境界也更高了，责任心和胸怀更大了。他找我袒露了心声，并做了反省，他说当初不应该只考虑自己的部门利益，应该站在公司全局来考虑这个质量预防措施。他知道工艺和质量不能真正有效地检测出测试工程师不小心"埋下"的地雷，为了更有效地帮助测试工程师查出可能存在的更改漏洞，他知道需要找另外一个测试工程师做"同行评审"是最有效的。这也是设计开发当中非常成熟的质量管理模式，即软件工程师为软件工程师所设计的软件把关，硬件工程师为硬件工程师的电路原理把关，不应该找一个外行来为专业技术把关。这位测试经理当初是知晓这个道理的，只是他当时还有那么点私心，以及不应该心存侥幸。所以，他没有从公司层面，也没有从根本采取行动。

4. 不找问题找借口

虽然我们强调第一次把事情做对，但对于任何人来说有时候工作做不好或出现工作失误都是不可避免的。但是，有很多员工在出现差错或问题后总是找借口，之后还会表现出自己很无辜，自己也无能为力，跟自己没关系。

客观原因肯定是存在的，如果任何一件工作都已万事俱备，你只要按一下启动按钮就可以完成，那么公司还需要你吗？即使需要你，你每个月还能领取当前的薪水吗？所以，任何一项工作出错，有可能是客观原因导致的，但我们的价值就在于如何在困难面前找到出路或克服困难把工作做好。这是我们价值的体现，如果做不好，就要想办法解决困难，为工作服务。即使我们改变不了世界，改变不了公司的大局，至少可以改变影响自己工作的某些条件，然后达成工作目标。从这个结果及其影响来看，我们在某种程度上就已经改变了世界，改变了公司。公司的大局和世界的格局都是由小的改变所引导的，由小的改变所组成的。

我们的工作是以要结果为导向的，而不是靠借口和托词。所以，如果真的想把工作做好、做漂亮，要想提升能力，我们就要在开始工作的时候把困难评估足，并想到应对的办法，而不是等到工作完不成或工作出错后找理由、找借口。要主动地从主观上去找方法、找原因，只有这样，我们才能战胜客观困难，工作才能做得好。

从主观上找方法、找原因，其实就是要自我反省，找自己的原因，哪怕主要原因不在自己身上。客观原因当然也是存在的，我们要事先找出和利用并把握客观原因，并且通过自己的努力克服客观原因对结果的不利影响，最终达成所想要的结果。

下面举个例子加以说明。比如过红绿灯十字路口，基于目前的交通状况，无论行人还是机动车想过十字路口都不容易，特别是高峰时段，机动车和行人相互争抢时间、争抢道路。在这种情况下，经常会发生交通险情，行人差一点或真的就被机动车撞了。即使幸运没撞上，脾气火爆的行人可能指责机动车为什么不让行，甚至破口大骂，搞不好双方会吵起来，打起来也有可能。其实，我认为作为弱势一方的行人，最好切实地多为自己想想，是否要多注意，更小心一些，更慢一些。因为行人即使没有错误，即使是在绿灯亮的时候过马路，但也有"钢筋铁骨"的机动车想抢时间。这样的实际状况一时半会还解决不了，所以作为行人就务必小心。虽然机动车驾驶人有些鲁莽，也不符合机动车避让行人的要求，但作为行人还真没有办法去控制和管理机动车。行人能做的是自己小心,看好周边状况和机动车情况。否则,万一机动车撞上了行人,即使行人一点错都没有,但受伤的甚至丢生命的不是机动车,也不是机动车的驾驶人,而是行人,行人再有理也得不偿失。从这个例子可以看出,抱怨客观原因解决不了问题,最有用的就是主观上努力达成理想的结果,而主观的努力很多时候是自己可以把控的。

客观上的困难或不如意的环境确实会对结果产生不利影响,但是如果我们不被这些外界因素所困扰,也不以这些不利因素为借口,一心只想成功的方法,不找可能失败的理由,我们就很可能达成目标,把工作做好。并且,在克服这些困难的过程中,我们也提高了自己的工作能力,同时也提升了对工作的自信心。长此以往,成功率会越来越高。即使偶尔失败,也不找借口。即使要找客观原因,也要找得全面,而更重要的是找主观原因。找主观的原因其实就是反思、反省,甚至是自我批评。虽然你不一定要当着上级的面说自己哪里做得不足,但是自己心里面要反省。只有善于反省的人才是容易进步的,也只有敢于反省的人才是有勇气的,敢于直面自己不足的人才是自信的。遇到问题、遇到困难、遇到失败,就找借口的人看起来理直气壮,实际上是懦夫。

天时、地理、人和,都万事俱备的情况太少了,否则人人都可以把工作做好,人人都可以创业成功。就拿处在同样竞争激烈条件下的创业者来说,有的成功,有的失败。很多创业成功的企业创始人说不定很多条件比另外一些创业者更差,但却更成功,后天的努力是不容小觑的。就像马云在20世纪90年代初创业的时候,他甚至被很多人认为是骗子,但最后马云成功了。换一个人,换一千个人,未必能有现在的成就。这说明主观因素在许多时候还是起着决定性作用。

拿日常工作来说,如果我们没有做好,当然要找出客观原因,并改善,以利于开展工作并达成期望的结果。但是,找客观原因与找借口可不一样,找客观原因是为了解决问题,为了全面认识各种不利因素并找出办法加以改善或控制,这是积极的原因分析。而找借口是为了逃脱责任或回避现实,是态度和认识上有问题;找完借口把责任推脱完之后也不做改善,这是消极的推脱责任。

分析完客观原因之后,如果还不会自我反思的话,那么我们可以换一种思路问自己:如果这项工作换另外一位同事来做,会怎么样呢?此时,如果你换的另外一位同事的能力和态度还不如你,那么你也许可以窃喜,但意义不大,应当换一个是比自己强的人来比,换一个自己的学习榜样,这样才有意义。如果周围没有可以学习的人,那么你也许太自信了,或是觉得自己太完美了。如果真的不能找到周围的同事可以学习,那么你可以找公司外的"偶像"来学习。想想如果他们遇到你面对问题,会如何处理。

如果我们不能从自身找差距、找不足，如果总是找借口、不思进取，也不问"如果换成另外一个人会怎么样"的话，那么迟早有一天，你的老板真会换人，把你给换掉了。我本人就对手下的质量经理、工程师及技术员做过这样的"手术"。当然，在"手术"之前我也会找当事人做"技术分析"和"心理分析"，并且协助当事人做好下一步的职业规划。

无论如何，如果找借口，那么是不利于学习和进步的，也不利于承担责任的，当然不利于工作质量，也不利于自己的前途和钱途。你负责的产品质量也难以得到保障，客户也可能会丢失。

5. "人类总是不断重复犯着相同的错误"

"人类总是不断重复犯着相同的错误"，因为这就是人类，人类是有若干劣根性的。历史总是惊人的相似，这是多少历史学家和学者们得出的共同结论。下面我引述一段文字供大家思考。

首先人类是动物，动物的本身就是自然法则的执行者。"弱肉强食"法则，就是上天赋予人类的天定宿命。千万年间，"穷人"作为这个自然法则里面的"弱肉"注定要被"富人"所"强食"，而近代也出了许多能人志士希冀扭转这样的宿命，人们为之激动，甚至能为之"抛头颅洒热血"。

历史一直在重复着这样一个过程,一个财富聚集到极端再分配出去的过程。当一个时代开始之初,需要做的就是平均财富与权力的分配,穷人重新得到了土地,财富将作出再分配。过去的穷人也许就是推动时代前进的功臣良将,他们得天下之后首先想到的就是重新分配权力与财富,于是战乱荒废的土地重新焕发了生机,人民大众开始休养生息。若干年后,土地与财富将再一次被集中,形成了新的权贵,新的政权开始量变直至质变。社会在前进的过程中会不断地产生出新财主,同时又在不断地淘汰着弱者,土地与资源被财主与权贵们不断地兼并。最后财富与土地高度集中,穷人再也无法承受时,揭竿而起的时代又再次来临。然后得天下者又经过权力与财富的再分配,如此导形成了轮回,这算是人类社会的一大特质。

人类的活动,包括质量管理活动,也有着惊人的相似。今天重复昨天的光荣和智慧还比较好。但是,今天忘记了昨天的伤疤,重复着昨天的错误,却是常要面对的事实,也让人费解。对于人类群体来说,经常是这样的,但是对于个体而言就不都是这样的了。我相信作为个人而言,还是可以避免犯同样的错误的,除非你不反思,也不想改变。正如网上有这么一段富有哲理的话——"一个人不可能犯两次同样的错误。第二次还这样做,已经不再是犯错,那是你的选择"。

一百多年前,一位著名的心理学家在对他的孩子进行观察时发现，孩子在经历了一件痛苦或快乐的事情之后，会在以后不自觉地反复制造同样的机会，以便体验同样的情感。这位心理学家把这种现象称为强迫性重复。这就是选择性的问题了。

作为质量管理，除了要了解这种心理学上的问题之外，还要从解决质量问题的根本原因和如何预防方面着手分析。很多时候，同样的错误人们一犯再犯的主要原因：一是没有长记性；二是因为救火之后没有采取有效的预防措施，或者基于现有的能力还没有找到有效的预防措施。因此，对于公司来说，同样的人可能在不同时间犯同样的错误，或者不同的人在不同时候犯同样的错误。因此，要想避免犯同样的错误，最好的办法就是找到有效的预防措施和防错手段去预防错误的发生。这也是每当遇到质量问题或做错事情时，在"灭火"之后，最需要思考和采取的改进工作。否则，就对不起所犯的错误，对不起所流的血和泪。

但是，很多公司、很多团队、很多人总是去印证"人类总是不断重复犯着相同的错误"这句话。

案例 8

时隔一年的质量问题

在某产品的一次生产中，生产线员工把 A2 型号的 PCBA 当作了 A1 型号的电路板，并做出最终产品 A1 出货给客户。问题产品总共 200 件。为此，公司派了两名工程师去客户的仓库挑选查看，造成了不小损失。为什么 A2 型号的 PCBA 会被当作 A1 的电路板生产呢？因为这两个型号是"双胞胎"，PCB 上除了两个元器件不一样，其他一百多个都一样。所以，员工稍微不注意就混淆了。另外，研发部门在当初产品设计的时候没有考虑可组装性设计（Design for Assembly，DFA）及可测试性设计（Design for Test，DFT）的要求，没有考虑 PCBA 的相似性很可能导致混淆，也没有考虑 PCBA 混淆之后是否可以被检测出差别来。因此，用 A2 的电路板组装成 A1 产品时，A1 的产品测试软件测不出问题来；或者，用 A1 的电路板组装成 A2 产品，A2 的产品测试软件也测不出问题来。

　　问题的原因很清楚，直接原因就是人为错误，并且主要发生在生产过程中电路板不够时，这时需要从车间的线边仓重新配送电路板，而没有人再去做正确性确认。在每次开始生产的时候，除了领取物料的员工会核对电路板是否正确之外，还有组长或其他员工再次确认。间接原因就是产品测试软件测试不出 PCBA 的差别来。当原因清楚之后就着手改善，可是改善过程没有完全到位，预防措施不足，导致一年后再次出现几十件电路板混淆了又发货给了客户。这个同样的错误发生在同一个公司、同一个团队，具体犯错的个人倒是不同了。

当时大家对这个问题不可谓不重视，也讨论了各种改善措施，包括预防措施。但是预防措施之一——可以把不同的PCBA检测出来——并没有真正落地，虽然当时讨论了，并且研发把初版的产品测试软件也都准备好了，但就是没有最后通过测试验证并且发布到生产线应用。另外，车间也制订了对策，车间的对策就是把产品相似性拍照做成图片，并培训员工。但这不是根本性的措施，管得了一时，管不了一世。车间的执行力不够，措施很快就走样了。总之，最后导致了同样的问题再次发生。

上面的例子还只是一两年重复发生了一次，更多的质量问题重复发生的频率比这个高多了，如忘记拧紧螺钉、忘记装某个附件、因为操作顺序不对导致产品质量问题，或者因为没有执行规范的设计变更流程导致问题。这些问题的发生需要加强全员的质量意识，加强全员的工作责任心。

所以我说，工作质量不怕出错，怕的是不长记性，怕的是不努力找预防措施或防呆法，怕的是同样的问题或错误重复发生，更怕同样的错误发生在相同人身上或相同的团队里。

三、如何挖掘问题当中的"金矿"

1. 98%以上的问题都是"好了伤疤忘了疼"

任何公司都有质量问题,不仅是产品质量问题,还有很多工作质量问题,如财务上出错、物流没有及时采购物料导致生产停线出错、发货发错了、工资结算错了、管理者决策错了。产品质量问题还有质量部门作为归口管理部门去统计、分析,虽然大部分产品质量问题可能都是在救火式地应付,没有采取有效的预防措施,导致"好了伤疤忘了疼";产品质量问题也有 ISO 9001 管理体系。但是,在工作质量上却各自为政,没有统一管理,也没有管理体系,出了问题就进行救火式地改正,几乎不用鱼骨图分析原因,更不写 8D 报告。如果某个公司正在全员推广六西格玛方法或其他全员质量改进运动,可能还会针对某个典型的工作质量问题进行鱼骨图分析,但仅此而已。

所以,产品质量不尽如人意,往往是因为工作质量不善。质量观念的转变和工作质量的改善,对于产品质量问题来说,是方向性的根本性的问题。

产品质量问题出现之后,也只有少数比较典型的或影响比较大的才会做进一步的分析，如造成了产品召回、客户投诉、生产线返工或停线。但这些分析都是基于技术或产品质量进行分析的，偶尔有人会分析人的原因，但都主要从生产线的一线工人身上找原因，如粗心啦、培训不够啦或疲劳啦等，偶尔会想想流程上的原因。但几乎很少人会想到管理上的原因，如某个部门的员工能力是不是不够、工作态度或合作是不是有问题；更不会想组织架构是不是合理，人员和岗位是不是匹配。管理上的原因几乎没有被公开地讨论过，更没有被白纸黑字写在会议记录中或改善方案中。

即使是很多质量改进项目，包括风靡全国的QCC或风靡全球的六西格玛质量改进项目，大多数改进都是基于技术及产品的改进，最多再融合到某个局部的流程优化。但几乎没有涉及管理上的改进或组织人员能力、组织架构等方面的提升。而流程优化、制度建设和管理提升才是工作的根本，才能够从深层次提升第一次把事情做对的能力，才能避免忙于救火的窘境。如果一家公司需要很多消防员，需要很多扁鹊，那么一定要反思公司的管理是不是有问题，要反思为什么没有涌现许多扁鹊的哥哥。

中基层员工要想提高工作质量，要想提高影响力和领导力，要想从基层提升到中层，从中层进步到高层，就需要从问题背后的流程原因、管理原因找思路、找方法。

2. 解决质量问题的几个层次

很多质量问题都是被救火型的方式给灭掉了。比如，瓶子倒了，你没有任何分析就本能地把瓶子扶了起来；电子企业产品的焊接质量不良，大家认为很正常，再找人补焊就行了；注塑业的塑料外壳有毛刺，就找人拿着小刀维修一下。这样的例子不胜枚举，大家认为很正常，因此没有进一步分析为什么，也没有分析是否可以不必维修或减少维修。这是解决问题的一种层次，只是配备灭火器和消防员，类似"治标不治本"。我认为可以把这个解决质量问题的初级阶段称为"穷于应付"。

第二个解决问题的层次是，认为质量问题不应当发生，所以对问题的原因进行了分析，也做了相应改善，可是分析的层面和深度比较肤浅。比如，客户投诉某个产品少了一根插线，分析的原因是工人不小心忘记了，补救措施是为客户补一根插线，改善措施是加强员工的培训。比如，客户投诉说某个产品功能不正常，分析出的原因是软件设计有一定的缺陷，导致在特殊情况下不会正常工作，补救措施是更改设计软件，并且为客户更换合格品。再比如，客户投诉某产品工作不正常，分析后认为客户没有按照产品说明书操作，纠正措施是与客户沟通说明产品没有问题，请客户注意使用规范。这样的例子非常多，看起来好似有分析，但分析面很狭窄，分析深度也不够。连鱼骨图或

5Why等基本方法都没有运用,甚至我可以打保票地说,好多这样的分析就是某个同事坐在计算机前独自写出来的原因分析和改进措施,连团队讨论都没有。这样的分析和改进还只是头疼医头,脚疼医脚,最不幸的就是向问题投降。这个层次水平,类似王国维所说的三境界里的第二层——"独上高楼"。但是,个人的能力毕竟是有限的。"蓦然回首"甚至是"再回首",也未必能找出根本原因,未必能从根本上预防和解决质量问题。

第三个解决问题的层次是,借用团队智慧和力量,运用头脑风暴、鱼骨图或5Why等方法,原因分析得更加全面和深入,但对于问题的分析仅限于就事论事,没有考虑为什么没有第一次把事情做对,没有分析流程上是否有缺失或不完善的地方。这样的分析也仅限于作业层面的人员,就纯技术问题进行分析,没有从经理级的视角出发审视管理方面的不足,也没有经理人来担起这个责任或任务。因此,这样的原因分析和问题解决的层次虽然比前两个层次强,对某个产品质量的提高也有比较彻底的解决方案,但对于团队经验的提高、对组织能力的提升,它的贡献还是有限的。很多QCC课题,比较好的8D课题或六西格玛课题都属于这个层次。到了这个层次,同事们已经开始运用质量改善工具,利用集体智慧,发挥团队力量,可以比较深入地解决质量问题了,可以称为"同舟共济"。

> **案例 9**
>
> ### 六西格玛课题中的不足
>
> 　　一家管理水平还不错的企业成功完成了不少六西格玛质量改进课题，下面就介绍其中的一个。该项目在 DMAIC 的 A（Analysis）阶段通过鱼骨图和其他数据统计方法确定了三个主要原因：测试环境、单板调试指标和单板调式方法。最后通过对这几个主要原因的改善显著提升了合格率，年度节省了上百万元人民币。但这个项目的改善也仅局限于这个产品或类似的产品的改善，对于流程方面的改进及标准化方面的改进几乎没有涉及。因为这个项目的团队成员没有再进一步询问：为什么没有在产品刚开始上市之前就考虑清楚测试环境的差异？为什么在新产品阶段没有考虑单板调式指标的合理性及合理的调试方法？是否因为人员能力不足呢？新品开发的流程是否不完善？或者是已经有要求，但研发工程师是新人，他是否熟悉这些要求呢？管理方面是否存在不足呢？总之，我认为这个六西格玛项目还仅停留在解决浅层次的技术问题。

> **案例 10**
>
> ### 缺少管理原因的"优秀"鱼骨图
>
> 　　下面介绍一家业界非常知名的台资企业的质量改

善项目（Quality Improvement Team，QIT），从技术层面来说比上一个鱼骨图分析得更深入和透彻，找出的因子更多，更重要的是往深处多分析了一个层次，如下图所示。比如，从"模具结构"这个因子找到了"进胶料不够"这个原因之后，再问为什么"进胶料不够"？从而进一步确认到了"料道太小"和"流道过长"这两个原因。这个鱼骨图比90%的鱼骨图分析得更具体、更透彻。但同样遗憾的是，也还是停留在技术上的原因分析，没有分析为什么没有在新产品阶段就做好这些设计？难道没有相应流程和技术专家的把关吗？或者，这是否是因为项目进度太紧迫分析评审不够所导致？

第四个解决问题的层次就是，在解决真正技术问题的基础上进一步解决企业文化、质量意识、流程和管理上的问题。要达到这个层次，可以参照一些这个方面做得好并值得学习的榜样或业内的标杆企业。比如，本书第四章介绍的航天集团的双五归零的方法，虽然现在流行说重要的事情说三遍，但我就不再赘述，请有兴趣的读者朋友再读读。这个层次，是要通达上下级各层的同事，掌握运用各种必要的洞察、沟通、专业技术和质量改善技能，激发调动各方向积极力量，真正从根本上预防和消除质量问题，可以称为"通透光明"。

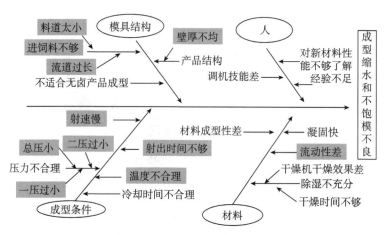

某台资企业质量改善项目的鱼骨图

我们广大中基层的朋友们要想提升工作能力和工作质量,就需要在解决问题的层次上从第一个层次的"穷于应付",往"独上高楼""同舟共济"和"通透光明"层次逐级提升。在这个过程中,当然会扩大战果,也能提高自己的能力,扩大自己的影响力和领导力,理所当然地会获得相应的职位晋升。

后 记

第一本《创造价值的质量管理》于2014年年初出版,销量超过了我的预期,几次重印。出版之后,不少读者朋友反馈,觉得有所启发,对实际工作有参考价值。十分感谢大家的支持与厚爱!

2008年写该书初稿之时,我对质量管理方法和工具的应用已经非常熟练了,但从事管理工作却仅有九年。之后,我担任了不同公司的管理工作,积累了较为丰富的管理经验,自2014年开始撰写围绕人本质量管理的初稿。经过不断思考、反复琢磨,2017年底基本完成书稿,2018年本书《创造价值的质量管理——质量管理领导力》终于与大家见面了。

本书所指的领导力并不是与生俱来的领袖气质和威严(如政治领袖的魅力或杰克·韦尔奇那样的管理行业权威),也不是某些人特有的强势管理作风和气质;本书提出的质量管理领导力,是指如何围绕质量管理和企业管理进行人本管理,是以人为中心的质量管理方法和实践。以人为本进行质量管理,借助质量管理领导力,激发并调动人的积极性、主动性和创造性;强调对人性的理解,实现人的全面发展;提升个人工作能力和组织协同能力,提升个人和组织的工作质量。同时考虑人性的另一面,扼制人的劣根性，克服人的弱点和缺点。其目的并不是营造一般意义上的以人为本的温情关怀文化。

因此，以人为本的质量管理领导力，是同时从"人性本善"及"人性本恶"两方面考虑人性的，要设计相应的管理制度、流程和工作方法，尽最大可能激发并调动人的能动性，发挥人的优点和潜能，同时帮助人克服弱点。我认为员工的弱点主要包括三方面：一是心理上的弱点，如抱怨、浮躁、贪婪、自私、攀比等；二是身体上的弱点，如工作久了会累、会饿、会注意力不集中等；三是能力、智力及经验等各方面的不足。这三方面弱点都是影响质量管理和企业管理的消极因素。因此在制度和流程设计时，需要充分考虑这些因素，需要策划和思考如何设计避免受到消极因素影响的管理方法。

《创造价值的质量管理》主要是围绕产品质量管理所涉及的人员、流程和工具方法，包括如何设置较为合理的质量管理部门并发挥作用，如何建设有效的质量管理体系，如何写好质量管理体系文件并实施运用好，如何有效灵活地运用质量管理工具。但是，其围绕人（People）和流程（Process）这两个 P 的管理论述不多，大部分内容是围绕产品（Product）这个 P 的质量管理方法和工具。因此，可以说那是一本关于质量管理 3P 的产品的质量管理的书。

本书主要以人（People）为中心阐述质量管理方法及领导，因此是一本关于质量管理 3P 的人的质量管理内容。

未来几年，我将再写一本，围绕质量管理 3P 的流程的质量管理进行阐述和分析。希望读者朋友们能够为我提供好的建议及素材。

2018年，我基于两个PPT的冰山模型——PPT全面质量管理和全面技术能力冰山模型（见图1），创立了创造价值的全面质量管理PPT体系（见图2），并打算完成第三本以形成关于3P的"创造价值的质量管理"套书，来作为PPT管理体系的参考书籍。

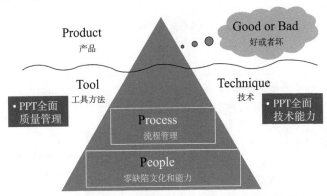

图1　PPT全面质量管理和全面技术能力冰山模型

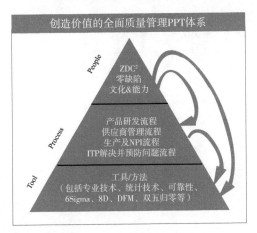

内容及影响	普遍问题
・管理机制及考核办法影响质量文化和质量政策，影响人的能动性和管理质量 ・质量文化主要包括人员的质量意识和工作理念（多快好省的优先级、团队合作、沟通协调、尽心尽责等心理文化因素） ・人员的专业能力主要包括岗位应知应会专业能力和技能 ・组织架构及工作汇报机制影响人员专业能力和项目管理能力 ・零缺陷文化与能力 ZDC^2 需要得到最高层领导的支持和参与 ・……	・管理机制或考核办法对人才和产品都不利 ・质量意识和工作文化落后甚至错误 ・关键员工专业能力及职业素质不够 ・……
・产品研发流程直接影响项目质量和效率，影响最终的产品质量和竞争力，影响交期和成本 ・供应商管理流程影响供应商可获得性，影响与供应商的技术及商务合作，影响原材料及产品的交付能力和质量 ・生产及 NPI 流程影响新产品导入进度与质量，影响生产与研发的合作，影响批量生产质量 ・……	・企业没有系统化的流程梳理和改进，也缺乏相关概念和指导 ・企业的运营体系主要靠规章制度和 ISO 体系，但也存在问题 ・……
・部门专业技术和方法是工作质量的重要保障 ・运用好统计技术、可靠性、6Sigma、8D 等质量工具和方法可以直接预防或者解决产品质量问题 ・质量工具和方法可以解决某个具体产品质量问题，可以成体系解决质量改进项目，可以嵌入到流程中 ・……	・专业技术不满足业务 ・员工对质量工具和方法不熟悉，运用少公司无系统的关键工具应用规定和指南 ・……

图 2 创造价值的全面质量管理 PPT 体系

后 记

为了便于读者朋友们快速了解创造价值的全面质量管理PPT体系，也便于各位参考PPT管理体系诊断自己公司或关键供应商的质量管理现状。我根据长期的观察和经验，总结了二十七个管理评价要素：分别从PPT管理体系的三个维度（People，零缺陷文化及能力；Process，流程管理；Tool，工具方法），每个维度从管理理念、人员能力及应用方法三方面做管理评价，见表1。表中对每项评价要素的评分方法进行五级评分：

● 9分。实施中证明效果显著，管理有体系化文件规定，作为本行业标杆，处于九十分位⊖以上。

● 7分。实施中证明有效，管理有体系化文件规定，处于本行业七十到九十分位。

● 5分。实施效果一般，有文件要求，处于本行业五十到七十分位。

● 3分。实施效果较差，无文件要求，处于本行业三十到五十分位。

● 1分。无实施，无文件要求，处于本行业十到三十分位。

表1 二十七个管理要素评分表

公司管理现状越符合下面各项负面描述，那么在"创造价值的全面质量管理"上越差，评分越接近1；反之，管理越好，评分越接近9，每个条目的评分结合管理理念、行为习惯及实际效果等方面综合考虑

⊖ 分位指的是创造价值的全面质量管理水平排位，九十分位以上意味着管理水平高于本行业90%以上的企业。

People	零缺陷文化及能力	很差 1	较差 3	一般 5	较好 7	很好 9	具体评论
1	公司经营考核指标中没有关注产品质量的考核，经营层没有质量考核指标和压力，经营管理会议中没有关于质量管理的内容						
2	公司的工作质量和产品质量受困于两个"先生"；"差不多先生"标准宽松，工作粗枝大叶，工作以量为先；"好好先生"对自己和他人的问题及违规等视而不见						
3	质量部对于质量管理的决策经常受到生产、销售、采购和研发部门挑战而有所顾虑，遇到质量问题的通常措施是挑选、让步放行、请客吃饭等，根本原因分析浮于表面，纠正和预防措施限于技术纠正或操作员培训，很少触及组织及流程能力的提升						
4	质量部门被认为不太重要，降级招聘质量部负责人及相关主管，质量部负责人不直接向总经理汇报工作						
5	很多中高层员工的专业能力不满足业务的需要及客户的挑剔，他们是伴随公司成长的，从基层提拔的公司元老；员工对公司管理和产品质量比较缺乏信心						
6	公司对优秀员工缺乏足够吸引力，优秀员工离职率比行业水平高，员工的整体教育背景一般，职业素质和专业能力较低						
7	研发部、生产部、采购部、产品管理部等相关部门在部门工作会议中不谈产品质量及工作质量						

(续)

People	零缺陷文化及能力	很差 1	较差 3	一般 5	较好 7	很好 9	具体评论
8	公司主要以职能式的部门导向实施管理,很少以跨部门的矩阵阵式管理项目或者解决问题						
9	出现问题,大家先找理由甚至借口,或者推诿扯皮,而不是追根溯源积极采取纠正预防措施,并虚心吸取经验教训						

Process	流程管理	很差 1	较差 3	一般 5	较好 7	很好 9	具体评论
1	公司的业务流程主要是基于各种ISO体系及管控类规章制度为主,对业界成熟流程模型的了解和应用不够						
2	质量管理体系与业务是两张皮,没做重点流程的梳理、优化和落实,对体系的监督。审核、管理建议和持续优化都不够						
3	员工不了解、不关心、不遵守制度流程,做事凭经验,办事走捷径,出了问题怪制度流程不好,管理不善怪流程不顺畅						
4	公司ISO体系管理被委托给某个文职人员负责,上至质量部负责人及总经理等都不重视ISO体系及流程管理						
5	各部门的ISO体系及流程梳理工作被委派给部门某个文职人员,部门负责人认为ISO体系及流程工作是不重要的文书工作						

(续)

Process	流程管理	很差 1	较差 3	一般 5	较好 7	很好 9	具体评论
6	公司没有明确流程责任者，管理者不认为责任在自己，大家对制度流程的粗浅认识是签字盖章或者文字记录等工作						
7	公司对流程管理与质量体系之间的关系和异同认识不清，定位不准，不知道如何建设有效的产品研发流程，供应链管理流程及其他跨部门协作的支持流程						
8	出现问题主要归因为某个特殊原因，或者认为某个人的能力不够或者责任心不强，并主要从现象和技术层面解决问题，几乎没有反思和改进流程管理的缺陷和不足						
9	制度流程文件主要以控制风险和规避责任为主，以部门利益为导向，较少考虑跨部门协同合作，较少考虑人性因素及防呆方法						

Tool	工具方法	很差 1	较差 3	一般 5	较好 7	很好 9	具体评论
1	质量管理方法乱了阵脚，人云亦云。没有系统诊断分析就开始"猴子掰玉米"，把六西格玛，零缺陷，QCC，CMMI等依次试用，没有系统的质量改进路径图及可执行的实施方法						
2	质量工具培训了很多，但学会的很少，能够熟练掌握工具和方法背后的精髓并灵活应用的更少，即使应用简单工具5Why、柏拉图和鱼骨图等，也是形似而非神似						

（续）

Tool	工具方法	很差 1	较差 3	一般 5	较好 7	很好 9	具体评论
3	当员工应用质量工具解决问题后，没有反思流程的不足，没有把经验教训固化到流程中						
4	质量工具的培训老师不是质量改进和企业管理经验丰富且精通理论的专家，培训后也没有跟踪辅导，解决质量问题的8D、QCC或者六西格玛质量专案等几乎流于形式						
5	员工不明白质量工具、逻辑思维、专业技术、协调沟通及团队领导等之间的相互关系，把没有解决问题的理由归因为工具不好用						
6	员工以为用质量工具解决了问题，其实只是解决了某个点一时的问题，系统的普通原因导致的线和面的长期性问题还隐藏在深处没有得到分析和解决						
7	工作主要凭经验，对常规的数据分析和质量工具应用较少，对高级的质量工具QFD、FMEA、DFX、实验设计，可靠性、防呆法等了解和应用就更少						
8	公司质量部、研发部、工艺部、采购部等各部门在专业技术和方法上比较弱，无法突破专业瓶颈满足业务需求						
9	公司的研发应用工具和实验室设施，生产及质量测试设备等比较落后，不利于产品质量的预防和检测						

各位读者朋友可以参考这二十七条评价要素为自己的公司或关键供应商做出评定分数及详细评价，并与相关领导沟通管理不足和改善机会，创建适合企业的创造价值的全面质量管理 PPT 体系！

我喜欢分享和交流，也愿持续学习和进步，欢迎大家通过邮件和微信与我分享和交流。感恩相遇！以文会友！

郭彬

2018 年 5 月　北京

微信 bretGB

邮箱 bin.guo@marstd.com

公司网址 www.marstd.com

郭彬老师主讲精品课程/咨询项目

1. "根因分析与问题解决能力提升"
   - 参考著作《创造价值的根因分析与问题解决之道》
2. "质量管理人员综合能力提升"
   - 参考著作《创造价值的质量管理（实战）》
3. "TQM 质量领导力与 ZDC 质量执行力"
   - 参考著作《质量管理领导力》

郭彬老师推荐精品课程/咨询项目

1. "国产化电子元器件（含芯片）可靠性改进"
   - 获得北京市政府多项奖章的电子元器件领域专家主要负责
2. "可靠性设计、测试与工程化方法"
   - 北大硕士、曾服务多家世界 500 强企业，具有丰富可靠性工作实战经验的专家主要负责
1. "研发流程 IPD 场景化应用与实战"
   - 华为前 IPD 及研发质量专家主要负责
2. 研发质量管理体系化与工程化实战方法
   - 华为前 IPD 及研发质量专家主要负责
3. "研发质量、效率与绩效管理 GIT 二次开发"
   - 华为软件开发与项目管理外部咨询退休专家主要负责
4. "六西格玛改进或设计"
   - 《六西格玛管理统计指南》合著者、曾服务于世界 500 强公司的黑带大师（MBB）主要负责

北京汇航科技有限公司 WWW. MARSTD. COM

研发-质量-可靠性-软件

联系微信：bretGB　　助理微信：avay2016